證分析去驗證，而不是空談理論。

（4）為投資者提供一個系統化的投資決策框架。網路時代的優點是知識取得極為便利，缺點是知識難以形成完整的體系。股票投資不是賭大小，也不是短跑衝刺，而是一場沒有盡頭的接力賽、馬拉松，投資者必須有一套完整的分析框架和決策系統，才能在週期興替中存活下去，生生不息。

本書結合金融分析師的知識和股票市場的實證研究，以價值投資的基本理念為核心，幫助投資者建立一個適合個人的投資決策框架。這個決策框架可以根據今後市場的變化，隨著個人投資知識和經驗的豐富而不斷完善。

十年磨一劍，謹以此書獻給懷抱夢想的投資者，獻給這個偉大的時代！

每個時代有各自的命題，每粒塵埃都是時代的印記。如果說 2001 年至 2020 年的財富主賽道是房地產，那麼在接下來的 20 年，極可能切換到以股票和基金為代表的權益資產。

　　投資講求順勢而為，大道至簡。投資的邏輯越簡單、越清晰，就越有生命力。但凡把一件簡單的事搞成雲山霧罩的分析，基本上都不可靠，因為其中包含太多假設條件，每多一個環節就新增極多變數，最終的結論常常會離題千里。

　　股市大道至簡的邏輯是什麼？股市週期波動如四季輪迴，最大的幕後推手是誰？面對指數回檔後的哀鴻遍野，如何判斷否極泰來的趨勢大轉折？在大宗商品價格上漲、強勢股回檔等明顯的訊號下，如何把握機會和風險？面對幾千家上市公司，應該選擇傳統績優，還是科技成長的方向？影響股價多空的主要因素有哪些？……

　　與趨勢為伍，事半功倍。本章內容將透過案例和數據分析，討論股票市場這些大是大非的方向問題。

第 1 章

投資股市懂得順勢而為，省時省力又高獲利

1-1
想抄底又擔心風險？用３個指標預見大趨勢反轉

　　股票投資講求順勢而為，正確判斷股市的大致走勢，勝過不分青紅皂白一頭栽進某個產業賽道或公司。

　　股市天天都在波動，但無論金融理論或投資實作，都沒有準確判斷波動方向的方法。儘管如此，由於市場波動的振幅通常是有限的，投資者只須遵守設定好的投資紀律，沒有必要每天研究、判斷市場方向。

　　「破巢之下安有完卵」這句話告訴我們，當股市出現大幅度回檔，大部分股票都會受到牽連，這時候最好的策略是順勢而為，離場觀望，如果要做左側抄底，必須尤其慎重。然而，當股市出現整體的趨勢反轉，這時候就不一樣了，如果能用科學方法提前捕捉反轉機會，就會帶來顯著的投資回報。

　　以下用我在 2018 年底至 2019 年 1 月之間抄底 A 股的成功案例，介紹一種判斷市場底部的方法，有助於讀者今後應對類似的市場情形。

✚ 案例：成功預測「熊」轉「牛」

　　2017 年至 2018 年，我將研究精力放在房地產領域，一方面是資本市場缺乏財富效應和吸引力，另一方面是對絕大多數家庭來說，房地產是最受關注的資產，疑問較多，相關政策也令人眼花撩亂。考慮到大眾投資者的教育需求，當時房地產更具研究價值。

　　2018 年 12 月底，我參加今日頭條舉辦的年終直播大賽，在準備過程

中盤點中國和全球各類資產的年度表現，其中 A 股市場有幾個數據令我眼睛為之一亮。基於這些數據，我臨時將 2018 年 12 月 31 日最後一場跨年直播的題目改成「中國 A 股市場：冰冷數據背後的春意」，直接指出「經濟的寒冬，正是家庭資產配置最好的春天」。為此，我獲評 2018 年今日頭條財經欄目「最有影響力創作者」大獎。

2019 年 1 月 12 日，我在北京舉行的新年分享會公開此一研究發現，又於春節前在今日頭條開設「大數據真相：2019 抄底 A 股」付費專欄（圖 1-1），幸運預測到 2019 年春天的牛市。

✛ 如何做到？從 3 個數據抓準趨勢

無論是對中國經濟或資本市場的投資者來說，2018 年都是極度壓抑的一年。自從 3 月份川普第一次在推特表達對美中貿易關係的不滿，美中

圖1-1 ▶「大數據真相：2019 抄底 A 股」專欄

> ‹　　　大数据真相：2019抄…　Q　⋯
>
> 简介　　**目录**　　评价
>
> 1. 巴菲特：众人恐惧时我贪婪，2019经济寒冬如何贪婪，这有答案
>   ▶ 03:54　2.5万次播放
>
> 2. 抓紧布局您的家庭资产，不要错过这个历史机遇
>   ▶ 03:50　35.2万次播放
>
> 3. 为什么说经济寒冬，却是家庭资产配置的春天：A股破净率的启示
>   ▶ 05:24　8.1万次播放
>
> 4. A股市盈率的历史经验启示我们，资本市场也许面临一次历史性机遇
>   ▶ 04:07　8.3万次播放
>
> 5. A股市净率的历史经验启示我们，资本市场也许面临一次历史性机遇
>   ▶ 05:06　5.3万次播放
>
> 6. 炒股要关注的两个时点，你一定不能忽视
>   ▶ 04:59　2.3万次播放

資料來源：今日頭條「道哥道道金融」

貿易戰陸續爆發，直到 2018 年底，美中貿易關係仍然烏雲密布。

先來看 2018 年之前的 GDP 成長趨勢（圖 1-2）：2018 年中國 GDP 增速只有 6.6%，是 2000 年以來最低，表示經濟增速的下行壓力較大。

再來看資本市場，2018 年是中國 A 股十多年來最「熊」的一年，上證指數跌幅為 25.59%，滬深 300 指數跌幅為 25.31%，深證成指的跌幅更高達 34.42%。即使從 2022 年 1 月回頭看這幾個指數當年的跌幅，都是自 2010 年以來的最高紀錄，因此在 2018 年底，股市的情緒極度悲觀。

當年的股票型基金也全軍覆沒，據說排名第一的基金經理是因為剛剛募集結束，還來不及建倉，而以近乎 0 的報酬率僥倖排名第一。上證指數和滬深 300 指數自 2010 年以來的漲跌幅，如表 1-1 所示。

在 2018 年底 A 股跌得寒徹心扉、一片悲鳴的時候，我究竟是看到哪些數據，才斗膽聲稱「正是家庭資產配置最好的春天」，甚至立場鮮明地開設專欄？我找出之前的研究檔案，公開其中幾張最重要的簡報，供大家參考討論。

2019 年 1 月，A 股主要指數的本益比到達近 10 年的底部。過去本益比有兩次接近此區間，之後大盤都在不到一年內大幅上漲。A 股的平均本益比走勢如圖 1-3（見第 16 頁）所示，帶給我們的啟發見第 16 頁圖 1-4。

同樣在 2019 年 1 月，A 股主要指數的股價淨值比（Price-Book Ratio，簡稱 PB 或 PBR）到達近 10 年的底部，顯示大盤已經觸底。過去股價淨值比有兩次接近此區間，之後大盤都在不到一年內暴漲。A 股的股價淨值比走勢如圖 1-5（見第 17 頁）所示，帶給我們的啟發見第 17 頁圖 1-6。

截至 2019 年 1 月 24 日，從 A 股跌破每股淨資產的股票（註：即「破淨股」）數量來看，近 10 年內只出現兩次類似的市場破淨率（註：〔每股淨資產－破淨股的股價〕／每股淨資產），之後大盤都在不到一年內暴漲。A 股的破淨股數量歷史變化如圖 1-7（見第 18 頁）所示，帶來的啟發見第 18 頁圖 1-8。

圖1-2 ▶ 2018 年之前中國的 GDP 成長趨勢

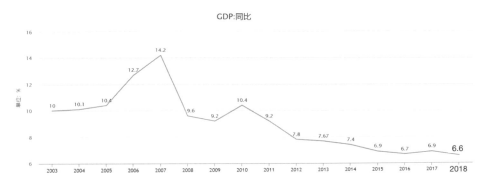

數據來源：國家統計局

表1-1 ▶ A股大盤指數歷年漲跌幅

區間	報酬率（%）		RPS（%）		波動率（%）	
	上證指數	滬深 300	上證指數	滬深 300	上證指數	滬深 300
2021	4.80	-5.20	46.48	31	13.72	18.26
2020	13.87	27.21	62.33	71.62	20.47	22.44
2019	22.30	36.07	57.03	70.08	17.73	19.42
2018	-24.59	-25.31	69.37	67.88	19.36	21.04
2017	6.56	21.78	71.68	79.68	8.52	9.95
2016	-12.31	-11.28	50.03	52.42	22.91	22.05
2015	9.41	5.58	14.43	12.13	38.46	39.02
2014	52.87	51.66	64.31	63.1	16.88	18.8
2013	-6.75	-7.65	24.28	23.24	18.07	21.81
2012	3.17	7.55	60.01	67.13	17.01	19.93
2011	-21.68	-25.01	72.85	67.6	18.03	20.29
2010	-14.31	-12.51	26.33	28.85	22.21	24.76

數據來源：烏龜量化

圖1-3 ▶ A股平均本益比走勢

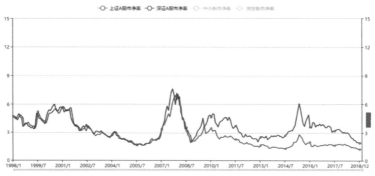

數據來源：上海證券交易所、深圳證券交易所

圖1-4 ▶ A股本益比的啟發

從大趨勢看機會：A 股本益比的啟發

● 本益比已經到達底部：受中國經濟增速下滑、金融市場去槓桿、股權質押、美中貿易戰、美國升息等因素影響，中國 A 股的本益比創新低。

● 2019 年 1 月 25 日，上證 A 股的平均本益比為 12.94 倍，深證 A 股為 20.9 倍。

● 最近十年，上證的本益比只有一次低於 12.94 倍，即 2013 年至 2014 年 6 月的 10 倍左右。當時上證指數約在 2,000 點，到了 2015 年 6 月，漲到 5,170 點，漲幅 158%。（從 2012 年起算，時隔一年半。從 2014 年起算，時隔一年。）

● 另一次本益比接近 2019 年的區間，是 2008 年 11 月的 15 倍左右。當時上證指數在 1,660 點，九個月之後，也就是 2009 年 8 月份，估值漲到 3,480 點，漲幅約 110%。

圖1-5 ▶ A 股股價淨值比走勢

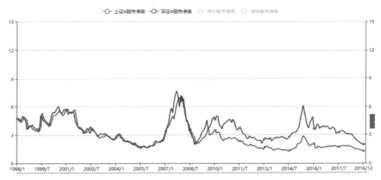

A 股股價淨值比走勢

上证: 1.31　　深证: 2.01　　2019-01-24
中小板: 2.2　　创业板: 2.88　　(数据来源: 中证指数)

數據來源：中證指數

圖1-6 ▶ A 股股價淨值比的啟發

金融分析師
CRFA Program

從大趨勢看機會：A 股股價淨值比的啟發

- 2019 年 1 月 25 日，上證 A 股的平均股價淨值比為 1.31 倍，深證 A 股為 2.01 倍。

- 歷史上，上證的股價淨值比只有一次低於 1.31 倍，即 2014 年 8 月的 1.3 倍，當時上證指數在 2,000 點左右。到了 2015 年 6 月，也就是十個月後，上證指數漲到 5,170 點，上升 158%。

- 另一次股價淨值比接近 2019 年的區間，是 2005 年 6 月的 1.67 倍。兩年四個月後，也就是 2017 年 10 月，上證指數從 1,000 點漲到 6,100 點，漲幅 510%！

圖1-7 ▶ A股破淨股數量的歷史變化

金融分析師
CRFA Program

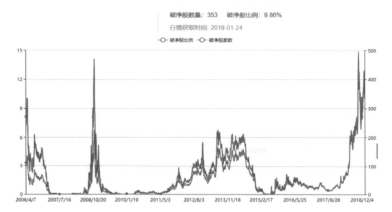

A 股破淨股數量的歷史變化

破淨股數量：353　破淨股比例：9.86%
行情獲取時間：2019-01-24

數據來源：上海證券交易所、深圳證券交易所

圖1-8 ▶ A股破淨率的啟發

金融分析師
CRFA Program

從大趨勢看機會：破淨率的啟發很重要

● 2018 年 12 月 18 日，A 股共有 444 檔股票的股價跌破淨資產，破淨率為 12.5％；2018 年 12 月 28 日，有 426 檔破淨股，破淨率達到 11.94％。未來一年呢？

● 最近十年出現兩次破淨率高峰。

> 2008 年 11 月 5 日，有 224 檔破淨股，破淨率 14.11％；上證指數從 1,660 點漲到 2009 年 8 月 4 日的 3,480 點，九個月內漲幅 110％

> 2014 年 1 月 13 日至 6 月 24 日，破淨股約 160 檔，破淨率約 6％；截至 2015 年 6 月 12 日，一年之內，上證指數從 2,000 點漲到 5,170 點，漲幅 158％。

✚趨勢逆轉時「破淨率」最關鍵

為什麼在 GDP 增速下滑，美中貿易關係烏雲密布，大盤指數「跌跌不休」且股市極度冷清的情況下，透過大盤指數的本益比、股價淨值比、破淨率等 3 個數據，就能預判市場即將否極泰來？對於判斷大盤走勢，尤其是反轉走勢這麼大的難題，難道不用更高階的工具和方法嗎（例如列出相關因子的迴歸分析方程式）？

本益比和股價淨值比常被用來判斷股價的相對估值，應用很普遍，但也只是僅供參考，需要其他指標的輔助判斷。那麼，這 3 個指標在什麼時候更有用，甚至能成為決定性依據呢？恰恰不是平時，正是在判斷市場「極值」和「轉折點」時，尤其對大盤指數來說，更是關鍵時刻最重要的風向儀。

在判斷市場觸底、趨勢反轉的時候，3 個指標當中的「破淨率」最重要，其次是「股價淨值比」。事實上，讓我在 2019 年 1 月有自信開設「大數據真相：2019 抄底 A 股」專欄的主因，正是看到破淨率指標亮起紅燈。

中國為防止國有資產流失，在國有企業的併購重組中，交易價值不能低於公司淨資產，這表示在併購時，淨資產是公司估值的底線。

在 A 股市場，國有企業占指數的權重最高，如果說個別公司的股價有可能跌破每股淨資產，那麼當 10% 以上的股票都跌破淨資產，就說明市場的整體估值已經觸犯金融定價常識和國有資產監管的底線。歷史上出現類似情況時，市場無一例外都迎來暴漲。

在判斷大盤走勢，尤其是趨勢反轉時，通常是大道至簡，指標不能太複雜，對大眾投資者來說更是如此。在今後的投資實戰中，如果大盤指數出現類似上述的情況，也就是 3 個指標同時亮起紅燈，那麼大膽抄底極可能是正確的選擇，讓我們拭目以待。

1-2
發現回檔後的黃金坑，選對題材和個股就翻倍賺

　　熱門產業的股價波動通常都比較大，有些會在概念炒作下短期大漲，但是一出現回檔就長期低迷；相反地，有些產業炙手可熱，在持續上漲後，每次大幅回檔都是難得的抄底機會，也就是「黃金坑」。

　　問題是，該如何判斷市場回檔之後，會不會出現黃金坑呢？

　　2021年3月下旬，A股經歷一個月的大幅回檔，大型藍籌股紛紛出現機構「踩踏」（註：意指股價大跌時，投資者爭相拋售），慘不忍睹。我預判「碳中和」在核心資產（註：具有核心競爭力的企業）大跌後，已經出現黃金坑，並於3月20日在百度百家號、今日頭條、微信等平台開設「抄底碳中和核心資產，靜待花開」專欄。半年後，專欄內的重要判斷被市場完美應驗。

　　機遇總是可遇不可求，能在股市發現黃金坑並果斷抄底，實在非常幸運美妙。下文就以「抄底碳中和核心資產」為案例，分享當時的背景，以及我用來判斷黃金坑的依據與邏輯。這些方法和經驗在今後的股市中，很可能還有機會用到。

✚ 從政策面和估值面洞悉市場表現

貨幣政策轉向，股市成驚弓之鳥

　　2021年2月初是兩會（註：即「中國全國人民大會」和「中國人民

政治協商會議」的簡稱）之前政策討論熱烈的時期，和資本市場關係密切的議論除了「十四五」規畫（註：2021 年制定的中國未來 5 年發展藍圖）之外，就是關於貨幣政策的轉向。

2020 年，突如其來的新冠肺炎疫情嚴重衝擊經濟，為了應對挑戰，全球主要經濟體都施行寬鬆貨幣政策。以美國為代表的西方發達經濟體，貨幣政策的寬鬆程度比中國大很多，但中國在貨幣供給、信貸增量等方面，與 2019 年相比也有明顯放鬆。

眾所周知，在寬鬆貨幣政策的推動下，中國經濟率先全球出現強勁反彈。2020 年第三季度，GDP 同比 2019 年增速達到 4.9％，第四季度的同比增速更是達到 6.5％。從 2020 年第三季度開始，越來越多經濟學家預測中國的經濟增速回歸常態，這代表貨幣政策也有回歸常態的需求。

果不其然，從 2020 年第四季度開始，央行前行長周小川和財政部前部長樓繼偉，先後在權威刊物和公開論壇發表類似的觀點：對於貨幣政策的鬆緊程度，不能單純只看通膨指標，還要考慮資產價格泡沫。

這看似不過學術觀點，實則影響巨大。它傳遞 3 個重要訊號：首先，資產價格泡沫已經引起貨幣政策制定者的關注；其次，全國一、二線城市房價明顯上漲，以及股市全年大幅上漲的現象，預示貨幣政策將要緊縮；最後，發言人身份特殊，其觀點不同於普通學者、教授的學術討論，市場自然會做政策聯想。

2021 年 1 月，我分享相關專題，其中有兩張簡報反映當時的背景，分別是「關於貨幣政策調整的討論：周小川」（見第 22 頁圖 1-9）和「關於貨幣政策調整的討論：樓繼偉」（見第 22 頁圖 1-10）。

2021 年 1 月底，相關的討論進一步升溫。在 1 月 26 日上午由中國財富管理 50 人論壇（CWM50）主辦的「中央經濟工作會議解讀與當前經濟形勢分析」專題研討會上，央行貨幣政策委員會委員馬駿博士的觀點，在市場引起巨大反響。

他的核心觀點是：「貨幣政策如果不轉向，會導致中長期更大的經濟、金融風險，當然，貨幣政策轉向不能太快」。媒體報導的時候，並未強調「當然，貨幣政策轉向不能太快」這句話，結果股市在 1 月 26 日下午開

圖1-9 ▶ 關於貨幣政策調整的討論：周小川

金融分析師
CRFA Program

關於貨幣政策調整的討論：周小川

● 2020 年 11 月 27 日，中國金融學會會長、前央行行長周小川在央行政策研究專欄發表題為《拓展通貨膨脹的概念與度量》一文，稱：

➤ 「特定的收入能購買到什麼樣的生活水準？透過工作賺取特定收入的代價是十分艱辛疲憊呢？還是較為從容輕鬆，甚至愉快？這種綜合又模糊的概念影響人們對未來的預期是樂觀或悲觀。」

➤ 傳統的通貨膨脹度量有幾個不足和挑戰。其中之一是較少包含資產價格帶來的失真，特別是長週期失真的累積影響。通貨膨脹在長期度量上存在問題，特別是資產價格如何反映生活品質、支出結構。此外還有長期投資回報應折現入當期通貨膨脹的問題。

➤ 不能不將資產價格納入通貨膨脹考慮，該怎麼納入還需要研究。

➤ Dr. Richard C. Koo（辜朝明，《大衰退年代：宏觀經濟學的另一半與全球化的宿命》作者，日本野村證券研究院的首席經濟學家）在最近的一次訪談中說到：近幾年主要發達經濟體的經歷與實踐顯示，低通貨膨脹對央行貨幣政策的操作及理論框架提出挑戰，也動搖通貨膨脹目標制的理論基礎。近日，通貨膨脹目標制基本上沒有用了，甚至可能帶來資產泡沫。

圖1-10 ▶ 關於貨幣政策調整的討論：樓繼偉

金融分析師
CRFA Program

關於貨幣政策調整的討論：樓繼偉

● 2020 年 12 月 12 日，全國政協外事委員會主任、前中國財政部部長樓繼偉在「三亞財經國際論壇」上表示：

➤ 貨幣政策放水、放出流動性，給金融機構互加槓桿提供巨大空間，首先表現為金融資產價格上漲，然後是房地產價格上漲，不表現為一般貨物和服務的價格上漲。

● 2020 年 12 月 20 日，樓繼偉在中國財富管理 50 人論壇年會表示：

➤ 目前，我國控制疫情和恢復經濟取得令人矚目的成績，成為全球唯一實現經濟正成長的主要經濟體，非常時期的財政貨幣政策正在考慮有序退出。我再強調，是考慮有序退出，不能說立即就退，而是必須逐步退。這樣宏觀槓桿率可以穩住並逐步下降。有幾個原因：

➤ 一是治理金融亂象雖取得重大成果，但遠未成功，資金池的清理、資產淨值化、取消剛兌＊、高風險機構的排查清理、金融基礎設施紊亂等現象，還需要繼續整治。

➤ 二是美國、歐洲主要國家宏觀政策的外溢效果明顯，特別是美國。全球金融市場波動的風險加大，而中國正在擴大金融開放，要保持戰略定力，辦好自己的事。

➤ 去槓桿治理亂象的方向不能動搖。

（＊註：「剛兌」即「剛性兌付」的簡稱，簡單來說是即使投資虧損，也能保本甚至保持收益的意思。）

圖1-11 ▶ 關於貨幣政策調整的討論：馬駿

金融分析師
CRFA　Program

關於貨幣政策調整的討論：馬駿

● 2021 年 1 月 26 日上午，中國人民銀行貨幣政策委員會委員、清華大學金融與發展研究中心主任馬駿，在 CWM50 主辦的「中央經濟工作會議解讀與當前經濟形勢分析」專題研討會上表示：貨幣政策如果不轉向，會導致中長期更大的經濟、金融風險，當然，貨幣政策轉向不能太快。

▶ 應該從今年開始永久取消 GDP 成長目標，把穩定就業和控制通貨膨脹作為宏觀政策最主要的目標。所有的已開發國家和絕大部分中等收入國家，都放棄將 GDP 增速作為宏觀調控的目標。

▶ 財政部門可以將 GDP 數字當作基礎，來預測財政收支，投資部門可以將它當作基礎，來預測投資行為，但不應該將它當作考核地方政府官員業績的指標，因為：地方政府習慣層層加碼，把地方的 GDP 目標訂得很高，從而加大隱性債務的金融風險，因為靠借錢投資拉動 GDP 比其他辦法都容易；強調 GDP 考核，不可避免地會出現地方虛報經濟增速的問題。

▶ 一方面就是槓桿率上升得非常快，要求貨幣政策開始調整。2020 年前三個季度，中國宏觀槓桿率上升 25 個百分點，是 2009 年以來升幅最高的一次。槓桿率大幅上升，自然會導致未來的金融風險。此外，有些領域已經出現泡沫。去年中國幾個主要的股市指數都大幅上升，接近 30%。在經濟增速大幅下降的情況下出現如此牛市，不可能與貨幣無關。另外，近期上海、深圳等地的房價漲得不少，這些都與流動性和槓桿率的變化有關。

盤就開始回檔，持續將近兩週，可見股市經過 2020 年的大漲之後，已成為貨幣政策轉向的驚弓之鳥。關於馬駿博士的觀點，請參考圖 1-11。

估值觸及天花板，市場雪崩

　　市場原本希望在 2021 年 3 月的兩會期間，藉由「十四五」規畫和 2035 年遠景目標的相關政策，為資本市場注入動力。然而，雖然市場在此後一度亢奮上攻，貨幣政策轉向的陰影卻始終揮之不去，尤其是在 2019 年、2020 年連續兩年，滬深 300 指數累計漲幅超過 64.0%，創業板指數漲幅累計超過 137.0%的情況下，市場獲利盤眾多，估值處於高位。

　　一般來說，當市場擔憂貨幣政策緊縮，估值過高的股票會面臨更大的回檔壓力。

2021 年 2 月 18 日，春節後第一個交易日指數大跌，由此開啟一輪回檔。市場對 2021 年貨幣政策的轉向充滿憂慮，大盤指數的估值觸及天花板，成為市場坍塌的導火線。

我們來看滬深 300 指數的估值走勢（圖 1-12）。2021 年 2 月 18 日，滬深 300 指數的加權 TTM 本益比是 17.56 倍，處於近 10 年的 99.32％估值百分位，已經觸及天花板（關於估值百分位的定義，見第 2-5 節），很顯然，滬深 300 指數代表的白馬藍籌股已經太貴了！

在 2021 年 2 月 18 日，創業板指數的估值百分位也突破 90％。從圖 1-13 可以看到，2021 年 2 月 18 日創業板指數的加權 TTM 本益比是 73.3 倍，處於近 10 年的 90.74％估值百分位。

其實在 2020 年 7 月中旬，創業板指數經過前期的大幅上漲後，估值百分位也在 92％左右，開啟長達近半年的橫盤，而 2021 年 2 月的這次回檔，又再度突破 90％估值百分位的天花板。

從 2021 年 2 月 18 日至 3 月 25 日，滬深 300 指數跌幅 13.25％，創業板指數跌幅更高達 22.2％。再次證明在貨幣政策轉向的市場憂慮下，當市場估值觸及天花板，「殺估值」會是回檔的主要邏輯。

股票投資就是這樣，「機會總是跌出來的」。市場回檔哀鴻遍野的時候，常常代表真正的機會來了，投資者要打起精神，尤其要關注景氣度高、成長確定性強、企業基本面未受破壞、內生成長（註：公司透過現有資產和業務，而非靠併購等外力方式，達到利潤成長的能力）強勁的產業和核心企業。

雙重理由看準碳中和概念股

（一）既是戰略機遇，又是超級風口

在 2021 年 2 月 18 日市場回檔之前，我已經關注「碳中和」概念有一段時間。透過翻閱大量報告、資料並分析研究，我初步判斷：碳中和是中國崛起、能源安全和產業自主可控的戰略機會；碳中和是長週期的超級風

圖1-16 ▶ 美國傳統發電每度電的成本變化展望

金融分析師
CRFA　Program

美國傳統發電每度電的成本變化展望

- 水電
  - ▶ 2010 年成本達峰：6.6 美分／千瓦時；2020 年成本：6.1 美分／千瓦時；2050 年預測成本：6.1 美分／千瓦時

- 煤電（美國）
  - ▶ 2008 年成本達峰：9.2 美分／千瓦時；2020 年成本：7.3 美分／千瓦時；2050 年預測成本：10.8 美分／千瓦時

- 天然氣聯合循環（以美國為例）
  - ▶ 2005 年成本達峰：10.7 美分／千瓦時；2020 年成本：3.7 美分／千瓦時；2050 年預測成本：6.4 美分／千瓦時

- 核電
  - ▶ 2019 年成本達峰：11.3 美分／千瓦時：2020 年成本：11.1 美分／千瓦時：2050 年預測成本：10.1 美分／千瓦時

數據來源：2020 年 5 月美國 Energy Intelligence 期刊

圖1-17 ▶ 美國新能源發電每度電的成本變化展望

金融分析師
CRFA　Program

美國新能源發電每度電的成本變化展望

- 陸域風電
  - ▶ 2010 年成本達峰：11.6 美分／千瓦時；2020 年成本：5.4 美分／千瓦時；2050 年預測成本：3.6 美分／千瓦時

- 離岸風電
  - ▶ 2010 年成本達峰：20.9 美分／千瓦時；2020 年成本：10.3 美分／千瓦時；2050 年預測成本：5.3 美分／千瓦時

- 太陽能
  - ▶ 2000 年成本達峰：50.0 美分／千瓦時；2020 年成本：5.9 美分／千瓦時；2050 年預測成本：2.4 美分／千瓦時。

- 可見，從現在到 2050 年，太陽能、陸域和離岸風電的發電成本都有相當大的下降空間，水電、核電的成本則變動不大或下降空間有限，燃氣、煤炭火力發電的成本將大幅攀升。

數據來源：2020 年 5 月美國 Energy Intelligence 期刊

圖1-18 ▶ 2010 ～ 2020 年新能源發電成本

金融分析師
CRFA　Program

2010 ～ 2020 年主要新能源發電成本

2020 年各種新能源發電成本（按美元 1：32 匯率折算新台幣）：
Bioenergy 生質能源 $0.0765（NT$2.448），Geothermal 地熱能 $0.0718（NT$2.2976），
Hydropower 水力發電 $0.044（NT$1.408），
Solar PV 太陽光電 $0.0578（NT$1.8496），CSP 聚光太陽能熱發電 $0.108（NT$3.456），
Onshore Wind 陸域風電 $0.0398（NT$1.2736），
Offshore Wind 離岸風電 $0.084（NT$2.688）

Table H1 Total installed cost, capacity factor and levelised cost of electricity trends by technology, 2010 and 2020

	Total installed costs (2020 USD/kW)			Capacity factor (%)			Levelised cost of electricity (2020 USD/kWh)		
	2010	2020	Percent change	2010	2020	Percent change	2010	2020	Percent change
Bioenergy	2 619	2 543	-3%	72	70	-2%	0.076	0.076	0%
Geothermal	2 620	4 468	71%	87	83	-5%	0.049	0.071	45%
Hydropower	1 269	1 870	47%	44	46	4%	0.038	0.044	18%
Solar PV	4 731	883	-81%	14	16	17%	0.381	0.057	-85%
CSP	9 095	4 581	-50%	30	42	40%	0.340	0.108	-68%
Onshore wind	1 971	1 355	-31%	27	36	31%	0.089	0.039	-56%
Offshore wind	4 706	3 185	-32%	38	40	6%	0.162	0.084	-48%

數據來源：國際再生能源總署（IRENA）「2020 年再生能源發電成本」

股價跳水砸出黃金坑

2021 年初，最直接受益於碳中和概念的產業，主要集中在太陽能、風電和新能源汽車。這次股市回檔，在碳中和相關的產業當中，機構投資者抱團大買的龍頭企業都出現較大回檔，估值泡沫得到一定程度的釋放。碳中和核心資產於 2021 年 2 月 18 日的股價回檔幅度，見表 1-2。

無論就指數權重或產業地位而言，表中的 8 家企業都是在太陽光能、風電和新能源汽車鋰電池領域中，具代表性的核心資產，也是機構投資者在 2020 年第四季度抱團大買的白馬股。

從 2021 年 2 月 18 日至 3 月 25 日的一共 26 個交易日，這些碳中和的龍頭企業紛紛出現大幅回檔，其中太陽光能和新能源汽車鋰電池的龍頭股，價格跌幅遠遠超過大盤指數，估值泡沫得到修復。

圖1-19 ▶ 2010 ～ 2020 新能源發電成本變化趨勢

金融分析師
CRFA　Program

2010 ～ 2020 年主要新能源發電成本

這十年間，太陽光電的發電成本下降 85％，CSP 聚光太陽能的發電成本下降 68％，陸域風電的發電成本下降 56％，離岸風電的發電成本下降 48％，生質能源的發電成本沒有變化，地熱能的發電成本增加 45％，水力發電的成本增加 18％。

Figure 1.6 Global weighted-average utility-scale LCOE by technology, 2010-2020

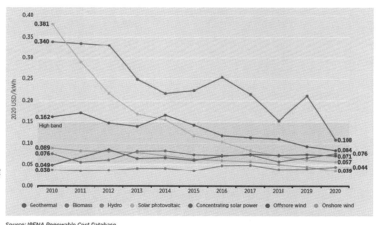

Source: IPENA Renewable Cost Database

表1-2 ▶ 碳中和核心資產的股價回檔幅度

公司名稱	2021 年 2 月 18 日		2021 年 3 月 25 日		股價回檔幅度（％）（均前復權）
	股價（元）	TTM 本益比	股價（元）	TTM 本益比	
通威股份	53.76	65.38	30.47	37.06	43.50
隆基股份	87.16	56.59	54.87	35.63	36.87
陽光電源	115.3	109.7	62.67	59.64	47.29
明陽智能	21.86	36.47	17.88	31.03	10.47
金風科技	15.21	24.36	13.06	20.92	12.26
寧德時代	396.8	207.7	291.4	152.5	29.35
億緯鋰能	103.6	149.5	69.14	99.8	32.32
先導智能	58.61	111	46.77	88.5	22.76

表1-3 ▶ 專欄開設半年內，碳中和核心資產表現

公司名稱	2021 年 3 月 25 日股價（元）（前復權）	此後半年內最高股價（元）（前復權）	半年內最大漲幅（%）
通威股份	30.48	62.77	106
隆基股份	54.88	98.58	80
陽光電源	62.67	180.16	187
明陽智能	17.87	28.48	59
金風科技	13.06	19.65	50
寧德時代	291.40	582.2	100
億緯鋰能	69.14	131.5	90
先導智能	46.77	84.05	80

　　經過以上分析，我判斷市場遇到碳中和超級風口的黃金坑。2021 年 3 月 22 日「抄底『碳中和』核心資產，靜待花開」專欄開設後，大約半年內，碳中和題材再度成為市場熱點和主線，相關產業的細分行業龍頭都大幅上漲，有些漲幅甚至超過 100%。

　　專欄開設半年內，碳中和核心資產的表現見表 1-3。

　　透過上述案例背景和分析，可以看出超級風口的黃金坑有幾個特點，簡單歸納如下：

　　（1）宏觀政策環境友好，有認真的長期政策承諾和可量化的藍圖。

　　（2）除了政策因素，市場化成本優勢的驅動力日漸強勁，關係到人類更美好的未來。

　　（3）產業仍處在發展初期，市場廣闊，未來年化成長速度快。

　　（4）國內市場在全球占比較高，企業在全球有話語權。

　　（5）大盤指數出現大幅回檔，產業龍頭發生機構踩踏，估值回歸到最近 3 年的中位數。

　　市場不會簡單重覆，要再次遇到完全一樣的超級風口黃金坑，也許並不容易，但以上分析思路對於今後的判斷仍有幫助。

1-3
通貨膨脹更要及時布局，獲取資產價格泡沫的紅利

通貨膨脹常被視為社會大眾財富的粉碎機，我們聽過太多相關的歷史故事和經濟原理，所以每當發生通貨膨脹，大眾投資者總是充滿焦慮和恐懼。其實，在金融市場和金融工具越來越完善的今天，每一種經濟現象背後都孕育著機會，通貨膨脹也不例外。對社會大眾來說，改變對通貨膨脹的刻板印象，洞察其中的機遇，在今後相當重要。

圖1-20 ▶ 「布局『漲價』核心資產，收割通膨紅利」專欄

基於以上理念，2021 年初，我發現一輪特殊的全球性通膨。說它特殊，是因為不同於消費者物價指數上漲的傳統定義，此次通膨主要表現為全球大宗商品原料價格的上漲。

2021 年 4 月 1 日，我在百度百家號、今日頭條和微信開設「布局『漲價』核心資產，收割通膨紅利」專欄（圖1-20），其中內容在此後的半年內，於資本市場獲得很好的

驗證。

　　以下用該專欄內容為例，與大家分享當時的背景和邏輯，其中有關趨勢分析和資產布局的思路，在全球高通膨的現今相當具有參考價值。

✚全球經濟深陷疫情危機

　　2020 年全球深陷新冠肺炎疫情危機，人口、物資的流動和供應鏈都受到沈重打擊，使全球經濟成長陷入數十年來的低谷。

　　根據國際貨幣基金組織網站的數據，2020 年全球經濟成長為 -3.3％，其中發達經濟體的同比成長為 -4.7％，新興市場和發展中經濟體的同比成長為 -2.2％。此次全球經濟成長面臨的挑戰，甚至比 2008 年美國次貸危機更加嚴重，無論已開發國家或發展中國家的經濟增速，均創出 1980 年以來的最低紀錄，如圖 1-21 所示。

圖1-21 ▶ 全球經濟成長紀錄

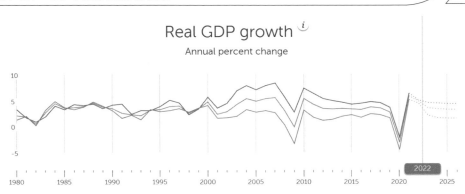

數據來源：國際貨幣基金組織 IMF

2021 年 4 月國際貨幣基金組織公布的「世界經濟展望」報告顯示，2020 年中國經濟成長 2.3％，是改革開放四十多年以來最低的一年，但在全球主要經濟體之中卻是最高的，如圖 1-22 所示。

圖1-22 ▶ 2020 年世界經濟展望

（实际GDP，年百分比变化）	2020	预测值	
		2021	2022
世界产出	-3.3	6.0	4.4
发达经济体	-4.7	5.1	3.6
美国	-3.5	6.4	3.5
欧元区	-6.6	4.4	3.8
德国	-4.9	3.6	3.4
法国	-8.2	5.8	4.2
意大利	-8.9	4.2	3.6
西班牙	-11.0	6.4	4.7
日本	-4.8	3.3	2.5
英国	-9.9	5.3	5.1
加拿大	-5.4	5.0	4.7
其他发达经济体	-2.1	4.4	3.4
新兴市场和发展中经济体	-2.2	6.7	5.0
亚洲新兴市场和发展中经济体	-1.0	8.6	6.0
中国	2.3	8.4	5.6
印度	-8.0	12.5	6.9
东盟五国	-3.4	4.9	6.1
欧洲新兴市场和发展中经济体	-2.0	4.4	3.9
俄罗斯	-3.1	3.8	3.8
拉丁美洲和加勒比	-7.0	4.6	3.1
巴西	-4.1	3.7	2.6
墨西哥	-8.2	5.0	3.0
中东和中亚	-2.9	3.7	3.8
沙特阿拉伯	-4.1	2.9	4.0
撒哈拉以南非洲	-1.9	3.4	4.0
尼日利亚	-1.8	2.5	2.3
南非	-7.0	3.1	2.0
备忘项			
新兴市场和中等收入经济体	-2.4	6.9	5.0
低收入发展中国家	0.0	4.3	5.2

来源：国际货币基金组织《世界经济展望》，2021年4月。

注释：印度的数据和预测值是按财年列示的，财年2020/2021从2020年4月开始。
基于日历年，2020年印度的经济增速预测值为-7.1%，2021年为11.3%。

數據來源：國際貨幣基金組織 IMF

從圖中可以看到，作為全球經濟規模排名第一的美國，GDP 同比成長 -3.5％，歐元區（包括德國、法國、義大利和西班牙）同比成長 -6.6％，日本 -4.8％，英國 -9.9％，加拿大 -5.4％。

在發展中國家排名靠前的「金磚國家」，經濟增速也大幅回落，其中印度的 GDP 同比成長 -8％，俄羅斯 -3.1％，巴西 -4.1％，南非 -7％。毫無疑問，全球經濟已陷入危機。

國際貨幣基金組織預測，2021 年全球經濟將走出衰退，同比 2020 年成長 6％，但 2022 年又會回落到 4.4％。

關於 2020 年全球主要經濟體的經濟成長具體數據，可以參考來自國際貨幣基金組織的官方報告。

✚ 低利率釀通貨膨脹風暴

當經濟成長陷入危機，大部分國家都會採取積極財政政策和寬鬆貨幣政策。

積極財政政策包括主動擴大政府財政赤字、減稅、發放現金補貼、發放消費券等，目的是減少經濟危機對弱勢群體的衝擊、刺激消費和減輕營運困難企業的負擔。

寬鬆貨幣政策包括增加貨幣供給、增加信貸投放、降低利率、央行去公開市場購買金融資產等，其影響全面，能直接改變整體社會的資金成本和資產價格。

從 2020 年第一季度全球爆發新冠肺炎疫情開始，截至 2021 年 3 月底，全球發達經濟體都維持極低的利率，過去這樣的利率只出現在 2008 年美國次貸危機中。我在 2021 年 4 月初整理出全球發達經濟體的利率資料，如圖 1-23 所示。

雖然發達經濟體採取近乎零利率的貨幣政策，但在 2021 年 3 月，傳統意義上的通膨率都是 2％以下，所以這時還未出現通膨問題。然而，大宗商品價格的漲幅卻透露出潛在的通膨，我在 2021 年 4 月初整理出的相關資料，如圖 1-24、圖 1-25（見第 38 頁）所示。

圖1-23 ▶ 2021 年 3 月底全球發達經濟體的利率

2021 年 3 月底全球發達經濟體的利率

瑞士、丹麥、日本負利率；歐元區國家 0 利率；以色列、英國、澳大利亞 0.1% 利率；加拿大、美國 0.25% 利率。

備註：「國內生產總值」均為 2019 年數據，按美元匯率折合。

單位：10 億美元；人口單位：百萬

排序	国家地区	国内生产总值	国内生产总值 YOY	国内生产总值 QOQ	利率	通货膨胀率	失业率	预算	债务	经常账户	人口
1	瑞士	703	-1.60%	0.30%	-0.75%	-0.50%	3.60%	1.50%	41.00%	10.9	8.54
2	丹麦	348	-2.60%	0.60%	-0.60%	0.60%	4.40%	3.70%	33.20%	7.9	5.81
3	日本	5082	-1.40%	2.80%	-0.10%	2.90%	2.40%	-2.40%	236.60%	3.2	126.01
4	爱尔兰	389	1.50%	-5.10%	0.00%	-0.40%	5.80%	0.40%	58.80%	4.6	4.9
5	西班牙	1394	-8.90%	0.00%	0.00%	0.00%	16.13%	-11.00%	95.50%	2	46.94
6	比利时	530	-5.10%	-0.10%	0.00%	0.46%	5.60%	-1.90%	98.60%	-1.2	11.46
7	法国	2716	-4.90%	-1.40%	0.00%	0.60%	8.00%	-9.20%	115.70%	-0.7	66.98
8	意大利	2001	-6.60%	-1.90%	0.00%	0.60%	9.00%	-9.50%	155.60%	3	60.36
9	欧元区	13336	-4.90%	-0.70%	0.00%	0.90%	8.10%	-0.60%	77.60%	2.3	341.9
10	芬兰	269	-1.40%	0.00%	0.00%	0.90%	8.70%	-1.10%	59.40%	-0.8	5.53
11	奥地利	446	-5.70%	-2.70%	0.00%	1.20%	10.70%	0.70%	70.40%	2.6	8.86
12	德国	3846	-3.70%	0.30%	0.00%	1.30%	4.60%	-4.80%	59.80%	7.1	83.2
13	瑞典	531	-2.20%	-0.20%	0.00%	1.40%	9.70%	0.50%	35.10%	3.9	10.23
14	荷兰	909	-2.80%	-0.10%	0.00%	1.80%	3.60%	1.70%	48.60%	10.2	17.28
15	挪威	403	-0.60%	0.60%	0.00%	3.30%	5.00%	6.40%	40.60%	1.9	5.33
16	以色列	395	-0.40%	1.60%	0.10%	0.00%	5.10%	-11.70%	59.90%	4.9	9.29
17	英国	2829	-7.80%	1.00%	0.10%	0.40%	5.00%	-16.90%	100.20%	-3.8	66.65
18	澳大利亚	1393	-1.10%	3.10%	0.10%	0.90%	5.80%	-4.30%	45.10%	2.5	25.68
19	波兰	592	-2.80%	-0.70%	0.10%	2.40%	6.50%	-0.70%	46.00%	0.5	37.97
20	加拿大	1736	-3.20%	2.30%	0.25%	1.10%	8.20%	-15.90%	88.60%	-1.9	37.78
21	美国	21433	-2.40%	4.30%	0.25%	1.70%	6.20%	-4.60%	107.60%	-3.1	329.48

數據來源：Trading Economics

圖1-24 ▶ 大宗商品價格普遍上漲：基本金屬和糧食

大宗商品價格普遍上漲：基本金屬和糧食
2021 年 3 月底收盤價和 2020 年 3 月底收盤價對比

- **基本金屬價格**
  - ➤ 倫敦銅價從每噸 4,930 美元漲到 8,834 美元，漲幅 79%
  - ➤ 倫敦鎳價從每噸 11,470 美元漲到 16,290 美元，漲幅 42%
  - ➤ 倫敦鋁價從每噸 1,525.5 美元漲到 2,261.5 美元，漲幅 48%
  - ➤ 鐵礦石價格從每噸 574.5 元（人民幣，下同）漲到 1,098.5 元，漲幅 91%
  - ➤ 上海熱軋鋼捲價格從每噸 3,071 元漲到 5,372 元，漲幅 75%
- **糧食價格**
  - ➤ 芝加哥大豆（CBOT）價格從每蒲式耳 885.5 美分漲到 1,388.75 美分，漲幅 57%
  - ➤ 芝加哥玉米（CBOT）價格從每蒲式耳 341.5 美分漲到 546.25 美分，漲幅 60%
  - ➤ 芝加哥小麥價格（CBOT）從每蒲式耳 568 美分漲到 612.5 美分，漲幅 7.8%
  - ➤ 鄭州商品交易所棉花價格從每噸 10,540 元漲到 14,870 元，漲幅 41%

數據來源：Wind 資訊

圖1-25 ▶ 大宗商品價格普遍上漲：貴金屬和能源化工

金融分析師
CRFA Program

大宗商品價格普遍上漲：貴金屬和能源化工
2021 年 3 月底收盤價和 2020 年 3 月底收盤價對比

● 貴金屬價格
  ▶ 紐約金價從 1,591 美元／盎司漲到 1,700 美元／盎司，漲幅 6.85%
  ▶ 紐約白銀價格從 14.155 美元／盎司漲到 24.5 美元／盎司，漲幅 73%

● 能源化工價格
  ▶ 紐約石油價格從每桶 20 美元漲到 61.12 美元，漲幅 205%
  ▶ 紐約天然氣價格從每百萬英制熱量單位 1.643 美元漲到 2.684 美元，漲幅 63.4%
  ▶ 中國動力用煤價格從每噸 499 元（人民幣，下同）漲到 739 元，漲幅 48%
  ▶ 中國 PTA（對苯二甲酸，製造滌綸的原料）價格從每噸 3,342 元漲到 4,404 元，漲幅 32%
  ▶ 中國純鹼價格從每噸 1,365 元漲到 1,883 元，漲幅 38%
  ▶ 中國苯乙烯價格從每噸 4,425 元漲到 8,413 元，漲幅 90%
  ▶ 中國紙漿價格從每噸 4,520 元漲到 6,798 元，漲幅 50%
  ▶ 中國玻璃價格從每噸 1,297 元漲到 2,135 元，漲幅 65%

數據來源：Wind 資訊

　　從圖中數據可以看出，相較於疫情初期的 2020 年 3 月，2021 年 3 月全球主要大宗商品的價格，無論貴金屬、工業金屬、能源化工或糧食，均明顯上漲。作為原料的大宗商品若只有零星價格波動，並不是太大的問題，但若普遍明顯上漲，在一個完整的經濟週期中，上漲的價格要作為成本轉嫁到下游工業品，再到最終的消費品，只是時間的問題而已。

✚布局漲價核心資產，收割通膨紅利

　　看完以上經濟環境和金融市場的數據，大眾投資者該怎麼辦呢？是持有現金防守等待？進入期貨市場大膽做多？或是擼起袖子進入股市？又應該用什麼投資策略呢？我的整體判斷是：布局漲價核心資產，收割通膨紅利。

　　這個判斷取決於我對以下重大趨勢的分析。

圖1-26 ▶ 2021年3月全球發達經濟體失業率

2021 年 3 月全球發達經濟體失業率

美國失業率 6.2%；西班牙 16.13%、義大利 9%、法國 8%、歐元區 8.1%；英國 5%；加拿大 8.2%；澳大利亞 5.8%。
備註：「國內生產總值」均為 2019 年數據，按美元匯率折合。
單位：10 億美元；人口單位：百萬

排序	国家地区	国内生产总值	国内生产总值 YOY	国内生产总值 QOQ	利率	通货膨胀率	失业率	预算	债务	经常账户	人口
1	瑞士	703	-1.60%	0.30%	-0.75%	-0.50%	3.60%	1.50%	41.00%	10.9	8.54
2	丹麦	348	-2.60%	0.60%	-0.60%	0.60%	4.40%	3.70%	33.20%	7.9	5.81
3	日本	5082	-1.40%	2.80%	-0.10%	-0.40%	2.90%	-2.40%	236.60%	3.2	126.01
4	爱尔兰	389	1.50%	-5.10%	0.00%	-0.40%	5.80%	0.40%	58.80%	4.6	4.9
5	西班牙	1394	-8.90%	0.00%	0.00%	0.00%	16.13%	-11.00%	95.50%	2	46.94
6	比利时	530	-5.10%	-0.10%	0.00%	0.46%	5.60%	-1.90%	98.60%	-1.2	11.46
7	法国	2716	-4.90%	-1.40%	0.00%	0.60%	8.00%	-9.20%	115.70%	-0.7	66.98
8	意大利	2001	-6.60%	-1.90%	0.00%	0.60%	9.00%	-9.50%	155.60%	3	60.36
9	欧元区	13336	-4.90%	-0.70%	0.00%	0.90%	8.10%	-0.60%	77.60%	2.3	341.9
10	芬兰	269	-1.40%	0.40%	0.00%	0.90%	8.70%	-1.10%	59.40%	-0.8	5.53
11	奥地利	446	-6.70%	-2.70%	0.00%	1.20%	10.70%	0.70%	70.40%	2.6	8.86
12	德国	3846	-3.70%	0.30%	0.00%	1.30%	4.60%	-4.80%	59.80%	7.1	83.2
13	瑞典	531	-2.20%	-0.20%	0.00%	1.40%	9.70%	0.50%	35.10%	3.9	10.23
14	荷兰	909	-2.80%	-0.10%	0.00%	1.80%	3.60%	1.70%	48.60%	10.2	17.28
15	挪威	403	-0.60%	0.60%	0.00%	3.30%	5.00%	6.40%	40.60%	1.9	5.33
16	以色列	395	-0.40%	1.60%	0.10%	0.00%	5.10%	-11.70%	59.90%	4.9	9.29
17	英国	2829	-7.80%	1.00%	0.10%	0.40%	5.00%	-16.90%	100.20%	-3.8	66.65
18	澳大利亚	1393	-1.10%	3.10%	0.10%	0.90%	5.80%	-4.30%	45.10%	2.5	25.68
19	波兰	592	-2.80%	-0.70%	0.10%	2.40%	6.50%	-0.70%	46.00%	0.5	37.97
20	加拿大	1736	-3.20%	2.30%	0.25%	1.10%	8.20%	-15.90%	88.60%	-1.9	37.78
21	美国	21433	-2.40%	4.30%	0.25%	1.70%	6.20%	-4.60%	107.60%	-3.1	329.48

數據來源：Trading Economics

低利率貨幣政策不會反轉

歐、美、日等主要發達經濟體實行零利率貨幣政策，以及疫情導致全球供應鏈混亂，是大宗商品價格上漲的主因。這種低利率政策會轉向嗎？失業率和通膨率告訴我們，發達經濟體的寬鬆貨幣政策仍將持續。

根據 Trading Economics 數據，在 2020 年全球新冠肺炎疫情爆發之前，美國的失業率約 3.6%，歐元區約 7.5%，日本約 2.3%，英國在 4% 以下，加拿大約 5.5%，澳大利亞約 5%。圖 1-26 為 2021 年 3 月全球發達經濟體的失業率，可以看出明顯高於 2020 年疫情之前的正常水準。

除了失業率居高不下，當時發達經濟體的通膨率仍比較低，普遍低於 1%，美國的通膨率稍高，但也只有 1.7%。圖 1-27（見第 40 頁）為 2021 年 3 月全球發達經濟體的通膨率。

圖1-27 ▶ 2021年3月全球發達經濟體通膨率

 金融分析師
CRFA Program

2021 年 3 月份全球發達經濟體通膨率

瑞士、日本、英國、比利時、法國、意大利、歐元區、澳洲、加拿大的通膨在全球排名靠後，美國 1.7% 適中。
備註：「國內生產總值」均為 2019 年數據，按美元匯率折合。
單位：10 億美元；人口單位：百萬

排序	国家地区	国内生产总值	国内生产总值 YOY	国内生产总值 QOQ	利率	通货膨胀率	失业率	预算	债务	经常账户	人口
49	阿联酋	421	1.60%	2.00%	1.50%	-1.86%	2.64%	-0.80%	36.90%	7.4	9.8
48	泰国	544	-4.20%	1.30%	0.50%	-1.17%	1.50%	-1.90%	50.50%	4.2	66.65
47	瑞士	703	-1.60%	0.30%	-0.75%	-0.50%	3.60%	1.50%	41.00%	10.9	8.54
45	日本	5082	-1.40%	2.80%	-0.10%	-0.40%	2.90%	-2.40%	236.60%	3.2	126.01
46	爱尔兰	389	1.50%	-5.10%	0.00%	-0.40%	5.80%	0.40%	58.80%	4.6	4.9
44	中国	14343	6.50%	2.60%	3.85%	-0.20%	5.50%	-3.70%	52.60%	1	1400.05
42	西班牙	1394	-8.90%	0.00%	0.00%	0.00%	16.13%	-11.00%	95.50%	2	46.94
43	以色列	395	-0.40%	1.60%	0.10%	0.00%	5.10%	-11.70%	59.90%	4.9	9.29
41	马来西亚	365	-3.40%	-0.30%	1.75%	0.10%	4.90%	-3.20%	52.70%	1	32.73
40	香港	366	-3.00%	0.20%	0.86%	0.30%	7.20%	-12.00%	38.40%	6.2	7.47
39	英国	2829	-7.80%	1.00%	0.10%	0.40%	5.00%	-16.90%	100.20%	-3.8	66.65
38	比利时	530	-5.10%	-0.10%	0.00%	0.46%	5.60%	-1.90%	98.60%	-1.2	11.46
35	法国	2716	-4.90%	-1.40%	0.00%	0.60%	8.00%	-9.50%	115.70%	-0.7	66.98
36	意大利	2001	-6.60%	-1.90%	0.00%	0.60%	9.00%	-9.50%	155.60%	3	60.36
37	丹麦	348	-2.60%	0.60%	-0.60%	0.60%	4.40%	3.70%	33.20%	7.9	5.81
34	新加坡	372	-2.40%	3.80%	0.26%	0.70%	3.30%	-13.90%	131.00%	17.6	5.7
31	欧元区	13336	-4.90%	-0.70%	0.00%	0.80%	8.10%	-6.00%	77.60%	2.3	341.9
32	澳大利亚	1393	-1.10%	3.10%	0.10%	0.90%	5.80%	-4.30%	45.10%	2.5	25.68
33	芬兰	269	-1.40%	0.40%	0.00%	0.90%	8.70%	-1.10%	59.40%	-0.8	5.53
29	加拿大	1736	-3.20%	3.00%	0.25%	1.10%	8.20%	-15.90%	88.60%	-1.9	37.78
30	韩国	1647	-1.20%	1.20%	0.50%	1.10%	4.00%	-2.60%	37.70%	3.5	51.78
28	越南	262	4.48%	6.88%	4.00%	1.16%	2.37%	-4.40%	46.70%	5	97.58
27	奥地利	446	-5.70%	-2.70%	0.00%	1.20%	10.70%	0.70%	70.40%	2.6	8.86
26	德国	3846	-3.70%	0.30%	0.00%	1.30%	4.60%	-4.80%	59.80%	7.1	83.2

數據來源：Trading Economics

　　貨幣政策的主要目標是促進就業和穩定物價，尤其以美國的貨幣政策最為關鍵，因為美國是全球最大單一經濟體，已開發國家的貨幣政策或多或少會受到聯準會政策影響，而且美元是全球貿易、投資和金融市場最主要的貨幣，也是大部分國際大宗商品的定價貨幣。截至 2021 年 3 月，無論從失業率或通膨率來看，發達經濟體都必須在一段時間內維持低利率。

「美林時鐘」的啟發

　　從上述分析可以看出邏輯：疫情導致經濟危機，為了刺激經濟，各個主要經濟體（尤其是已開發國家）採取極度寬鬆的貨幣政策，在低利率的

圖1-28 ▶ 「美林時鐘」投資週期理論

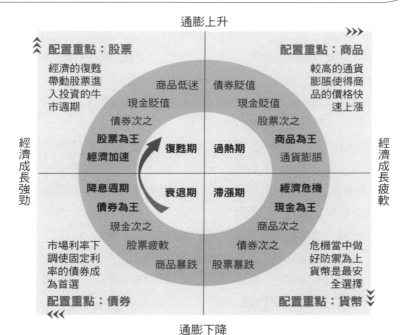

滋潤下，美元有貶值壓力，以大宗商品為代表的資產價格明顯上漲。由於歐美的失業率仍然偏高，消費者物價指數仍然偏低，發達經濟體尚不具備緊縮貨幣政策的條件，因此這些資產價格還會持續上漲。

　　把邏輯想清楚了，就會發現通貨膨脹沒那麼可怕，如果及時布局上游漲價的核心資產，還可以從通貨膨脹帶來的價格泡沫中獲取紅利。

　　根據著名的「美林時鐘」投資週期理論（圖1-28），在「經濟上行、通膨上行」的階段，物價上漲使企業基本面快速改善，但經濟仍在恢復當中，貨幣政策暫且不會緊縮，此時以股票和大宗商品為代表的風險資產，會處於超配的黃金週期。

　　大宗商品的價格明顯上漲，再加上中國股市剛經歷 2021 年 2 月底到 3 月底的回檔，股市泡沫得到修復，這時候布局上游漲價資產對應的龍頭

企業，豈不是最好的策略？

依照這個邏輯，我們只需要把黃金、銅、鋁、錫、煤炭、鋼材、滌綸、純鹼、玻璃、造紙、鋰、鈷、矽料、種子等大宗商品的龍頭企業找出來研究，布局價格漲幅明顯、企業利潤改善明顯、股價處於相對低位的企業，就是最佳的投資策略。

從 2021 年 4 月開設專欄之後不到半年，以上漲價商品的龍頭企業，股價漲幅大多在 40％以上，甚至翻倍。

要特別說明的是，這些漲價的上游原料涉及景氣循環極強的產業，來得快，去得快。這一輪價格上漲是出於全球主要經濟體普遍寬鬆的貨幣政策、疫情導致的國際供應鏈紊亂，以及市場對未來經濟復甦後需求增加的預期，其中以貨幣政策為主要因素。

如果經濟增速恢復常態（表現為失業率恢復正常水準），消費者物價指數惡性上漲，市場就會預期貨幣政策反轉，大宗商品價格有可能快速回落，投資者要趁市場剛開始預期貨幣政策緊縮時離場。當然，具體操作策略要遵守停損、停利的投資紀律。

透過本節的案例分析，我們看到通膨並不可怕。如果您根據充分的數據判斷經濟仍走在復甦路上，貨幣政策仍將寬鬆，那麼此時在股市布局商品價格上漲的資產，不但可以跑贏通膨，甚至能讓通膨為自己的財富插上翅膀。

最重要的是，這個機會來得快，去得也快，景氣循環很明顯，一定要遵守投資紀律。

1-4
帶來長期回報的股票並不多，
高科技產業潛力大

　　投資是在風險與報酬之間取得平衡，雖然每個人有各自適合的平衡點，不過對大多數人而言，投資的目的是賺錢，不是單純避險，否則就不用耗費心思選擇金融商品，只要老老實實把錢存入銀行就行了。

　　當您準備買進一檔股票時，有沒有思考過，您究竟是購買公司的什麼？是資產？利潤？分紅？成長？預期？還是價差？

　　打開股市的門，幾千家上市公司的股票擺在眼前，您有沒有一種簡單易行的方法，能找出最有可能帶來長期回報的公司？

　　以下，我們將用數據揭示股市的真相，希望這些發現能像指南針、啟明星一樣，為您的股市旅程帶來指引和啟發。

✚能帶來財富效應的股票有多少？

　　根據東方財富網的 Choice 數據，截至 2022 年 1 月 24 日，A 股市場共有 4,706 家上市公司，其中上證 A 股 2,041 家（包括科創板 384 家），深證 A 股 2,581 家（包括創業板 1,098 家）， 北證 A 股 84 家。A 股總市值 94 萬億元（註：本書幣值未特別註明處皆為人民幣），排名中位數市值 60.93 億元，其中自由流通總市值 42.8 萬億元，中位數市值 30 億元。

　　對普通投資者來說，要在這 4,700 多家上市公司當中，找到能帶出長期回報的股票實非易事。以下我們用 3 種市場指標，和企業的年化利潤增速、股價累計漲幅做比較，藉此審視股票是否值得投資。

圖1-29 ▶ 2016 ～ 2021 年全國名目 GDP 成長趨勢

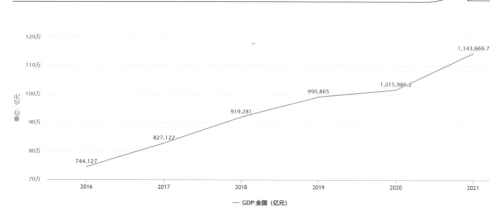

數據來源：國家統計局、前瞻數據庫

以 3 種市場指標為比較基準

第一個指標是全國 GDP 累計增速，它也是全社會財富成長的指標。2016 年的全國名目 GDP（未經通膨調整的 GDP）為 74.4 萬億，2021 年為 114.4 萬億，5 年累計成長 53.8%，年化增速為 8.99%。詳見圖 1-29。

第二個指標是通貨膨脹。從 2017 年 1 月到 2021 年 12 月，消費者物價指數的累計漲幅為 10%，年化增速為 1.92%，詳見圖 1-30。

第三個指標是大盤指數漲幅，這裡採用滬深 300 指數。從 2017 年 1 月 25 日至 2022 年 1 月 25 日，滬深 300 指數的累計漲幅為 38.6%，詳見圖 1-31。

只有少數公司有投資價值

A 股有以下特點：一是公司 IPO 的時候，股價大多會一飛衝天，很難用合理的價格買到；二是公司為了 IPO，一般都要「梳妝打扮」，提前安排上市後第一年的利潤，導致第二年財報迅速變臉的情況屢屢發生。

圖1-30 ▶ 2017 ～ 2021 年消費者物價指數漲幅

數據來源：國家統計局、烏龜量化

圖1-31 ▶ 2017 ～ 2021 年滬深300 指數漲幅

數據來源：Wind 資訊、烏龜量化

為避免上述原因導致的統計數據失真，真實反映上市公司中長期利潤和股價帶給投資者的回報，我們在採樣時，篩除所有最近 5 年內上市的新公司。截至 2022 年 1 月 24 日，在 2017 年 1 月 24 日之前上市的 A 股公司共有 3,023 家。

在衡量企業預期報酬率時，根據投資策略不同，關注的指標也不同。以價值投資策略來說，其理念是站在股東的角度思考，將投資股票視為購買企業未來可預期的利潤成長。所以，以下我們分別從年化利潤增速、股價累計漲幅兩方面，來看這些企業最近 5 年（2017 年 1 月 24 日至2022 年 1 月 24 日）的投資回報。

最近 5 年上市公司的年化利潤增速，見表 1-4。這 3,023 家樣本公司的中位數大約是 7.5%，代表超過半數企業的中長期利潤增速，高於社會平均融資成本（約 5%）。

前面提到名目 GDP 增速代表全社會財富的整體增速，包含通貨膨脹因素。這裡的樣本中有將近一半（47.6%），年化利潤增速超過 5 年 GDP 年化增速（8.99%），代表近半數的企業具有內生性成長。

另外，只有大約 60% 的上市公司在最近 5 年維持利潤正成長，也就是大約有 40% 為利潤負成長，完全沒有成長性。全部樣本的年化利潤增速平均值是 -25.7%，代表最近 5 年上市公司的業績成長相當兩極化，有不少公司表現出衰退跡象。

試想，從投資的角度來說，如果買到這 40% 在未來 5 年沒有利潤成長性的公司，風險豈不是很大？

對絕大部分投資者來說，買股票不是為了長期當股東，而是為了股價上漲和配息帶來的投資回報，所以接下來要看這些企業的股價漲幅，有多少能跑贏市場指標。最近 5 年上市公司的股價累計漲幅，見表 1-5。此處選取的是「前復權」股價，將配息等因素對股價漲幅的影響納入考量。

這 3,023 家樣本公司的累計漲幅中位數是 -24.6%，代表超過半數企業在 5 年內讓投資者虧損 25% 以上。能在 5 年內帶來「正回報」的股票數量不足 34%，也就是即使持有 5 年，也只有大約 1/3 的股票能幫投資者賺錢。

表1-4 ▶ 最近 5 年上市公司的年化利潤增速

全樣本 算術平均值	全樣本 中位數	增速大於「0」 比例	增速大於 5 年 GDP 年化增速 （8.99%）比例
-25.7%	7.5%	60.7%	47.6%

數據來源：Choice 數據

表1-5 ▶ 最近 5 年上市公司股價累計漲幅

全樣本 算術平均值	全樣本 中位數	漲幅大於「0」 比例	跑贏 CPI 比例	跑贏滬深 300 指數比例
11.2%	-24.6%	33.9%	29.1%	19.7%

數據來源：Choice 數據

　　跟通膨比較，這 5 年只有大約 29％的公司股價跑贏通膨，恐怕比很多人想象中的還要少。

　　跟大盤指數比較，只有不足 20％的公司能跑贏滬深 300 指數，代表就中長期來說，上市 5 年以上的 A 股公司只有少數具備財富效應。

　　用同樣的分析方法，把週期拉長到 10 年或更長，結論也大致相同。

哪些風格和產業賽道最有希望？

從市場分類指數找答案

　　股價每天都會波動，但透過以上數據，我們看到大多數公司無法帶給投資者豐厚回報。高回報的公司具備什麼特點？以下用分類基準指數的漲跌幅表現，來揭開股市背後的奧秘。

　　滬深市場 42 個分類基準指數最近 10 年（2011 年 12 月 31 日至 2021 年 12 月 31 日）的漲跌幅，見第 48 頁表1-6。根據排名前五的數據，在 10 年週期中能帶來出色報酬的，是創業板和新三板創新層。

表1-6 ▶ 滬深市場基準指數最近10年漲跌幅

排名	證券代碼	證券名稱	區間漲跌幅 [起始交易日期]2011-12-31 [截止交易日期]2021-12-31 [單位]%
1	801005.SWI	申萬創業	408.0686
2	399102.SZ	創業板綜	405.5289
3	910076.EI	創新層	359.1720
4	399006.SZ	創業板指	355.4699
5	910073.EI	創新層做市	206.4763
6	399101.SZ	中小綜指	195.2807
7	399100.SZ	新指數	193.9937
8	399106.SZ	深證綜指	191.9445
9	399107.SZ	深證 A 指	191.9436
10	399004.SZ	深證 100R	185.6741
11	800001.EI	東方財富全 A （非金融石油石化）	185.4345
12	399372.SZ	大盤成長	172.3317
13	801002.SWI	申萬中小	172.1113
14	399344.SZ	深證 300R	165.4855
15	800000.EI	東方財富全 A	149.6490
16	801001.SWI	申萬 50	146.8831
17	801003.SWI	申萬 A 指	140.8513
18	399376.SZ	小盤成長	137.5473
19	399008.SZ	中小 300	137.0330
20	399005.SZ	中小 100	132.4501
21	399314.SZ	巨潮大盤	130.5854
22	399316.SZ	巨潮小盤	130.5761
23	000905.SH	中證 500	125.2807
24	399373.SZ	大盤價值	124.8022
25	399377.SZ	小盤價值	121.9628
26	801300.SWI	申萬 300	114.4055
27	000903.SH	中證 100	114.0162
28	399374.SZ	中盤成長	113.5980
29	399293.SZ	創業大盤	110.9050

（續上表）

30	000300.SH	滬深 300	110.6103
31	399108.SZ	深證 B 指	107.0077
32	CN2293.SZ	創業大盤全收益	104.1544
33	000016.SH	上證 50	102.4168
34	000010.SH	上證 180	102.2339
35	399315.SZ	巨潮中盤	101.2296
36	399375.SZ	中盤價值	89.0476
37	399001.SZ	深證成指	66.5843
38	000002.SH	A 股指數	65.5427
39	000001.SH	上證指數	65.4882
40	000017.SH	新綜指	65.2761
41	000688.SH	科創 50	39.8194
42	000003.SH	B 股指數	32.7950

　　自港滬通、港深通實施以來，A 股市場在近 5 年更加開放。我們來看最近 5 年各類基準指數的漲跌幅，檢視股市風格有沒有變化。

　　滬深市場 42 個分類基準指數最近 5 年（2016 年 12 月 31 日至 2021 年 12 月 31 日）的漲跌幅，見第 50 頁表 1-7。結果很明顯，最近 5 年滬深市場報酬率最高的分類基準指數，與最近 10 年大致相似：代表科技成長的創業板表現最出色。

高科技產業來日光明璀璨

　　從大盤分類基準指數可以看出某些類型、風格的股票更具財富效應，也能看出是哪些產業處在繁榮的景氣週期中。

　　以下根據申萬宏源證券的行業分類，分別檢視最近 10 年內、最近 5 年內報酬率最高的前 25 個第二級行業（註：包括利用各種原料進行加工的行業，如紡織、鋼鐵、食品業）。

　　申萬第二級行業近 10 年（2011 年 12 月 31 日至 2021 年 12 月 31 日）

表1-7 ▶ 滬深市場基準指數最近5年漲跌幅

排名	證券代碼	證券名稱	區間漲跌幅 [起始交易日期]2016-12-31 [截止交易日期]2021-12-31 [單位]%
1	399293.SZ	創業大盤	110.9050
2	CN2293.SZ	創業大盤全收益	104.1544
3	399004.SZ	深證 100R	103.4301
4	801001.SWI	申萬 50	91.4246
5	399372.SZ	大盤成長	87.5482
6	910076.EI	創新層	79.9874
7	399006.SZ	創業板指	69.3463
8	399344.SZ	深證 300R	67.3199
9	399314.SZ	巨潮大盤	59.0806
10	801300.SWI	申萬 300	58.4138
11	399005.SZ	中小 100	54.2859
12	000903.SH	中證 100	52.9110
13	000300.SH	滬深 300	49.2524
14	399374.SZ	中盤成長	47.5563
15	399001.SZ	深證成指	45.9875
16	800001.EI	東方財富全 A （非金融石油石化）	45.5478
17	000016.SH	上證 50	43.1774
18	800000.EI	東方財富全 A	41.2772
19	399102.SZ	創業板綜	41.0733
20	000010.SH	上證 180	40.2219
21	910073.EI	創新層做市	40.0231
22	000688.SH	科創 50	39.8194
23	801005.SWI	申萬創業	37.7927
24	399100.SZ	新指數	35.1078
25	399008.SZ	中小 300	32.9024
26	399107.SZ	深證 A 指	28.5334
27	399106.SZ	深證綜指	28.4913
28	801003.SWI	申萬 A 指	27.4655
29	399373.SZ	大盤價值	26.6318
30	399101.SZ	中小綜指	26.5304

（續上表）

31	399315.SZ	巨潮中盤	24.8405
32	801002.SWI	申萬中小	17.7129
33	000905.SH	中證 500	17.4943
34	000017.SH	新綜指	17.4028
35	000002.SH	A 股指數	17.3777
36	000001.SH	上證指數	17.2745
37	399377.SZ	小盤價值	15.1817
38	399376.SZ	小盤成長	9.6621
39	399316.SZ	巨潮小盤	8.9830
40	399108.SZ	深證 B 指	4.0877
41	399375.SZ	中盤價值	3.4001
42	000003.SH	B 股指數	-16.3663

漲跌幅 TOP 25，見第 52 頁表 1-8。申萬第二級行業近 5 年（2016 年 12 月 31 日至 2021 年 12 月 31 日）漲跌幅 TOP 25，見第 53 頁表 1-9。

　　可以看到，無論最近 5 年或最近 10 年，新能源、半導體及電子元器件、電子、白酒、醫療服務等產業，都持續帶給投資者遠超過滬深 300 指數（10 年 110.6％和 5 年 49.5％）的豐厚回報。

　　結合前文對市場指標的分析，您會發現這裡揭示的產業，除了白酒屬於消費升級概念，其他都是全球發展高科技的重點領域，也是經濟高成長的主力軍。

　　從社會的角度來看，隨著中國社會從溫飽到全面小康以及人口觸頂，大多數傳統產業的需求量縮減，已不具備持續大幅成長的潛力。高科技代表中國經濟的成長方式從規模擴張變成創新驅動，未來大有成長空間。

　　從企業的角度來看，高科技公司通常處於技術革命的風口浪尖或萌芽階段，無論是龍頭企業的技術溢價和毛利率，或是股市資金對預期成長性的追捧，通常都更具想像空間。

表1-8 ▶ 申萬第二級行業近10年漲跌幅TOP 25

排名	證券代碼	證券名稱	區間漲跌幅 [起始交易日期] 2011-12-31 [截止交易日期] 2021-12-31 [單位]%	本益比PE百分位（TTM） [起始交易日期] 2011-12-31 [截止交易日期] 2021-12-31 [交易日期] 2021-12-31 [剔除規則] 不調整
1	842035.EI	飲料製造	883.5174	0.9049
2	842069.EI	旅遊綜合	729.6053	0.6560
3	842048.EI	醫療服務	482.0234	0.5169
4	842087.EI	電源設備	387.0506	0.7732
5	842016.EI	化學纖維	368.5247	0.2276
6	842024.EI	半導體	358.5034	0.1576
7	842028.EI	電子製造	330.4762	0.2136
8	842033.EI	白色家電	325.4520	0.6757
9	842004.EI	飼料	313.8893	0.0008
10	842078.EI	玻璃製造	308.8964	0.2232
11	842025.EI	元件	281.8933	0.4226
12	842036.EI	食品加工	246.6828	0.8519
13	842079.EI	其他建材	246.2313	0.2155
14	842015.EI	化學製品	242.1654	0.3379
15	842008.EI	動物保健	228.8414	0.4337
16	842085.EI	電機	227.8620	0.5351
17	842086.EI	電氣自動化設備	197.2906	0.6670
18	842045.EI	生物製品	187.1642	0.1477
19	842057.EI	機場	178.7601	0.0654
20	842058.EI	航運	171.7225	0.4424
21	842020.EI	金屬非金屬新材料	171.3949	0.3082
22	842022.EI	黃金	167.4473	0.0662
23	842029.EI	汽車整車	164.5407	0.9302
24	842007.EI	畜禽養殖	162.6452	0.8317
25	842043.EI	化學制藥	161.8119	0.7918

表1-9 ▶ 申萬第二級行業近5年漲跌幅TOP 25

排名	證券代碼	證券名稱	區間漲跌幅 [起始交易日期] 2016-12-31 [截止交易日期] 2021-12-31 [單位]%	本益比 PE 百分位 （TTM） [起始交易日期]2016-12-31 [截止交易日期]2021-12-31 [交易日期]2021-12-31 [剔除規則] 不調整
1	842035.EI	飲料製造	444.8889	0.8100
2	842069.EI	旅遊綜合	292.0815	0.6316
3	842024.EI	半導體	218.2610	0.1817
4	842087.EI	電源設備	200.6472	0.8873
5	842048.EI	醫療服務	170.7918	0.3265
6	842036.EI	食品加工	151.9710	0.7755
7	842023.EI	稀有金屬	138.8184	0.5181
8	842028.EI	電子製造	135.6421	0.4211
9	842078.EI	玻璃製造	127.8400	0.2270
10	842025.EI	元件	115.4098	0.5033
11	842004.EI	飼料	114.7400	0.0016
12	842033.EI	白色家電	107.8445	0.4745
13	842016.EI	化學纖維	100.2070	0.0271
14	842020.EI	金屬非金屬新材料	91.5619	0.3857
15	842015.EI	化學製品	90.2549	0.4556
16	842086.EI	電氣自動化設備	83.0580	0.6924
17	842077.EI	水泥製造	82.8395	0.6143
18	842029.EI	汽車整車	82.8371	0.8882
19	842058.EI	航運	79.0655	0.0921
20	842010.EI	煤炭開採	73.0484	0.1645
21	842027.EI	其他電子	66.3520	0.0181
22	842095.EI	航空裝備	65.1923	0.8076
23	842043.EI	化學制藥	62.8074	0.7229
24	842047.EI	醫療器械	53.3902	0.0724
25	842045.EI	生物製品	51.8767	0.0387

1-5
有8種傳統工業陸續觸頂，
但可以把握波段機會

對產業的理解和選擇會決定您的投資績效，以下我們要透過數據，看看中國的傳統工業是否值得投資。

2001 年加入 WTO 之後，中國和世界各國的貿易關係快速發展，尤其是出口增速驚艷全球。根據 WTO 統計，2009 年中國出口總額為 1.2 萬億美元，是全球最大的出口國。2013 年中國貨物進出口總額為 4.16 萬億美元，是世界第一大貨物貿易國。中間幾年略有波動，但截至 2021 年底，中國連續 12 年蟬聯全球最大的出口國，連續 5 年維持全球第一大貨物貿易國的地位。在中國出口的商品中，工業製成品占 95％左右。

隨著中國經濟快速發展和城鎮化，城鎮常住人口從 2000 年的 4.6 億增加到 2020 年的 9.2 億，翻了一倍；城鎮居民人均可支配收入從 2000 年的 6,280 元增加到 2020 年的 43,834 元，成長 6.98 倍，年化平均增速 10.2％。根據商務部的數據，2021 年中國社會消費品零售總額為 44.1 萬億元，連續 4 年成為全球第二大消費市場。

在國內外市場的驅動下，中國製造業產值在 2004 年超過德國，2006 年超過日本，2009 年超過美國成為全球第一大製造業國家，2010 年成為全球第一大工業國。從 2010 年開始，中國的製造業產值和工業產值始終是全球第一，也是從這一年開始，國內外媒體稱中國為「世界工廠」。

截至 2021 年，中國的個人電腦產量占全球產量的 90％以上，空調產量占 80％ 以上，化纖、手機產量占 70％左右，生鐵、水泥、電解鋁產量占 60％以上，煤炭、玻璃、粗鋼、冰箱、洗衣機、電視產量占 50％ 以上。

2001 年至 2021 年是中國走向現代化的重要階段。「世界工廠」的地位預計還會維持下去，但從增速來看，傳統工業極可能已經過了最繁華的時代，大多數將從中高速成長進入頭部平台，主要表現為總需求低速成長甚至負成長、產能和產量過剩、價格過度競爭、產業整體效益下滑等。傳統工業將在數位化、智能化和新能源革命中，迎向結構性調整。

+8 種傳統工業陸續觸頂

雖然集中火力發展製造業是主流，但我們要客觀檢視傳統工業的產量和銷量，以及最近幾年陸續出現的觸頂跡象。

（一）鋼鐵

鋼鐵業被稱為「工業的脊梁」，每年鋼鐵產量及增速的變化，除了反映鋼鐵業自身的景氣指數之外，也能反映傳統工業的發展情況。

根據國家統計局的數據，2001 年中國的粗鋼產量為 1.52 億噸，2013 年為 8.13 億噸，這 12 年的年化平均增速為 15.2％。2020 年產量為 10.65 億噸，但根據 2022 年 1 月 31 日國家發展和改革委員會公布的最新數據，2021 年產量略有回落，只有 10.3 億噸。2013～2021 年的 8 年之間，粗鋼產量的年化平均增速只有 3％，明顯低於同期 GDP 增速，可見鋼鐵業已不再是驅動經濟成長的引擎。

2001～2020 年中國粗鋼產量趨勢，如圖 1-32（見第 56 頁）所示。在 2020 年鋼鐵下游產業對鋼鐵的需求中，建築業占約 50％，機械占約 20％，汽車業、造船業占約 10％，這些產業都已經告別高成長階段。

（二）電解鋁

2020 年中國電解鋁產量占全球的 60％左右，但鋁土礦的海外依賴度達到 65％。

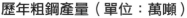

圖1-32 ▶ 2001 ～ 2020 年中國粗鋼產量趨勢

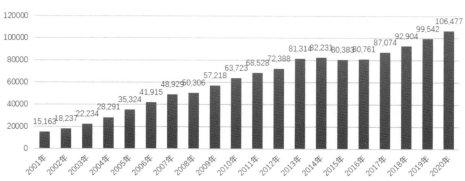

歷年粗鋼產量（單位：萬噸）

數據來源：國家統計局

　　從 2001 年至 2018 年，電解鋁產量保持快速成長，直到 2018 年觸頂。這 17 年隨著房地產、汽車、家電等產業快速發展，電解鋁產量的年化平均增速達到 16.9%。2001 ～ 2020 年中國電解鋁產量趨勢，如圖 1-33 所示。

　　根據國家統計局的數據，2001 年電解鋁產量為 358 萬噸，2018 年達到創紀錄的 3,683 萬噸，但從這一年開始觸頂，2019 年產量 3,513 萬噸，2020 年產量 3,708 萬噸，2021 年產量 3,850 萬噸，4 年之間大致徘徊在 3,800 萬噸左右。對照電解鋁的下游產業需求占比，原因就不難理解。

　　產量背後反映的是需求量，產量觸頂說明下游產業的整體需求進入低成長甚至零成長。電解鋁的下游產業包括建材、汽車、家電、電力等，以 2020 年為例，建築業需求占 30% 以上，交通產業占 20%，電子、電力產業占 15% 以上，包裝容器、機械設備、耐用消費品產業各占 10% 左右。

（三）水泥

　　水泥是城鎮化和基礎建設的重要上游原料，其產量反映房地產和基礎

圖1-33 ▶ 2001 ～ 2020 年中國電解鋁產量趨勢

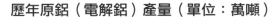

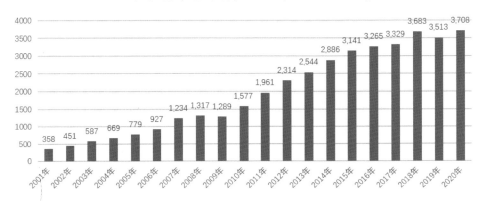

歷年原鋁（電解鋁）產量（單位：萬噸）

數據來源：國家統計局

設施的建設速度。從 2016 年至 2021 年，中國水泥產量連續 5 年占全球的 60%以上。

　　在 2014 年之前，中國對房地產或基礎建設的投資持續高成長，是拉動經濟成長的重要引擎，因此水泥產量也維持高成長。但是從 2015 年開始，雖然祭出刺激經濟的政策，水泥產量不但沒能保持成長，反而觸頂回落。2001 ～ 2020 年中國水泥產量趨勢，如圖 1-34（見第 58 頁）所示。

　　參考國家統計局的數據，2001 年水泥產量為 6.6 億噸，2014 年達到創紀錄的 24.9 億噸，當年全球產量為 41.8 億噸，中國就占了 60 ％。2001 ～ 2014 年，水泥產量保持 10.75 ％的年化平均增速，直到 2015 年出現回落，2019 年產量 23.4 億噸，2020 年產量 23.9 億噸，2021 年產量 23.6 億噸，再也沒有回到 2014 年的水準。

　　2021 年，全國基礎建設投資（不包含電力、熱力、燃氣及水生產和供應業）比前一年成長 0.4 ％，全國房地產開發投資 147,602 億元，比前一年成長 4.4 ％。然而，房屋新開工面積為 198,895 萬平方公尺，下降 11.4 ％；房地產開發企業土地購置面積為 21,590 萬平方公尺，下降

圖1-34 ▶ 2001 ～ 2020 年中國水泥產量趨勢

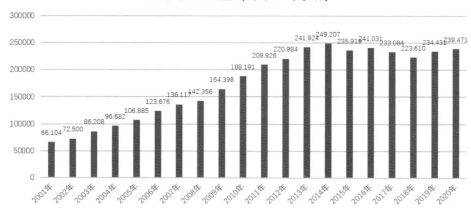

歷年水泥產量（單位：萬噸）

數據來源：國家統計局

15.5%。

這些數據告訴我們，無論基礎建設或房地產都已經過了快速成長的階段。從規模來看，水泥產量已經觸頂回落，很難再回到此前的高峰。

（四）汽車

汽車工業既是現代工業的一顆明珠，也是整體社會物質消費水準的重要指標。從汽車產銷量的變化，可以看出中國社會從溫飽進入到全面小康的腳步。圖 1-35 為 2001 ～ 2020 年中國汽車產量趨勢。

2001 年的汽車產量為 234 萬輛，2017 年達到峰值 2,902 萬輛， 這 16 年隨著經濟發展和民眾收入提高，汽車加速進入尋常百姓家，產量的年化平均增速達到 16.8%。

從 2017 年至 2020 年，汽車產量連續 3 年同比回落，2020 年只有 2,532 萬輛。雖然 2021 年隨著新能源車的銷量快速成長，產量止跌回升至 2,610

圖1-35 ▶ 2001 ～ 2020 年中國汽車產量趨勢

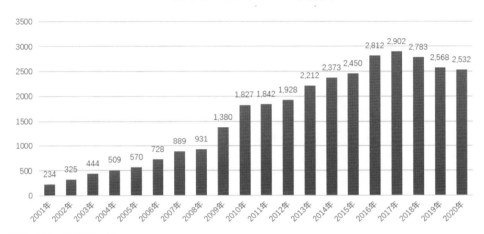

數據來源：國家統計局

萬輛，但總體產銷量的頹勢明顯。未來汽車產業的主要發展趨勢，在於傳統汽柴油車和新能源車的此消彼長，但從總量來看，汽車產業對 GDP 增速的貢獻已經不明顯。

　　拋開產量視角，從產業結構來看，新能源車正展現強大競爭力。零排放的新能源車取代傳統汽柴油車，將是未來 10 年的全球現象，產業的內生成長機會主要在於結構調整，這將導致新勢力崛起和傳統巨頭衰落。

（五）冰箱

　　冰箱是現代家庭的標準配備，根據國家統計局的數據，2001 年中國家用電冰箱產量為 1,351 萬台，2013 年達到 9,256 萬台，是最近 20 年產量的峰值，12 年之間的年化平均增速為 17.39%。

　　2020 年產量 9,015 萬台，2021 年產量 8,992 萬台，雖然比前 5 年略有增加，但仍維持在 9,000 萬台上下，沒有超越 2013 年。圖 1-36（第 60 頁）

圖1-36 ▶ 2001 ～ 2020 年中國家用電冰箱產量趨勢

歷年家用電冰箱產量（單位：萬台）

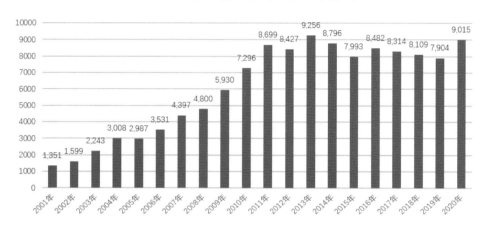

數據來源：國家統計局

為 2001 ～ 2020 年中國家用電冰箱產量趨勢。

　　除了家用電冰箱之外，冷氣機、洗衣機和電視也有類似表現。從總量來看，中國產量至少都占全球的半壁江山，但也都出現階段性觸頂。

　　2001 年中國的家用冷氣機產量為 2,334 萬台，2018 年為 20,956 萬台，期間保持年化平均 13.78％的高成長，但 2019 年、2020 年、2021 年的產量分別為 21,866 萬台、21,035 萬台和 21,836 萬台，維持在 21,000 萬台左右的零成長平台。

　　2001 年中國的洗衣機產量為 1,342 萬台，2016 年為 7,621 萬台，期間保持年化平均 12.3％的高成長，但 2017 年、2018 年、2019 年的產量分別為 7,500.9 萬台、7,262 萬台、7,433 萬台，連續 3 年產量不及 2016 年。2020 ～ 2021 年，由於疫情對海外工廠的影響，中國對外出口快速成長，洗衣機產量分別達到 8,042 萬台、8,619 萬台，但這樣的出口增速很難持久，整體上洗衣機的產量也處於低速成長甚至負成長。

　　電視的表現和冷氣機非常類似，2001 年中國的電視機產量為 4,094 萬

台，2018 年為 19,695 萬台，期間也是保持高成長，但 2019 年、2020 年、2021 年的產量分別為 18,999 萬台、19,626 萬台、18,497 萬台，明顯觸頂。

雖然彩色電視經歷螢幕和智慧化的技術革命，龍頭企業多次更替，但從總量來看，電視已經告別高成長時代，未來的發展機會更多在於技術革命催生的產品結構調整，以及企業的此消彼長，目前看不到普遍的高成長前景。

（六）筆記型電腦

電腦，尤其筆記型電腦，是很多人印象中典型的高科技產品，是傳統 IT 產業硬體產品中，技術含量最高、價值最高的消費品。從生產角度來看，目前中國的筆記型電腦產量占全球的 90％以上，其中重慶的產量約占全球的 40％。從消費角度來看，筆記型電腦不但是辦公室標準配備，隨著線上教學發展也成為普遍的家庭裝置。

根據國家統計局的數據，2012 年的筆記型電腦產量為 25,289 萬台，達到階段性觸頂。此後產量大幅下滑，2019 年產量 18,533 萬台，與 2012 年的高點相去甚遠。

2020 年由於新冠肺炎疫情，很多國家的學校採用遠端教學，使筆記型電腦的需求短暫大幅上升，當年中國的筆記型電腦產量達到 23,525 萬台，但這樣的成長顯然不會持續，2022 年的產銷量都將明顯回落。圖 1-37（見第 62 頁）為 2004～2020 年中國筆記型電腦產量趨勢。

（七）手機

手機在耐用財中有幾個特點：技術含量高、商品價值高、更新週期短、使用頻率高。現在的智慧型手機對螢幕、晶片，或鏡頭、操作系統的要求，在電子產品之中都是最高的。中國既是全球最大的智慧型手機市場，也是全球最大的手機生產基地，每年的手機產量約占全球的 75％。

根據國家統計局的數據，中國的手機產量從 2001 年開啟長達 16 年的

圖1-37 ▶ 2004 ～ 2020 年中國筆記本電腦產量趨勢

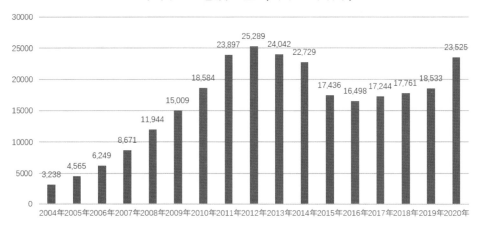

歷年筆記型電腦產量（單位：萬台）

數據來源：國家統計局

高速成長，2017 年達到 188,982 萬支，但從 2018 年開始明顯回落，尤其隨著美中貿易摩擦加劇，華為、中興、中芯國際等企業被美國列入制裁清單，對手機的生產和銷售都帶來不利影響。

2020 年，中國的手機產量為 146,962 萬支，跟 2017 年比起來頹勢明顯。隨著全球大規模應用 5G，產量預計會止跌回升，但很難再回到 2017 年的水準。圖 1-38 為 2001～2020 年中國手機產量趨勢。

從供需來看，手機產量之所以觸頂，是因為全球主要市場的手機滲透率已經很高，需求量不再處於高成長階段。另外，部分龍頭手機廠商在國外設廠，如印度、越南，甚至非洲，這對中國的手機產量多少也有影響。

（八）酒類

談到酒類，投資者通常不會想到工業品，而是會從消費品的角度觀察討論。首先會想到貴州茅台、五糧液、汾酒等龍頭白酒品牌，然後會聯想

圖1-38 ▶ 2001 ～ 2020 年中國手機產量趨勢

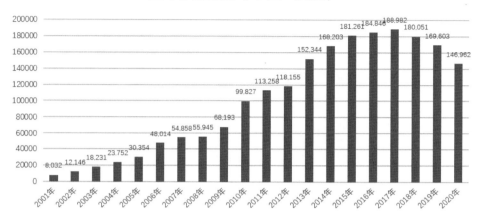

數據來源：國家統計局

到「消費結構升級」的邏輯。其實，從生產的角度觀察酒類，會有完全不同的發現。

　　酒是傳統工業品，其生產已經告別規模擴張階段，而且連續多年產量回落。根據國家統計局的數據，啤酒產量在 2013 年達到峰值 4,983 萬千升，從此一路下跌，2020 年已經降到 3,411 萬千升，與峰值相比跌幅達 32％。圖 1-39（見第 64 頁）為 2001 ～ 2020 年中國啤酒產量趨勢。

　　談到白酒，投資者會想到飛天茅台供不應求、加價搶購的局面，也會想到五糧液、瀘州老窖、汾酒等龍頭白酒品牌的每年多次小漲。其實，和啤酒一樣，白酒產量也在觸頂後大幅回落，這恐怕是很多消費者和投資者都料想不到的事。

　　圖 1-40（見第 64 頁）為 2010 ～ 2020 年中國白酒產量趨勢。白酒產量在 2016 年達到峰值 1,358.4 萬千升，然後快速回落，到 2020 年產量只有 740.7 萬千升，比 4 年前的峰值下跌 46％，這背後的原因是白酒產業競爭加劇。隨著人們消費力提高和網路電商快速發展，白酒的消費集中度大幅

圖1-39 ▶ 2001 ～ 2020 年中國啤酒產量趨勢

歷年啤酒產量（單位：萬千升）

數據來源：國家統計局

圖1-40 ▶ 2010 ～ 2020 年中國白酒產量趨勢

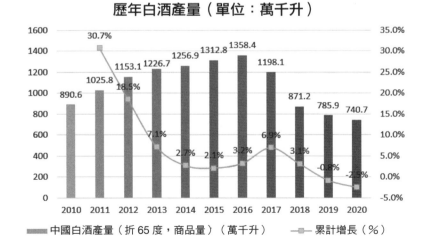

歷年白酒產量（單位：萬千升）

數據來源：國家統計局，前瞻產業研究院整理

提高，龍頭品牌量價齊漲，導致太多小品牌被加速淘汰，這道理和啤酒是相似的。

✚傳統工業觸頂的背後邏輯

為什麼上述這些代表性傳統工業的產量紛紛觸頂呢？在我看來，這是中國從全面小康邁向高收入國家的必經之路。放眼世界就會發現，這個情況是普遍的，中國並非個案。

當發達經濟體告別發展中國家的後發優勢（註：指的是透過認識與先進國家的科技差距，後起國家能有目標地追趕，使經濟得以快速成長），進入靠創新驅動的新階段之後，經濟增速都會降下來，工業產值占 GDP 的比重也會明顯下降。

更高的生活品質需要靠服務業去實現，而不是靠傳統的生產製造業提供更多工業商品。換句話說，如果沒有發達的服務業，中國很難從發展中國家跨越到已開發國家。

全球經濟結構對比

在全球發達經濟體中，美國、日本、德國和英國是經濟規模與工業規模都比較大的國家。英國是 19 世紀的世界工廠，其工業產值在當時遙遙領先全球。1850 年代至 1960 年代，美國取代英國成為全球首屈一指的工業強國，在鋼鐵、汽車、化工、機器設備、飛機、電氣產品、醫藥以及軍事裝備等領域，生產規模和出口額都位居全球前列，成為全球工業品出口的重要基地。

1960 年代至 1980 年代，日本從出口重化工業產品逐步轉向附加價值高的機械電子產品，成為機電設備、汽車、家用電器、半導體等技術密集型產品的生產和出口大國。

德國憑借賓士、BMW、福斯、博世等企業，在汽車領域領先全球；靠著蒂森克虜伯、德馬吉森精機、EMAG、HERMLE、利勃、林德等企

業，在鋼鐵、機床、機械領域有領先優勢；藉著巴斯夫、拜耳、默克等企業，在化工和生物制藥領域有領先優勢；又藉西門子、SAP、英飛凌、庫卡、費斯托、蔡司、徠卡等企業，在自動化、軟體、電子、機器人、光學領域有領先優勢。

德國更在最近 10 年引領「工業 4.0」（註：第四次工業革命，即「智慧製造」的革命）時代，在全球工業製造領域掀起強勁風暴。中國的「工業 2025 計畫」就是受到德國「工業 4.0」的啟發和推動。

我們來看各國的工業增加值在經濟結構中的占比。整體來看，從 1990 年代開始，日本、德國、美國、英國的工業增加值占 GDP 比重持續下降，其中日本、德國的比重偏高，但 2020 年也只有 27%～28%，同年的英國和美國為 17%～18%。2020 年，中國工業增加值占 GDP 約 38%，遠高於上述國家，但是從走勢來看，2010 年開始也呈現持續下降的趨勢。

在我看來，工業增加值占 GDP 比重持續下降，是從發展中國家邁入已開發國家必經的經濟結構轉變，這種轉變符合經濟學定律，並非偶然個例。中國今天的工業增加值占 GDP 比重仍然偏高，若成功在 2035 年達到中等發達國家（註：中國用詞，指的是介於已開發國家和開發中國家之間的過渡型國家）水準，這一比重的下降趨勢將會持續下去。

圖 1-41 為全球主要工業大國的工業增加值占 GDP 比重。

中國經濟結構轉變

2000 年以來，中國的經濟增速長期領先全球主要經濟體，同時維持了較低的通膨率。中國的城鎮居民人均可支配收入從 2000 年的 6,280 元增加到 2020 年的 43,834 元，成長將近 6 倍，年化平均增速 10.2%。

2021 年中國社會消費品零售總額是 44.1 萬億元，連續 4 年成為全球第二大消費市場，預計「十四五」結束時將超過美國，成為全球最大的單一消費市場。這些重大變化也反映在中國經濟結構的變遷中。

圖 1-42（見第 68 頁）為中國第一、第二、第三產業增加值占 GDP 的比重。2010～2020 年是中國從溫飽進入全面小康的關鍵階段，雖然經濟

圖1-41 ▶ 全球主要工業大國的工業增加值占 GDP 比重

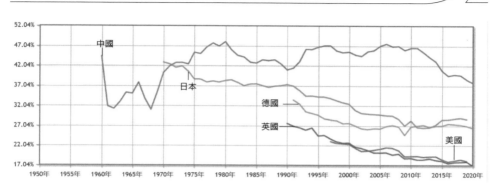

數據來源：快易數據

增速領先全球，也在同一時期成為「世界工廠」， 但是在經濟結構中第二產業代表的「工業」產值所占比重日益下降，第三產業代表的「服務業」產值所占比重快速上升。

顯然，人們對美好生活的嚮往需要透過豐富、繁榮的服務業來滿足，這是經濟發展的必然定律。

✚擁抱有未來的產業

從以上分析可以明顯看出，2010～2020 年中國大部分傳統工業都告別高成長，產量紛紛觸頂甚至開始回落。

在資本市場，按照同花順網站的 64 個產業劃分，可以看到大部分傳統工業在 2010～2020 年的漲幅排行比較靠後（見第 69 頁表 1-10），例如煤炭開採加工、油氣開採服務、電子化學品、鋼鐵、電力、化學原料、汽車整車、紡織製造、服裝家紡、工業金屬、黑色家電（註：提供視聽娛樂功能的電子產品，例如電視、音響、電腦等，其外觀多是黑色或深色）等。

實際上，從 2019 年至 2021 年，中國 A 股整體表現得相當出色，但諸如房地產、水泥、工程機械、白色家電（註：生活及家事用的電子產品，

圖1-42 ▶ 中國第一、第二、第三產業增加值占GDP的比重

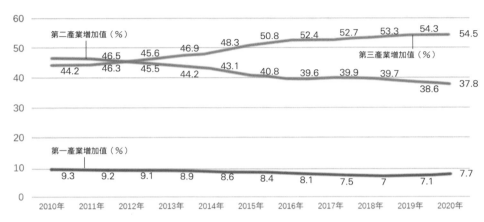

數據來源：國家統計局

例如冰箱、冷氣機、洗衣機等，早期大多是白色外觀）、通訊、計算機等產業的股票卻明顯跑輸大盤，這與產業逐漸失去成長性的關係密切。

2020～2021年，由於全球深陷新冠肺炎疫情危機，歐美主要經濟體普遍採取寬鬆貨幣政策，加上疫情導致供應鏈危機，使得大宗商品原料價格大幅上漲，進一步影響商品對應的股票標的。我們看到石油、煤炭、鋼鐵、有色金屬、玻璃、石化、糧食等產業的上市公司，股價都在2021年出現一輪暴漲。

然而，隨著歐美主要經濟體在2022年採取緊縮貨幣政策，這些美元定價的週期性商品將出現趨勢性價格回落，對應的上市公司會面臨股價回檔壓力。在我看來，這些產業大多只有波段機會，不具備長期價值投資的條件。

另一方面在同一時期，全球碳中和目標推動綠色能源革命，對產業秩序和上市公司股價也產生巨大影響，煤炭、油氣、汽柴油車、鋼鐵、火電、有色金屬、建材、造紙、印染、石化、化纖等產業將長期面臨「能耗雙控」（註：控管能源消耗的總量和強度，限制高耗能產業的煤電用量）和碳排

表1-10 ▶ 2010/12/31 ～ 2020/12/31 同花順產業漲跌幅排行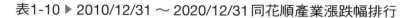

序號	同花順產業	2010/12/31 ～ 2020/12/31 漲跌幅（％）
1	BK0069. 貴金屬	'-49.29
2	BK0005. 煤炭開採加工	'-44.97
3	BK0048. 港口航運	'-19.47
4	BK0007. 油氣開採及服務	'-16.42
5	BK0072. 電子化學品	'-12.95
6	BK0058. 零售	'-12.86
7	BK0046. 燃氣	'-5.13
8	BK0067. 非金屬材料	'-2.19
9	BK0028. 汽車服務	'+1.18
10	BK0012. 鋼鐵	'+9.92
11	BK0049. 公路鐵路運輸	'+10.41
12	BK0061. 酒店及餐飲	'+10.55
13	BK0056. 保險及其他	'+12.85
14	BK0045. 電力	'+13.32
15	BK0059. 貿易	'+22.13
16	BK0055. 銀行	'+22.41
17	BK0008. 化學原料	'+27.87
18	BK0070. 小金屬	'+28.10
19	BK0016. 建築裝飾	'+30.21
20	BK0001. 種植業與林業	'+34.40
21	BK0053. 房地產開發	'+34.93
22	BK0041. 中藥	'+39.26
23	BK0051. 機場航運	'+39.65
24	BK0025. 汽車整車	'+47.00
25	BK0065. 綜合	'+48.43
26	BK0035. 紡織製造	'+55.99
27	BK0036. 服裝家紡	'+56.35
28	BK0068. 工業金屬	'+61.45
29	BK0002. 養殖業	'+61.86
30	BK0022. 光學光電子	'+61.87
31	BK0037. 造紙	'+63.46

（續上表）

32	BK0057. 證券	'+64.69
33	BK0064. 傳媒	'+69.22
34	BK0014. 金屬新材料	'+78.48
35	BK0032. 黑色家電	'+78.65
36	BK0020. 電力設備	'+79.32
37	BK0027. 非汽車交運	'+85.46
38	BK0015. 建築材料	'+89.53
39	BK0029. 通信設備	'+92.60
40	BK0026. 汽車零部件	'+99.32
41	BK0017. 通用設備	'+100.34
42	BK0060. 景點及旅遊	'+104.19
43	BK0003. 農產品加工	'+105.95
44	BK0030. 計算機設備	'+109.37
45	BK0010. 化工合成材料	'+112.87
46	BK0038. 包裝印刷	'+117.52
47	BK0018. 專用設備	'+123.22
48	BK0031. 白色家電	'+130.75
49	BK0062. 通信服務	'+134.02
50	BK0040. 化學制藥	'+135.30
51	BK0043. 醫藥商業	'+135.51
52	BK0009. 化學製品	'+139.54
53	BK0019. 儀器儀表	'+144.66
54	BK0052. 物流	'+148.32
55	BK0033. 飲料製造	'+160.42
56	BK0039. 家用輕工	'+172.99
57	BK0023. 其他電子	'+271.83
58	BK0034. 食品加工製造	'+302.76
59	BK0004. 農業服務	'+320.06
60	BK0042. 生物製品	'+355.42
61	BK0024. 消費電子	'+368.36
62	BK0063. 計算機應用	'+401.74
63	BK0044. 醫療器械	'+407.81
64	BK0021. 半導體及元件	'+495.36

放成本壓力，對應的上市公司將面臨規模擴張和生產成本的雙重瓶頸。

全球的貨幣寬鬆政策導致大宗商品價格上漲，推動不少產業的股價上漲，在我看來是清倉高能耗資產的絕佳時機。同時，新能源革命將使太陽光能、風力發電、水力發電、電動汽車、儲能設備以及上下游產業鏈長期受益。2022 年 1 月，這些綠色能源核心資產的股價都出現短期回檔，在我看來是建倉並長期持有綠能資產的黃金坑。

總之，投資講求順勢而為，選擇高成長、高景氣的產業，即使未必每次出手都正中靶心，也很有可能取得超越大盤的回報。

當一個產業告別高成長階段，代表景氣繁榮的週期結束了。隨著中國經濟結構變遷，大部分傳統製造業已不具備趨勢投資的機會，在產業內部新舊科技革命帶來的此消彼長中，更多的是個股機會，投資者要精挑細選，看未來，看變量。

在資本市場中，今天的股價反映對未來的預期，您需要認清形勢，與趨勢為伍，擁抱有未來的產業，擁抱在變化中崛起的新勢力，這是事半功倍的道理。

1-6
GDP成長越高,股市越上漲?
真相是貨幣政策……

有句話說:「股市是經濟的晴雨表」,簡單的意思是:經濟好,股市就好,如果經濟前景堪慮,股市也會進入熊市。

進一步解讀的意思是:如果總體上經濟(GDP)成長強勁,企業的基本面會比較好,公司利潤成長能支撐甚至推動股價,股市大盤指數會明顯上漲,迎來牛市。

相反地,如果經濟增速下滑,企業的經營狀況會不景氣,股價也因缺乏支撐而下跌,帶動大盤指數走熊。這個邏輯聽起來簡單, 似乎很有道理,常常被所謂的價值投資者奉為圭臬。

以下我將藉由實證分析,揭發「股市是經濟的晴雨表」其實是一種迷思, 更準確的說法應該是:「股市是貨幣政策的晴雨表」。

✚經濟榮枯 vs. 股市多空

如果以經濟學原理解讀「股市是經濟的晴雨表」,這句話似乎很合理,否則不會廣受傳頌。但投資是一門實踐的科學,除了書本上的道裡,我們更應該向市場學習,做客觀的實證分析。

經濟成長趨勢

由於2007年之前的中國股市和今日極為不同,我們選用2008年次貸

圖1-43 ▶ 2008 ～ 2021 年中國 GDP 同比增速趨勢圖

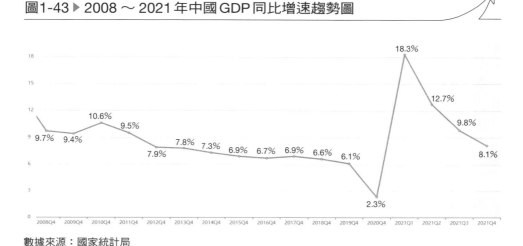

數據來源：國家統計局

危機以後的經濟和股市數據進行分析，13 年的觀察週期對絕大部分投資者來說已經夠長了。

　　從 2008 年至 2021 年，中國經濟增速從大約 10％逐漸回落到 6％左右。圖 1-43 為 2008 ～ 2021 年中國 GDP 同比增速趨勢圖，會發現 2010 年（10.6％）和 2021 年（8.1％）是兩個明顯提高的年份，2012 年（7.9％）和 2020 年（2.3％）是兩個明顯回落的年份。其他年份大致上落在一條平滑曲線上，沒有太大起伏。

股市大盤走勢

　　了解 2008～2021 年的經濟景況之後，接下來看同一時期的 A 股走勢。考慮到上證指數失真和深證成指的風格模糊，我們選擇滬深 300 指數和創業板指數來代表大盤走勢。

　　這兩個指數所代表的風格非常清晰，滬深 300 指數代表價值藍籌股，創業板指數代表科技成長股，而且這兩個指數的成分股通常也是機構投資者重點布局的籌碼。圖 1-44（見第 74 頁）為 2008 ～ 2021 年滬深 300 指數

圖1-44 ▶ 2008 ～ 2021 年滬深300 指數和創業板指數走勢

數據來源：烏龜量化

和創業板指數走勢。

可以看出，滬深 300 指數明顯上漲的階段如下：2009 年全年漲幅97％，2014 年第三季度到 2015 年第三季度漲幅 106.5％，2016 年第三季度到 2017 年第四季度漲幅 27.8％，2019 年第一季度到 2020 年第四季度漲幅 73％。

創業板指數建立於 2010 年，明顯上漲的階段有：2013 年第一季度到第三季度漲幅 91.6％，2015 年第一季度到第二季度漲幅 94％，2019 年第一季度到 2020 年第四季度漲幅 137％。

從大眾投資者的感受來看，大盤指數普遍上漲的「牛市」主要有2009 年、2015 年、2019 年和 2020 年。

滬深 300 指數下跌的階段主要包括：2010 年第一季度到 2011 年第四季度跌幅 34.4％，2015 年第三季度到 2016 年第二季度跌幅 29.5％，2018年跌幅 25.3％。

創業板指數下跌的階段包括：2011 年第一季度到 2012 年第一季度跌幅 40.4％，2015 年第三季度到 2018 年第四季度跌幅 56％。

從大眾投資者的感受來看，大盤指數普遍下跌的「熊市」主要有2011 年、2016 年和 2018 年。

股市和經濟經常「脫鉤」

大盤指數能展現股市的牛熊情況，因為它是由數百檔成分股的股價加權平均得出，這些成分股包括具代表性的上市公司股票。

透過上述數據分析，可以得出以下結論：經濟同比增速強勁的年份是2010年和2021年，A股的牛市主要發生在2009年、2015年、2019年和2020年；經濟同比增速明顯回落的年份是2012年和2020年，A股的熊市主要發生在2011年、2016年和2018年。

顯然，在經濟成長強勁或復甦的年份（2010年和2021年），股市不但沒有出現牛市，就滬深300指數來說甚至兩年都是下跌的熊市。在經濟疲軟的年份（2012年和2020年），股市非但沒有出現熊市，而且兩個指數在2012年都是橫盤，甚至在2020年都明顯走牛。

於是我們得出一個初步結論：股市並非經濟的晴雨表。

✚貨幣供給 vs. 股價漲跌

以上分析揭示了總體經濟和股市的表現不一定相關，但是，有沒有某個層面的關係比較密切呢？如果揭開其中的定律，就能幫助大眾投資者判斷股市趨勢和制定投資策略。

股價是典型的資產價格，「水漲船高」是經濟學常識，那麼，當市場上的錢多了，是不是會讓資產的價格「浮起來」呢？我們要繼續透過實證研究，了解股市和貨幣政策背後的關係與規律。

貨幣政策的 2 個閥門

央行有許多調整貨幣政策的工具，對市場影響較大的是「存款準備率」和「基準利率」。前者是間接工具，能調控貨幣供給，間接影響市場上資金的價格，其傳導週期較長，對市場的影響相對緩和。後者是直接工具，能直接影響整個社會的資金成本，對市場的衝擊通常更為猛烈。

圖1-45 ▶ 大型金融機構存款準備率的歷次調整

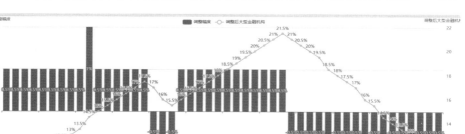

數據來源：烏龜量化

　　首先來看 2008 年之後存款準備率的歷年變動。圖 1-45 為大型金融機構存款準備率的歷次調整，主要觀察變數，尤其是明顯放大的訊號。

　　可以看到存款準備率經過 4 段調整週期，2008 年 10 月、12 月連續 3 次降準，其中 12 月 5 日降準幅度達到 1％，12 月 25 日又繼續降 0.5％，降準力度大、頻率高，這個訊號非常特殊。

　　另外一段週期從 2011 年 12 月 5 日降準 0.5％開始，持續到 2021 年 12 月 15 日降準 0.5％，是長達 10 年的降準過程，正好對應中國經濟增速的持續下滑。其中重要的變數分別發生在 2015 年 2 月 5 日降準 0.5％，4 月 20 日再次降準 1％；2018 年 4 月 25 日降準 1％，10 月 15 日再次降準 1％；2019 年 1 月 15 日、1 月 25 日在一個月內連續兩次降準 0.5％。

　　由於存款準備率會影響貨幣供給，所以我們也來看貨幣供給的變化，所謂「水漲船高」的「水」，指的就是貨幣供給。圖 1-46 是貨幣供給 M2 月度同比增速，可以看到 2008 年以來，明顯增長的年份為 2009 年、2013 年、2016 年、2020 年。

　　接著來看第二個閥門，也就是貨幣政策中更猛烈的基準利率的變化。通常會認為，當貸款利率降低，則全社會的融資成本降低，企業和家庭會

圖1-46 ▶ 貨幣供給M2月度同比增速

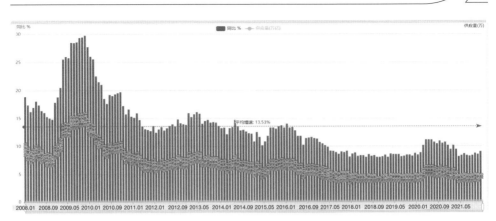

數據來源：烏龜量化

更願意從銀行借款去投資和消費。

　　由於利率市場化（註：政府將利率的決定權交給銀行）的推進，從2019 年 8 月開始，貸款基準利率改為貸款市場報價利率（註：簡稱LPR，是中國貸款利率的參考基準，由人民銀行授權全國銀行間同業拆借中心計算並公布。LPR 代表商業銀行給最優質客戶的貸款利率，其他貸款利率可在此基礎上加減點生成），所以我們用兩個圖來呈現利率變化。

　　圖 1-47（見第 78 頁）是 2006 ～ 2015 年央行一年期貸款基準利率的變化，最後的 4.35% 利率從 2015 年一直維持到 2019 年 8 月。變化比較突兀的兩個時間點分別是 2008 年 11 月 27 日降息 1.08%，以及 2014 年 11 月22 日降息 0.4%，這兩次降息的力度在歷次調控中超乎尋常。

　　圖 1-48（見第 78 頁）是 2019 年 8 月以後貸款市場報價利率的走勢，可以看到一年期貸款市場報價利率在 2020 年 2 月 20 日、4 月 20 日，連續兩次下調 0.1% 和 0.3%。

圖1-47 ▶ 央行1年期貸款基準利率變化

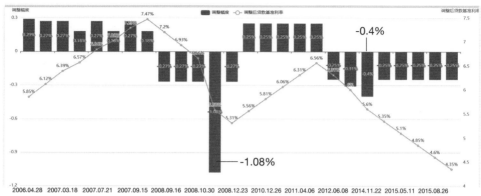

數據來源：烏龜量化

圖1-48 ▶ 貸款市場報價利率（LPR）走勢

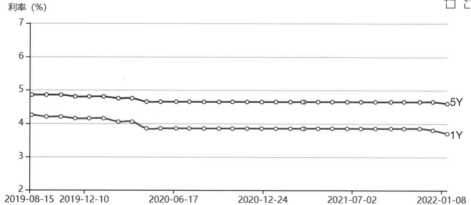

數據來源：全國銀行間同業拆借中心

圖1-49 ▶ 2008 ～ 2021 年滬深 300 指數和創業板指數走勢

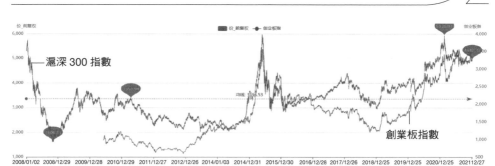

數據來源：烏龜量化

股市是貨幣政策的晴雨表

再回顧一下股市大盤的變化，圖 1-49 為 2008～2021 年滬深 300 指數和創業板指數走勢。

結合存款準備率、貨幣供給和貸款基準利率的歷次重大調整，我們發現貨幣政策放寬的時段包括 2009 年、2013 年、2015 年、2016 年、2018 年、2019 年、2020 年。

其中，在 2008 年第四季度、2014 年第四季度、2020 年第一季度及第二季度，貸款利率大幅且多次下調，這是貨幣政策放寬的強烈訊號。對應股市，可以看到在強烈的寬鬆貨幣政策訊號之後，代表股市大盤的滬深 300 指數和創業板指數，都走出明顯的牛市表現。

綜合以上實證分析，用一句話概括結論：股市是貨幣政策的晴雨表，尤其要注意大幅度、高頻率降息的訊號，常常就是股市上漲的衝鋒號。

1-7
心情隨著股價起起落落？ 6 個因
素會影響漲跌

　　在大眾投資者廣泛接觸的各類資產中，股票的風險最大，因為股價波動非常劇烈，頻率高且幅度大。在金融學上，波動性就是風險。

　　每一個股市投資者都希望掌握股價波動的規律，但遺憾的是，幾乎沒有人能完全做到。股價變化從來不會單純重演歷史，每次都會有所不同。然而，在這些不同之中，我們可以總結出影響股價的因素和規律。

　　我有幸從 2005 年開始，負責國務院發展研究中心金融研究所的「中國註冊金融分析師培養計畫」超過 10 年。以下整理出影響股價的 6 項因素，既參考金融分析師的專業知識，也從自己的投資實戰汲取經驗，希望對廣大投資者有所幫助。

✛一、國際環境與全球市場

國際經濟政策的影響

　　談到國際經濟政策對股市的影響，首要關注美國的經濟和聯準會貨幣政策。圖 1-50（見第 82 頁）為歷年聯準會升息進程與 A 股走勢，展示從 2015 年 12 月到 2018 年底，聯準會從升息到縮減資產負債表（簡稱「縮表」，即央行賣出資產，從市場拿回現金）的整個過程，以及 A 股上證指數的對應走勢。

　　雖然在升息進程中 A 股走出獨立行情，但在升息初期和縮表初期，A

股都面臨回檔壓力。

來看更長的週期，表 1-11（見第 84 頁）是 2007～2018 年聯準會調整貨幣政策（包括降息、升息）後，A 股市場的短期表現。

從表中可以看到，自 2007 年 9 月 19 日至 2008 年 12 月 17 日，聯準會 10 次降息，從 5.25％降到 0.25％。降息次日，滬深 300 指數 6 次上漲，4 次下跌；一週後 4 次上漲，6 次下跌。可見，聯準會降息的週期與 A 股指數走勢的關聯度不大。

從 2015 年 12 月 17 日至 2018 年 12 月 20 日，聯準會 9 次升息，從 0.25％升到 2.50％。升息次日，滬深 300 指數 7 次下跌，2 次上漲；一週後 7 次下跌，2 次上漲。可見，每當聯準會升息，A 股指數都會在次日和一週內明顯利空。

2021 年 12 月，美國的通膨率達到 7.2％（2022 年 1 月再創新高，達到 7.5％），創 40 多年來的新高。為了抑制通貨膨脹，普遍預測聯準會將採取緊縮貨幣政策，升息和縮表將陸續上演。

在貨幣政策緊縮的壓力下，全球主要股市在 2022 年 1 月都明顯回檔。美國納斯達克指數跌 12％，美國標普 500 指數跌 7％，法國 CAC40 指數跌 2.62％，德國 DAX30 指數跌 3.56％，日經 225 指數跌 7.2％。在 A 股方面，創業板指數跌 12.5％，深證成指跌 10.3％，中證 500 指數跌 10.6％，滬深 300 指數跌 7.62％，上證指數跌 7.65％。

當然，除了聯準會採取緊縮貨幣政策的因素之外，A 股市場的回檔還有一些自身因素。

為什麼聯準會升息會導致 A 股市場利空呢？經濟學原理告訴我們，如果聯準會提高聯邦基金利率，也就是升息，美元就會更值錢，美元兌換其他貨幣會存在升值預期，人民幣兌換美元會有貶值壓力。因此，中國市場的熱錢（註：又稱游資或流資，是指尋求短線投資機會的流動資金）有流向美國的動力，使股市資金減少，帶給股指回落壓力。

另外，當聯準會升息，美國企業的融資成本增加，利潤受到侵蝕，使美國股市承受壓力，這種壓力也會影響 A 股投資者的心理。

由此可見，在判斷 A 股走勢的時候，要考慮美國聯準會貨幣政策的

圖1-50 ▶ 歷年聯準會升息進程與Ａ股走勢

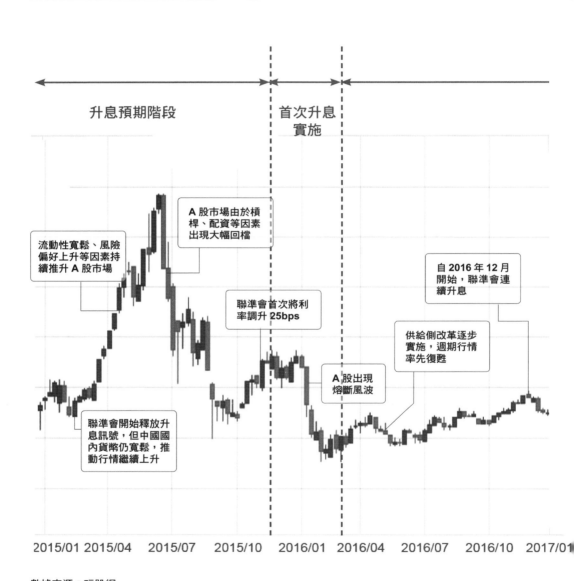

升息預期階段

首次升息
實施

Ａ股市場由於槓
桿、配資等因素
出現大幅回檔

流動性寬鬆、風險
偏好上升等因素持
續推升Ａ股市場

自2016年12月
開始，聯準會連
續升息

聯準會首次將利
率調升25bps

供給側改革逐步
實施，週期行情
率先復甦

Ａ股出現
熔斷風波

聯準會開始釋放升
息訊號，但中國國
內貨幣仍寬鬆，推
動行情繼續上升

2015/01 2015/04　2015/07　2015/10　2016/01　2016/04　2016/07　2016/10　2017/01

數據來源：玩股網

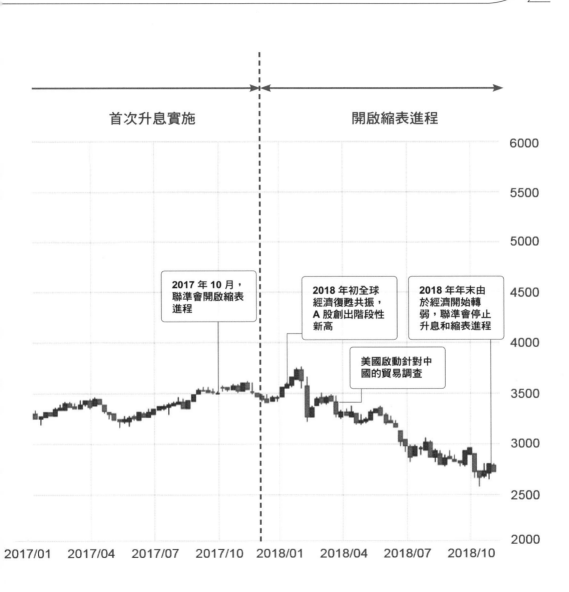

首次升息實施

開啟縮表進程

2017 年 10 月，
聯準會開啟縮表
進程

2018 年初全球
經濟復甦共振，
A 股創出階段性
新高

2018 年年末由
於經濟開始轉
弱，聯準會停止
升息和縮表進程

美國啟動針對中
國的貿易調查

表1-11 ▶ 2007 ～ 2018 年聯準會降息和升息後，A股的短期表現

發佈日期 （北京時間）	時間	今值 （%）	前值 （%）	變動值 （%）	次日滬深 300（%）	後一週 滬深300 （%）	後一月 滬深300 （%）
2018 年 12 月 20 日	3:00	2.50	2.25	0.25	-0.77	-2.88	**2.49**
2018 年 9 月 27 日	2:00	2.25	2.00	0.25	-0.40	-3.97	-7.13
2018 年 6 月 14 日	2:00	2.00	1.78	0.25	-0.40	-5.16	-7.80
2018 年 3 月 22 日	2:00	1.75	1.50	0.25	-1	-5.38	-7.39
2017 年 12 月 14 日	3:00	1.50	1.25	0.25	-0.59	-0.48	**4.32**
2017 年 6 月 15 日	2:00	1.25	1.00	0.25	-0.18	**1.49**	**4.75**
2017 年 3 月 16 日	2:00	1.00	0.78	0.25	**0.52**	-0.39	**0.66**
2016 年 12 月 15 日	3:00	0.75	0.50	0.25	-1.14	-1.20	-1.75
2015 年 12 月 17 日	3:00	0.50	0.25	0.25	**1.91**	**4.91**	-15.38
2008 年 12 月 17 日	3:15	0.25	1.00	-0.75	**0.35**	-3.79	-0.21
2008 年 10 月 30 日	2:15	1.00	1.50	-0.50	**2.38**	**2**	**10.35**
2008 年 10 月 8 日	19:00	1.50	2.00	-0.50	-1.36	-5.36	-17.06
2008 年 5 月 1 日	2:15	2.00	2.25	-0.25	**2.44**	-2.03	-11.29
2008 年 3 月 19 日	2:15	2.25	3.00	-0.75	**3.32**	**3.77**	-13.06
2008 年 1 月 31 日	2:15	3.00	3.50	-0.50	-1.92	**2.24**	-0.77
2008 年 1 月 23 日	2:15	3.50	4.25	-0.75	**4.65**	**0.17**	-1.09
2007 年 12 月 12 日	2:00	4.25	4.50	-0.25	-1.22	-6.03	**10.88**
2007 年 11 月 1 日	2:00	4.50	4.75	-0.25	-1.46	-5.94	-16.72
2007 年 9 月 19 日	2:00	4.75	5.27	-0.50	**1.05**	-0.41	**2.51**

數據來源：Wind

變化，尤其是升息的初期，會帶給 A 股指數顯著的壓力。破巢之下安有完卵，當大盤指數回檔，絕大部分產業的股票都會面臨回檔壓力。

國際貿易的影響

中國於 2009 年成為全球最大的出口國，2013 年成為世界貨物貿易第一大國，截至 2021 年底連續 12 年蟬聯全球最大出口國，連續 5 年蟬聯世

圖1-51 ▶ 2001 ～ 2021 年中國歷年出口貿易總額

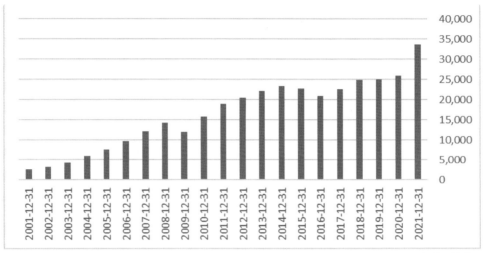

數據來源：海關總署

單位：億美元

界貨物貿易第一大國。

　　根據海關總署的數據，2021 年中國出口貿易總額達到 3.36 萬億美元，比 2020 年增加 29.9％。圖 1-51 為 2001～2021 年中國歷年出口貿易總額。

　　2018 年 3 月 22 日，美國貿易代表處宣布對中國 1,300 類產品徵收貿易關稅，在 15 天內公布建議加徵關稅的產品清單。3 月 23 日，當時的美國總統川普在白宮正式簽署對華貿易備忘錄，宣布有可能針對從中國進口的 600 億美元商品加徵關稅，並限制中國企業對美投資併購。消息發布當天，上證指數跌幅 3.39％，深證成指跌幅 4.02％，400 家 A 股公司的股票跌停。

　　2020 年初，一場席捲全球的新冠肺炎疫情衝擊各國的經濟、生活和全球供應鏈。在疫情初期，許多西方已開發國家缺乏呼吸器、防護衣、口罩、手套等醫療物資，一時之間從中國搶購就等於和死神賽跑。因此，製造呼吸器和血液淨化產品的邁瑞醫療、魚躍醫療、陽普醫療、理邦儀器、

健帆生物，做核酸檢測的東方生物、達安基因、安圖生物、迪安診斷、熱景生物、九安醫療，做醫療防護用品的振德醫療、英科醫療、夢潔股份、聚傑微纖等上市公司，股價都大幅上漲。

2018 年至 2021 年，美國在貿易保護主義的旗幟下，極力對中國的高科技領域製造技術壁壘，先後將中興、華為、大疆、海康威視、科大訊飛、中科曙光、中芯國際等上百家高科技上市公司，列入實施出口管制實體清單。消息發布當天，這些公司的股價紛紛大幅下跌。

總之，隨著中國經濟和對外開放的發展，越來越多企業走出國門，無論是資金、技術、人才、市場、客戶早已遍及世界各地。當上市公司的利益已經超越國界，國際貿易關係對企業的股價影響力就越來越直接。

如果您投資的企業主要營業收入、利潤，或關鍵的生產設備、技術專利來自海外（尤其是美國），就一定要關注國際貿易的變數，那可能會對公司股價產生巨大影響。

國際金融市場的影響

這裡談到的國際金融市場包括外匯市場、股票市場和大宗商品市場。股票投資者都知道每一次美國股市大調整，都會對 A 股市場形成壓力，這裡就不再贅述。以下我們要討論國際大宗商品的價格走勢，對 A 股股價的影響。

圖 1-52 為倫敦銅期貨價格月線走勢圖。從 2020 年 3 月開始，國際銅價從 5,000 美元／噸漲到年底突破 10,000 美元／噸，最高漲幅 100%。

圖 1-53（見第 88 頁）是中國最大的礦產銅上市公司「紫金礦業」的股價走勢。對應國際銅價大幅上漲，紫金礦業的股價從 2020 年 4 月初到年底，開啟一輪波瀾壯闊的上漲，最高漲幅達到 200% 左右。

雖然中國有多個期貨交易所，涵蓋能源、貴金屬、工業金屬、化工、糧食、農產品等標的，但石油、天然氣、黃金、白銀、銅、鋁、鈷、鐵礦石、小麥、玉米、大豆等大宗商品，目前由國際期貨市場掌握定價權。

由於中國是這些商品的主要需求市場，海外國家為主要供應方，再加

圖1-52 ▶ 倫敦銅期貨價格月線走勢

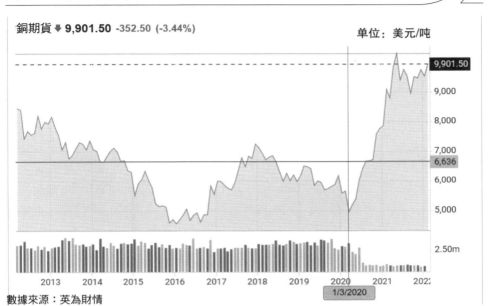

數據來源：英為財情

上這些商品的國際貿易和期貨定價，由於歷史因素都以美元為貨幣，所以當國際期貨價格大幅波動，對應的 A 股公司股價也會大幅波動。

　　這些大宗商品的價格波動，和主要受中國國內供需關係影響的煤炭、鋼材、純鹼、玻璃、水泥等很不一樣。後者直接受中國的調控和產業政策影響，但是對國際定價的大宗商品來說，這些政策的影響很有限。

　　舉例來說，2021 年第三季度，針對煤炭、焦炭、鋼鐵等上游原料的漲價，中國相關部門祭出價格調控政策，隨後這些商品價格應聲下滑，但是國際定價的大宗商品價格卻保持獨立行情。所以，如果您持有的是大宗商品資源類的股票，尤其是國際定價的商品，就一定要關注國際大宗商品期貨的價格變化。

　　除了上述的國際經濟政策、國際貿易和國際金融市場會影響 A 股股價，地緣政治、軍事摩擦、外交關係等重大變化，也多少會帶來影響。在全球化的今天，國家之間的軍事衝突、南美銅礦或鋰礦企業的一場罷工，

圖1-53 ▶ 紫金礦業股價月線走勢

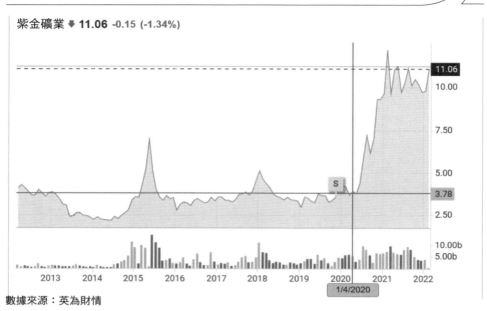

數據來源：英為財情

都有可能直接影響 A 股的黃金、銅、鋰等資源類企業的股價。

二、國家總體經濟和政策

前文曾討論「股市是經濟的晴雨表」這句話，經實證分析發現，更準確的說法是「股市是貨幣政策的晴雨表」。其實，不論哪一種說法都反映出股票價格受總體經濟和政策的影響。這裡的價格並不是某一檔股票、某一個產業的價格，而是整個市場的估值和指數。

財政政策、稅收政策、就業率、信心指數、工業品出廠價格指數等，或多或少都與股市有關，但我認為在總體經濟指標中，和股市關係最密切的是貨幣政策（貨幣供給 M2 和基準利率）、通膨率和 GDP 增速。

貨幣政策

前文已經闡述股市與貨幣政策的關係。貨幣政策有兩個重要工具——貨幣供給和基準利率，前者對經濟和股市的影響較間接，類似中醫治病、小火慢燉，需要等量變產生質變，反應週期較長；後者作為貨幣政策的直接工具，類似西醫的吃藥、打針、動手術，對股市的影響較快，但也容易產生通膨和資產價格泡沫的副作用。

先來回顧 3 組數據。圖 1-54（見第 90 頁）為 2007 年 1 月到 2022 年 1 月貨幣供給月度同比增速，明顯上升的年份是 2009 年、2013 年、2016 年和 2020 年，而且每次都歷經 5～9 個月。

圖 1-55 和圖 1-56（見第 90 和 91 頁）是貸款基準利率的調整歷史（自 2019 年開始，貸款利率以貸款市場報價利率為參考基準）。可以看到，貸款基準利率的升息週期分別是 2007 年、2010 年、2011 年，降息週期分別是 2008 年第四季度、2014 年第四季度、2015 年、2019 年。

再來看代表大盤走勢的滬深 300 指數（見第 91 頁圖 1-57），您會發現大盤走勢和貨幣供給 M2 以及貸款基準利率之間的關係密切。在持續升息的作用下，股市在 2007 年第四季度、2010 年第四季度、2011 年大幅回檔；在 2009 年第一季度、2014 年第四季度到 2015 年第二季度、2019 年、2020 年都出現較明顯的上漲行情。

在總體經濟和國家調控的諸多訊號與工具中，據我研究，貨幣政策對股市的影響最大、最直接。它不只影響個股，更影響整體市場估值和大盤指數。

要補充的是，對證券市場加強監管、管制場外配資（註：融資融券以外，透過民間信貸或線上配資平台來借錢炒股的行為）和槓桿交易，常常會發揮類似緊縮貨幣政策的作用，只是市場反應往往更快。

通膨率

整體來說，通膨率和貨幣政策的基準利率是負相關，也就是當通膨率

圖1-54 ▶ 2007/01 ～ 2022/01 貨幣供給月度同比增速

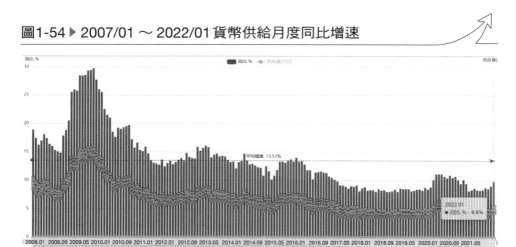

數據來源：中國人民銀行、烏龜量化

圖1-55 ▶ 2006/05 ～ 2015/10 貸款基準利率調整歷史

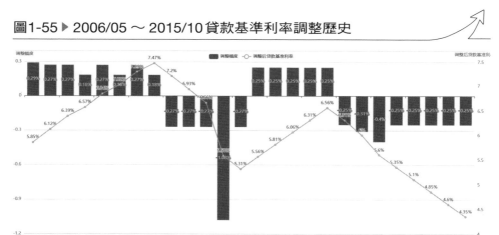

數據來源：中國人民銀行、烏龜量化

圖1-56 ▶ 2019/08 ～ 2022/01 貸款市場報價利率調整歷史

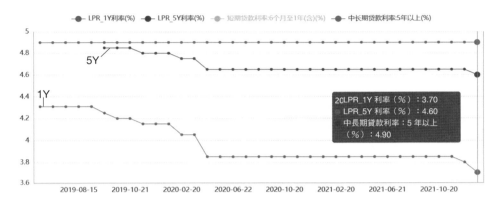

數據來源:全國銀行間同業拆借中心、東方財富

圖1-57 ▶ 2007/01 ～ 2022/01 滬深 300 指數(前復權)走勢

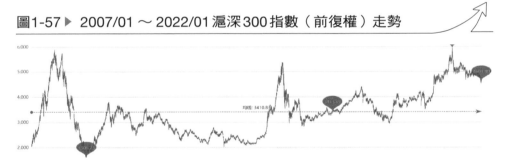

數據來源:Wind、烏龜量化

圖1-58 ▶ 2012/01 ～ 2022/01 滬深300指數和通膨率走勢的關係

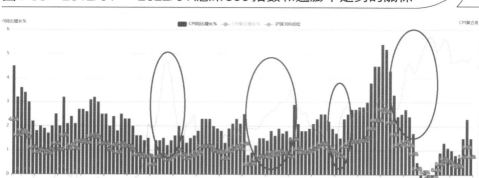

數據來源：國家統計局、Wind、烏龜量化

處於低位，表示經濟增速緩慢，央行通常會執行寬鬆貨幣政策，包括增加貨幣供給和降息。當通膨率處於高位，央行通常會為經濟降溫，採取緊縮的貨幣政策，包括提高存款準備率和升息。

2012年1月到2022年1月，滬深300指數和通膨率走勢的關係如圖1-58所示。可以看出，在通膨率處於低位、經濟較冷的時候，滬深300指數上漲的機率反而比較大。在通膨率處於高位、經濟較熱的時候，滬深300指數反而有回檔壓力。其背後最根本的邏輯，還是市場上資產價格的「水漲船高、水落石出」。

GDP 增速

談到總體經濟情勢，很多人會先想到GDP增速。但是，從中國過去一、二十年的經濟發展過程中，我們發現GDP增速和企業利潤的關係不夠密切，從而對股價的影響也不夠有力。

為什麼中國經濟維持領先全球的高成長，股市的長期報酬率卻不顯著呢？原因有很多。總體來說，GDP成長主要反映「產值」的增加，但股價表現主要是和「企業利潤成長性」掛鉤。例如：

圖1-59 ▶ 2008 ～ 2021 年中國GDP歷年增速趨勢

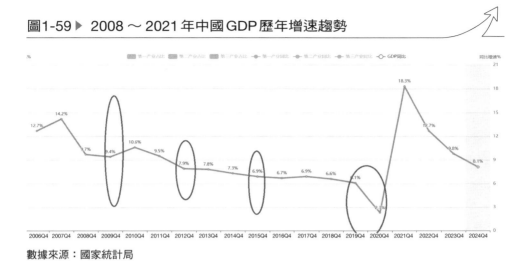

數據來源：國家統計局

（1）以基礎建設為代表的投資推動 GDP 快速成長，但這些投資的效率和創造的企業利潤並不理想。

（2）中國企業的經營模式都傾向擴大產能，但邊際報酬率持續下降，甚至有不少國營企業的邊際報酬率低於融資成本。

（3）大部分產業產能過剩、過度競爭，雖然在產量、產值和 GDP 創造上貢獻不小，但從企業利潤來看，獲利成長並不明顯。

（4）經濟快速發展代表產業景氣循環、技術週期、產品週期、企業生命週期等都在縮短，一旦企業失去成長性，股價通常會明顯回落。

有趣的是，前文的實證研究發現，在 GDP 增速明顯回落的年份，股市表現反而會好一點；在 GDP 增速較高的年份，股市表現反而會比較差。

2008～2021 年中國 GDP 歷年增速趨勢，如圖 1-59 所示。 可以看到，2009 年、2012 年、2015 年、2019 年、2020 年的經濟增速明顯下滑，但這幾年的滬深 300 指數卻明顯上漲。2010 年、2021 年的經濟增速明顯加快，滬深 300 指數卻出現一定程度的下跌。

這背後的邏輯是，國家調控通常是「逆調節」，以此降低經濟波動。

當 GDP 成長失速，央行通常會向市場釋放更多貨幣，甚至降低資金的成本（利率），以此幫助企業和家庭度過難關。等到社會上的錢多了，資金便宜了，就會把股價、房價等資產的價格「浮起來」，即所謂的「水漲船高」。

另一方面，當 GDP 成長提速，為了防止通貨膨脹，央行傾向於採取緊縮貨幣政策，甚至會升息。等到社會上的錢少了，資金變貴了，企業經營的資金成本上升，人們對高風險股票的警惕心變高，最終導致股市估值回落，指數下跌，即所謂的「水落石出」。

理論上來說，在更長的週期裡（例如 10 年以上），經濟成長和股市指數走勢應該有一定程度的正相關，只是過程中由於國家調控的「逆調節」，股市的短期走勢和經濟走勢之間似乎呈現負相關，最終導致經濟和股市的相關性不再緊密。

更有趣的是，著名投資機構先鋒領航集團曾發表一篇報告，揭開從 1900 年至 2009 年，16 個已開發國家的股市漲幅與人均 GDP 增速之關係。結論是在長達一百多年當中，相關性趨近於 0（圖 1-60）。

關於總體經濟和國家政策的影響，其他諸如稅收政策、匯率變化、產業政策、市場監管和反壟斷政策，也都會影響相關產業或公司的股價。

例如，2020 年 6 月至 2021 年底的醫療集中採購政策，影響醫療耗材和創新藥公司的股價；2021 年碳達峰、碳中和的政策規畫，大幅推動新能源概念的股價；2020 年 9 月針對房地產的三道紅線監管，對房地產企業的股價造成巨大壓力；2021 年第三季度針對網絡安全、壟斷和校外輔導機構的強勢整頓，衝擊網路平台公司、K12 教育（註：即幼稚園到高中）龍頭企業的經營和股價。

✚三、產業特徵和景氣循環

在同樣的總體經濟、政策環境下，不同產業的股價走勢會完全不同，同一產業的股價走勢則有相似性。這告訴我們，股價與產業特徵、產業景氣循環的關係也很密切。

圖1-60 ▶ 1900 ～ 2009 年 16 個已開發國家股市漲幅與人均 GDP 增速的相關性

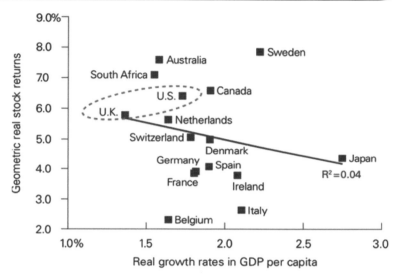

數據來源：先鋒領航

產業特徵

　　產業特徵包括產業的規模、競爭情勢、監管環境、成長性、供需關係、自主可控程度等。由於產業特徵不同，同一時期的產業指數表現會有巨大差異。2016 ～ 2021 年申萬第一級產業的指數漲跌幅和本益比，見第 96 頁表 1-12。

　　在同樣的大環境下，2016 年 12 月 31 日至 2021 年 12 月 31 日的 5 年之內，食品飲料、休閒服務、電氣設備產業指數的漲幅分別達到 347%、130%、125%，電子、家用電器、建築材料、有色金屬、化工等產業指數漲幅都超過 50%，但是輕工製造、建築裝飾、房地產、通訊、綜合、商業貿易、紡織服務和傳媒這 8 個產業的指數都下跌。如此明顯的漲跌差異，反映出不同產業的利潤成長和景氣差異甚大。

表1-12 ▶ 2016 ～ 2021 年申萬第一級產業的指數漲跌幅和本益比

序號	證券代碼	行業名稱	區間漲跌幅 [起始交易日期] 2016-12-31 [截止交易日期] 2021-12-31 [單位]%	本益比 PE（TTM） [交易日期] 2021-12-31 [剔除規則] 不調整
1	841009.EI	食品飲料	346.6483	46.5473
2	841017.EI	休閒服務	129.6003	100.9499
3	841023.EI	電氣設備	124.8476	65.0078
4	841006.EI	電子	97.9883	45.6938
5	841008.EI	家用電器	88.2004	20.3669
6	841021.EI	建築材料	67.4164	15.9993
7	841005.EI	有色金屬	64.7640	31.6470
8	841003.EI	化工	58.7345	21.4163
9	841012.EI	醫藥生物	49.2374	45.6089
10	841007.EI	汽車	46.9789	43.8095
11	841004.EI	鋼鐵	39.3184	8.0316
12	841018.EI	銀行	31.7594	5.3049
13	841001.EI	農林牧漁	27.3257	351.7894
14	841025.EI	國防軍工	27.2006	95.7568
15	841026.EI	計算機	19.3247	118.3115
16	841019.EI	非銀金融	18.4009	15.5069
17	841024.EI	機械設備	13.3789	36.0411
18	841013.EI	公用事業	12.4500	30.4002
19	841014.EI	交通運輸	8.2871	26.5957
20	841002.EI	採掘	5.4129	11.1961
21	841011.EI	輕工製造	-2.7501	27.0212
22	841022.EI	建築裝飾	-16.5587	9.7201
23	841015.EI	房地產	-20.6533	11.3588
24	841028.EI	通信	-21.9220	41.4909
25	841020.EI	綜合	-29.6083	-1,313.0683
26	841016.EI	商業貿易	-35.7889	163.8555
27	841010.EI	紡織服裝	-36.7520	41.2391
28	841027.EI	傳媒	-41.4754	156.3786

數據來源：Choice 數據

　　除了產業指數的表現差異，因為產業特徵不同，投資者對不同產業的估值也差很多。估值反映出投資者對產業未來前景的預期，通常願意給高成長產業更高的估值。

　　股票投資的產業選擇非常重要，在高景氣產業中，投資者可以收穫超越大盤的報酬，享受產業內生成長帶來的回報，因此更願意給予高估值。反之，在衰落產業中，大部分資產都難以跑贏大盤。

產業景氣循環

　　產業景氣循環會影響同一產業、不同公司的股價共性。景氣狀況代表供需關係、價格水準的差別，通常可以用「價格」來標示。當產業的基礎商品價格偏高，核心企業的利潤會大幅成長，股價就會上漲。

　　以下用豬肉價格為例，說明產業景氣循環對企業股價的影響。從圖1-61（見第 98 頁）可以看到 2015 年至 2021 年底，生豬價格經歷雲霄飛車般的波動，對生豬養殖業的不同公司股價帶出一致的影響。

　　下面用天邦股份和正邦科技這兩家公司為例，觀察股價走勢與生豬交易市場價格指數的關係（見第 98 頁圖 1-62）。可以得到兩個明顯的結論：第一，天邦股份和正邦科技是生豬養殖的龍頭企業，2015～2021 年的股價走勢相當一致。第二，兩家公司的股價走勢和生豬交易市場價格指數的走勢，呈現驚人的一致性。

　　這就是產業景氣循環影響股價和投資報酬率的典型例子。類似情況在煤炭、焦炭、鋼鐵、有色金屬、化工等景氣循環較強的產業，同樣很明顯。

　　近幾年，新一波全球技術革命在資本市場掀起波瀾，例如數位化技術革命下的 5G 通訊、大數據、物聯網、人工智慧、量子科技、區塊鏈等，新能源革命下的太陽能光電、風力發電、新能源汽車、碳交易等。這些科技巨變正在顛覆傳統的產業結構，創造新的科技巨頭。

圖1-61 ▶ 2015 ～ 2021 年生豬交易市場價格指數

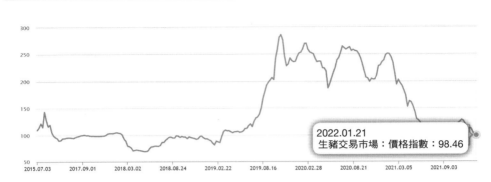

數據來源：前瞻數據庫

圖1-62 ▶ 天邦股份和正邦科技股價走勢

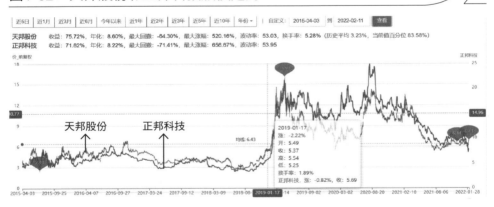

數據來源：前瞻數據庫

✚四、公司基本面

近幾年很流行價值投資，其內涵很豐富，例如要「買進好公司的股票」。這裡所謂的「好公司」，就體現在公司的基本面。

基本面是什麼呢？具體上包括公司所在的產業、公司的治理、管理團隊、員工獎勵機制、財務數據、成長性等。以下簡單說明這些基本面如何影響股價。

公司管理

好公司都是以好的管理架構、經營團隊為基礎，透過全體員工的執行力建立起來，正所謂「火車跑得快，還要車頭帶」。

中國的上市公司管理主要有兩層含義：一是公司組織形式。雖然上市公司都是「公眾公司」（註：即股份公司），但組織形式背後的股權結構差異，對公司的長期發展影響深遠。二是董事會、監事會、經營團隊之間的分工制衡關係。董事會負責制定策略，經營團隊負責具體的管理和策略執行，監事會則代表股東監督公司的方針及作為。

一家真正的好公司，董事會一定是決策核心，能憑藉專業和洞察力為公司繪製發展藍圖、設計獎勵制度，領導公司的發展，而不是不問經營、在其位不謀其政的橡皮圖章。

一家真正的好公司，經營團隊一定是專業敬業、分工清晰、責任明確、獎勵到位的組合，能者上，庸者下，靠績效說話，而不是不思進取、論資排輩，更不是利益輸送、中飽私囊。

一家真正的好公司，監事會也很重要。如果只知道拿薪酬，置身事外，不忠實履行股東賦予的監督責任，公司的經營管理遲早會出大問題。

根據 Choice 數據，截至 2022 年 2 月 14 日，A 股上市公司共有 4,720 家。其中民營企業 3,167 家，占 67.1%；國營企業（包括中央國有和地方國有）1,240 家，占 26.27%。在 2016 年 12 月 31 日至 2021 年 12 月 31 日的 5 年間，為投資者帶來 10 倍以上報酬率的上市公司共有 71 家。其中民營企業 58

家，占80.56％；中外合資企業10家，占13.89％；國營企業3家，占4.17％。
具體見表1-13。

　　可見從中長期來看，民營企業的股價成長性和報酬率，明顯領先國營
企業。

表1-13 ▶ 2016 ～ 2021 年「5年10倍股」名單和公司組織形式

證券代碼	證券名稱	區間漲跌幅 [起始交易日期]2016-12-31 [截止交易日期]2021-12-31 [復權方式] 前復權 [單位]%	組織形式
831726.BJ	朱老六	8579.4	民營企業
835368.BJ	連城數控	5411.2	民營企業
300601.SZ	康泰生物	4440.3	民營企業
603501.SH	韋爾股份	4352.6	民營企業
835670.BJ	數字人	4272.7	民營企業
833509.BJ	同惠電子	4053.4	民營企業
300604.SZ	長川科技	3896.2	民營企業
300661.SZ	聖邦股份	3879.9	中外合資經營企業
603127.SH	昭衍新藥	3488.6	民營企業
603392.SH	萬泰生物	3446.7	民營企業
300672.SZ	國科微	3419.0	民營企業
300725.SZ	藥石科技	3104.3	民營企業
838030.BJ	德眾汽車	3038.8	民營企業
300782.SZ	卓勝微	2916.6	中外合資經營企業
603290.SH	斯達半導	2900.4	民營企業
300595.SZ	歐普康視	2885.3	民營企業
601865.SH	福萊特	2833.3	民營企業
830839.BJ	萬通液壓	2813.0	民營企業
603690.SH	至純科技	2723.6	民營企業
300763.SZ	錦浪科技	2509.6	民營企業
605358.SH	立昂微	2341.9	民營企業

（續上表）

300638.SZ	廣和通	2334.8	民營企業
300750.SZ	寧德時代	2248.0	民營企業
603638.SH	艾迪精密	2116.5	中外合資經營企業
300769.SZ	德方納米	2042.7	民營企業
300751.SZ	邁為股份	1963.1	民營企業
300593.SZ	新雷能	1788.4	民營企業
300655.SZ	晶瑞電材	1783.9	民營企業
300759.SZ	康龍化成	1755.1	中外合資經營企業
600809.SH	山西汾酒	1752.5	地方國有企業
300671.SZ	富滿微	1724.5	中外合資經營企業
603039.SH	泛微網絡	1637.8	民營企業
603707.SH	健友股份	1592.7	中外合資經營企業
603032.SH	*ST 德新	1572.0	民營企業
300630.SZ	普利制藥	1569.8	民營企業
603882.SH	金域醫學	1523.1	民營企業
601012.SH	隆基股份	1502.9	民營企業
603345.SH	安井食品	1487.0	民營企業
300014.SZ	億緯鋰能	1453.8	民營企業
300850.SZ	新強聯	1448.3	民營企業
831445.BJ	龍竹科技	1397.5	民營企業
603613.SH	國聯股份	1397.0	民營企業
300685.SZ	艾德生物	1387.7	中外合資經營企業
833523.BJ	德瑞鋰電	1375.3	民營企業
300618.SZ	寒銳鈷業	1373.5	民營企業
300598.SZ	誠邁科技	1336.9	中外合資經營企業
836077.BJ	吉林碳谷	1331.1	地方國有企業
603893.SH	瑞芯微	1326.6	民營企業
688390.SH	固德威	1117.6	民營企業
603713.SH	密爾克衛	1105.4	民營企業
603960.SH	克來機電	1101.6	民營企業
300708.SZ	聚燦光電	1082.5	民營企業
688202.SH	美迪西	1071.8	中外合資經營企業
300628.SZ	億聯網絡	1054.6	民營企業

（續上表）

300666.SZ	江豐電子	1040.7	民營企業
688298.SH	東方生物	1009.5	民營企業
300274.SZ	陽光電源	1317.2	民營企業
301025.SZ	讀客文化	1306.5	民營企業
002812.SZ	恩捷股份	1304.4	民營企業
603659.SH	璞泰來	1291.7	民營企業
603605.SH	珀萊雅	1290.6	民營企業
301071.SZ	力量鑽石	1290.4	民營企業
300767.SZ	震安科技	1276.0	民營企業
300748.SZ	金力永磁	1249.4	民營企業
300677.SZ	英科醫療	1224.7	民營企業
603129.SH	春風動力	1220.5	民營企業
603505.SH	金石資源	1208.9	民營企業
002371.SZ	北方華創	1208.3	地方國有企業
603259.SH	藥明康德	1205.9	中外合資經營企業
605111.SH	新潔能	1155.5	民營企業
603267.SH	鴻遠電子	1155.2	民營企業

數據來源：Choice 數據

財務數據

財務數據是公司的健檢表，當中的各種指標能從不同角度展示公司的品質。上市公司公開的 3 張基本財務報表都非常重要，即資產負債表、損益表和現金流量表，無論公司的投資風險或未來機會，都可以從中找到線索。

大眾投資者大多沒有學過財務相關課程，可能也沒時間深究財務報表的每一個數據，但在我看來，投資者至少要關注以下指標。

1. 收入和利潤規模
一家公司的收入和利潤規模能反映其在產業的地位。在《富比士》、

《財富》等商業雜誌每年做出的全球 500 強排行榜中，收入規模是最重要的指標。比較產業中不同公司的收入和利潤規模，就能看出一家公司的規模優勢。

也許您會問，投資者購買的是每股淨值和未來的股價預期，與公司的收入和利潤規模有什麼關係？

答案是，公司的發展環境會不斷變動，技術變化日新月異，因此需要投入技術研發、產品儲備、生產規模建設、人才培訓、行銷推廣和準備必要的「過冬餘糧」，這些都離不開收入、利潤規模的支撐。當然，從財務的角度來看，利潤累積會增加公司的淨值。

在股市，機構投資者廣泛關注產業龍頭，因為其在技術創新、穩健經營和持續成長等方面，普遍都表現得更加出色，這些公司也常常是帶動股市上漲的發動機。如果從量化的財務數據看產業龍頭，代表性指標就是收入和利潤規模。

當然，認識這些指標的重要性同時，您也需要提高警覺，注意不合理的財報變化，因為這常常是出於重大情節，需要進一步了解。

2. 毛利率和銷售淨利率

收入和利潤規模代表一家公司在產業中的規模優勢，毛利率和銷售淨利率則代表公司主要業務在產業中的競爭優勢。

如果一家公司具備絕對的品牌影響力，或在技術上明顯領先競爭對手，或是產品占據壟斷地位，則這家公司在市場上具有定價優勢，產品的毛利率和銷售淨利率都會明顯高於同行，例如：貴州茅台酒、默沙東九價 HPV 疫苗、蘋果智慧型手機、台積電的 5 奈米及 3 奈米晶片。這些公司銷售同樣的產品，往往能獲得更高的利潤，即使產業或市場不景氣時，也有更大的降價空間來打擊競爭對手。

對機構投資者來說，毛利率和銷售淨利率是辨別公司競爭優勢的重要指標，再結合收入和利潤規模，就能篩除「虛胖」的大公司。如果一家公司的銷售淨利率低於 10%，選股的時候要三思而後行。

3. 股東權益報酬率

對公司進行杜邦分析（註：一種分析公司財務狀況的工具，可了解股東權益報酬率的來源）的時候，會把股東權益報酬率（Return on Equity，簡稱 ROE）分解成：ROE ＝淨利潤／股東權益＝（淨利潤／營業總收入）×（營業總收入／總資產）×（總資產／股東權益）＝銷售淨利率 × 資產週轉率 × 權益乘數。

不難看出，股東權益報酬率與公司的銷售淨利率、資產週轉率、財務槓桿直接相關。在同一產業中，當其他經營條件相同時，如果一家公司的銷售淨利率更高，或週轉率更快，或槓桿率更高，通常就能為股東創造更多回報。

以房地產為例，在房地產景氣較熱的時期，機構投資者會追捧土地成本低的公司（銷售淨利率高）、從買地到把房子變現週期更短的公司（週轉率高），以及能充分利用槓桿的公司（資產負債率高）。

不過，這些指標並非越高越好。在產業擴張時，誰的槓桿率高，就代表誰的規模擴張快，但是當產業衰退時，最先倒下的通常也是槓桿率較高的公司。所以，槓桿的使用要有所控制。

對許多散戶來說，股東權益報酬率這個財務術語比較難理解，但只要換位思考，站在股東的角度觀察公司，就很容易理解了。它指的就是公司經營團隊利用有限的自有資本（股東權益）去賺錢的能力和效率。我們通常認為，好公司的股東權益報酬率要保持在 10％以上。

4. 利潤增速

股市是高風險市場，之所以進入股市而不選擇儲蓄或債券，就是想追求相對更高的投資報酬。因此，成長性永遠是股票投資的主流，利潤成長性是最重要的好公司指標。

從投資的角度來看，失去成長性的產業就不再是好產業。如果一家上市公司失去成長性，無論當前的收入或利潤規模有多大，股價都會失去上漲空間，表現得更像債券。

上市公司的短期股價波動不能完全用成長性來解釋，但大盤指數的長

圖1-63 ► 2012/02/14 ～ 2022/02/14 滬深300 指數走勢

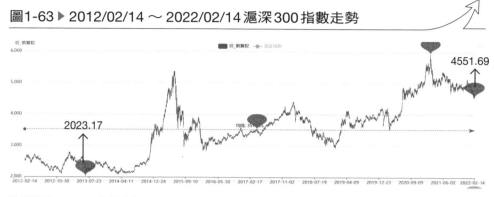

數據來源：Wind、烏龜量化

期走勢就可以從成分股的利潤成長性解釋。下面用滬深 300 指數最近 10 年的漲跌幅（圖 1-63）與估值（見第 106 頁圖 1-64）來說明。

　　可以看到，滬深 300 指數從 2515.83 點漲到 4551.69 點。在 2022 年 2 月 14 日的收盤 TTM 本益比為 13.38 倍，在 2012 年 2 月 14 日至 2022 年 2 月 14 日期間，平均本益比為 12.23 倍，中位數為 12.24 倍，最低為 2012 年 2 月 16 日的 11.19 倍。

　　您會發現，雖然滬深 300 指數波動的幅度不小，但整體來看估值還算穩定。這 10 年間，在滬深 300 指數累計 80.47%的漲幅之中，估值提高的因素貢獻 9.29%；成分股公司利潤成長的因素貢獻 71.18%，占指數整體漲幅的 88.46%，足見利潤成長性是長期推動公司股價的最重要因素。

　　我們一般所指的好公司，最近 3 年的年化利潤成長至少要在 15% 以上，關鍵是未來 2 年要保持在年化 15%以上。特別提醒，閱讀券商的研究報告時，會看到很多未來 3 年年化利潤成長 30%以上的公司，但實際上能兌現的很少，要維持年化利潤成長 30%以上的就更少了。

　　上述基本面因素非常重要，但投資者必須了解，會影響公司股價的遠不止這些，其他如公司商譽、人才流失、現金流、庫存規模、資產負債率、關聯交易、顧客集中度、垂直整合的程度等，都可能造成影響。

圖1-64 ▶ 2012/02/14 ～ 2022/02/14 滬深300指數的估值

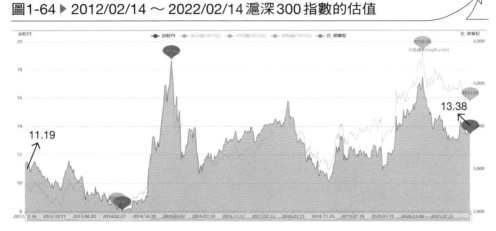

數據來源：Wind、烏龜量化

✚五、市場情緒

　　情緒對股價的短期影響很大，尤其是發生敏感事件時，常常會放大這些事件的影響力。要準確分析和預測股價最大的障礙之一，就是無法準確量化情緒的影響。

　　當股價上漲，尤其是大盤指數上漲時，市場通常瀰漫樂觀情緒，專業機構的研究報告、媒體鋪天蓋地的報導，都向市場不斷傳遞利多和樂觀的預期。很多散戶在有限的判斷力和資訊來源之下，看到這些訊息，加上股價上漲的財富效應影響，很容易忽視市場和個股的風險，選擇買進或持續加倉。

　　尤其是在牛市的尾聲，市場已經不關注本益比，而是以「本夢比」來分析未來股價的演繹。越是牛市的最後一浪，越是表現出放量急漲，所謂「牛市不言頂」就是這個原因。舉例來說，在2020年的第四季度，滬深300指數和創業板指數都處於最近10年95％以上的估值百分比，但仍然繼續上漲。

　　相反地，當股價下跌，尤其是大盤指數下跌的時候，市場會變得越來

越悲觀，專業機構和媒體紛紛冒出各種看空股市的理由，進一步放大散戶的恐懼，再加上市場回檔的賠錢效應，每一個負面傳言都成為股價不可承受之重，最細枝末節的利空消息都可能加速暴跌。

行為財務學的理論認為，大眾投資者傾向於越跌越賣，越跌越不敢買。由於股市回檔，基金也出現大量贖回，私募基金甚至開始陸續清盤，這些都會進一步打壓股價。

其實，市場進入熊市常常不是因為經濟或公司的基本面發生重大變化，而是因為市場情緒放大短期的利空因素，最後導致超賣。事實上，大多數公司的股價在熊市已經遠遠跌破公司基本面，正所謂「熊市不言底」。

對大多數散戶來說，在市場進入熊市時，最忌諱的就是抄底。如果您不了解公司的基本面，不熟悉股票的股性，或無法判斷經濟和金融市場正在發生的大事，就一定要慎重「左側交易」。

散戶賠錢最快的兩個階段分別是「牛市追高」和「熊市抄底」。在熊市發生時，進場的最佳策略是等大盤、個股放量止穩；在牛市發生時，一定要嚴格執行動態停利。這個策略就是要散戶學會吃「魚中」即可，因為這一階段的勝算最大。

放下貪婪和恐懼，股市的每一輪牛市之後，一定都有一個幾乎同樣讓您印象深刻的熊市來鋪墊。所以說，在熊市不輕易出招，耐得住寂寞，是股票投資的大智慧。

✚ 六、黑天鵝事件

金融市場最大的不確定性是黑天鵝事件，它沒有任何預兆，對市場的影響力卻非常巨大。

也許您曾聽說，某位著名經濟學家準確預測了全球性黑天鵝事件，我在國務院發展研究中心工作期間，有幸接觸這樣的傳奇人物，發現他們其實每天都在發布預測，準確率並不比別人高。所以說，他們能預見黑天鵝只是機率的問題。

2008 年席捲全球的次貸危機，2020 年席捲全球的新冠肺炎疫情危機，

都是典型黑天鵝事件，且無一例外都對金融市場（包括資本市場）造成嚴重的短期衝擊。

除了影響整體股市的黑天鵝事件，還有一些對特定產業、公司來說等同黑天鵝的事件，對股價的影響也很大。例如，2008 年奶製品產業的三聚氰胺事件，2012 年白酒產業的塑化劑事件，2018 年長春長生假疫苗事件，2019 年康美藥業財務造假事件，2021 年初歐菲光突然被踢出蘋果供應鏈的事件，黑天鵝總是以市場未曾預料的方式出現。

也許投資者需要提防的下一個黑天鵝，會是席捲全球的債務危機。圖 1-65 是來自國際清算銀行的數據，可以看出截至 2021 年第二季度，全球已開發國家的全社會債務槓桿率（註：又稱全社會槓桿率、宏觀槓桿率，是指一國總負債占 GDP 的比率）達到 300％，遠超過 2008 年美國次貸危機和 2010 年歐洲主權債務危機的數據，不斷地創歷史新高。

除了已開發國家，發展中國家的債務槓桿率也是歷史最高。已開發國家經歷幾次重大經濟危機後，其經濟韌性、承受風險的能力明顯提高，但是發展中國家的抗風險能力要脆弱得多。

圖 1-66 是由國際清算銀行統計，發展中國家的全社會債務槓桿率走勢，不知道您是不是也捏了一把冷汗？

整體來看，如今全球發展中國家的全社會債務槓桿率，大約相當於美國發生次貸危機、歐洲發生主權債務危機時的槓桿率，這讓我們不禁猜想未來可能的黑天鵝事件。

我曾研究日本 1990 年代初的經濟危機、東南亞 1990 年代後期的金融危機、美國 2008 年的次貸危機和 2020 年的新冠肺炎疫情危機。如果您問我，發生黑天鵝事件之後散戶該怎麼辦？我的建議是：在任何市場環境下，遵守停損停利的投資紀律即可。

每一次危機雖然都對資本市場造成巨大衝擊，但股市無一例外都在危機之後，重新走出大牛市行情。在危機的廢墟上，經濟和金融市場的大廈越加堅固。

最後要補充說明，以上這些影響股價的因素比較重要，投資者要有基本理解。此外還有一些因素也會影響股價，例如突發事件、大資金建倉或

圖1-65 ▶ 全球已開發國家的全社會債務槓桿率走勢

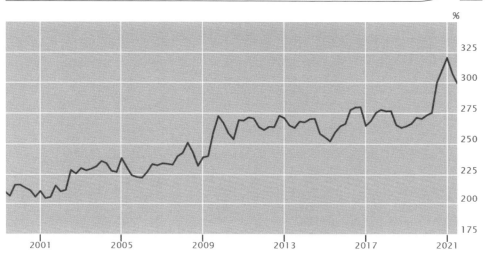

數據來源：國際清算銀行（BIS）

圖1-66 ▶ 全球發展中國家全社會債務槓桿率走勢

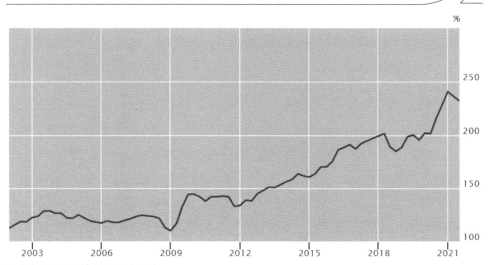

數據來源：國際清算銀行（BIS）

拋售、定向增發、限售股解禁、大股東減持、股票回購、併購重組、資產注入、內部人為操縱等，但這些影響經常是短期的。

　　大眾投資者如果有時間，最好也要了解這些因素，我會在下面的章節中選擇幾個較常見的進一步探討。

道，即道路、定律和方法，在股市中代表理念和策略。近年來，價值投資的理念越來越受到主流投資機構、專業投資者和資深散戶的青睞。價值投資，其信奉的理念是「以便宜價格，買進好公司的股票，靜待花開」，這在 A 股市場是否有效？還有，如何定義「便宜價格」？如何定義「好公司」？在「便宜價格」和「好公司」之間如何取捨，哪個指標更重要？

　　除此之外，有哪些重要的選股指標？該買大公司還是小公司的股票？該買低價股還是高價股？低本益比股票是好的投資選擇嗎？購買最低估值百分比的股票，投資績效好不好？選擇毛利率高的公司，投資報酬率怎麼樣？參考最近一年的利潤增速來選股，對未來的投資績效有影響嗎？像公司股東一樣思考，投資股東權益報酬率高的股票，能收穫高報酬嗎？……

　　本章內容將聚焦以上問題，它們既是選股、決策的重要考量，也是大多數投資者常有誤解的地方。透過實證分析，釐清這些問題背後的真相和道理，才能在今後的股票投資中知深知淺、進退有據。

第 **2** 章

解答 7 個選股題，
讓你的投資眼光像股神一樣

2-1
交易要有步驟和策略，教你選股常用的5種方法

投資者要養成好習慣，千萬不能靠情緒交易。面對重大事件和股價波動，既不能見風就是雨，放大每個事件對股價的影響，把浪花當成浪潮，也不能每天盯著股價的上竄下跳心存僥倖，過度投機，頻繁交易。

要養成好習慣，最理想的方法是建立一套適合自己的交易策略，並且不斷完善之，從選股、建倉、倉位管理，到停損、停利、落袋為安，整個過程都要有章法，每個步驟都要參考具體的量化指標，而不是憑感覺做決策。專業基金經理和交易員即使有專業知識和豐富經驗，在做交易決策時，也都會參考具體的量化指標。

前文透過實證分析，向讀者介紹影響股價的重要因素，它們在實際操作中也可作為選股的重要指標，而且在股票交易軟體就能找到相關數據。以下就透過實際案例，介紹選股的5種指標。

➕一、成長性

雖然股價每一天都有波動，但如果以年為單位來觀察，支撐和推動股價的重要因素，其實是公司未來利潤的成長性，尤其以未來1～2年最為關鍵。

但是，未來畢竟還沒發生，我們需要從過去一年甚至2～3年的成長性來尋找規律。對於最近2～3年，甚至最近半年都沒有高成長表現的公司，一定要慎重預期它的未來，因為爆發式成長的難度很大。

圖2-1 ▶ 隆基股份財務指標（成長能力）

同比成長率	2021 年三季報	2020 年年度	2019 年年度	2018 年年度
每股收益 - 基本（％）	16.53	54.42	96.00	-27.91
每股收益 - 稀釋（％）	17.50	53.74	96.00	-28.68
每股經營活動產生的現金流量…	-47.93	35.02	414.46	-36.89
營業總收入（％）	66.13	65.92	49.62	34.38
營業收入（％）	66.13	65.92	49.62	34.38
營益利潤（％）	17.41	58.33	119.48	-28.18
利潤總額（％）	16.29	58.67	117.86	-28.63
歸屬母公司股東的淨利潤（％）	18.87	61.99	106.40	-28.24
歸屬母公司股東的淨利潤 - 扣除…（％）	23.02	59.87	117.35	-32.36
經營活動產生的現金流量淨額（％）	-25.27	35.02	595.34	-11.67

數據來源：Choice 數據

　　如何選擇成長性較好的公司？首先要觀察最近 2～3 年營業收入和營業利潤的數據與規律，然後對照產業的發展情況，檢視是否有突兀。

　　以下用隆基股份為例，其財務指標（成長能力）如圖 2-1 所示。根據 2018 年年報和 2021 年三季報，隆基股份的營業收入維持在每年 34.38％～ 66.13％的高成長，可以判斷業務規模擴張快，成長速度穩健。

　　另一方面，營業利潤、歸屬母公司股東的淨利潤稍有變化，2018 年是負成長，2019～2021 年保持高增速但逐漸回落，尤其是 2021 年前三季（撰文當下尚未公開年報）。結合前面提到的營業收入高成長，可以判斷該公司利潤增速波動的主因是經營成本變化，但毫無疑問地，公司的成長性相當不錯。

　　在此基礎上，再來看各券商的研究機構如何預測隆基股份未來 1～2 年的利潤成長（見第 116 頁圖 2-2）。預測一定存在偏差，但由於是專業研究員、分析師的一致預期，所以仍有參考意義。

　　可以看到，券商預估隆基股份 2021 年淨利潤成長 29.59％，2022 年成長 36.71％，2023 年成長 24.57％。隆基股份身為產業內的巨無霸企業，若能維持上述的利潤增速，可說是相當出色。整個 A 股裡面能保持連續 3

圖2-2 ▶ 隆基股份未來獲利的一致預期

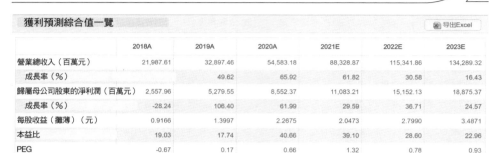

獲利預測綜合值一覽						导出Excel
	2018A	2019A	2020A	2021E	2022E	2023E
營業總收入（百萬元）	21,987.61	32,897.46	54,583.18	88,328.87	115,341.86	134,289.32
成長率（％）		49.62	65.92	61.82	30.58	16.43
歸屬母公司股東的淨利潤（百萬元）	2,557.96	5,279.55	8,552.37	11,083.21	15,152.13	18,875.37
成長率（％）	-28.24	106.40	61.99	29.59	36.71	24.57
每股收益（攤薄）（元）	0.9166	1.3997	2.2675	2.0473	2.7990	3.4871
本益比	19.03	17.74	40.66	39.10	28.60	22.96
PEG	-0.67	0.17	0.66	1.32	0.78	0.93
基準股本（百萬股）	2,790.79	3,772.02	3,771.77	5,418.16	5,417.28	5,412.95

數據來源：Choice 數據

年利潤增速都超過 30％ 的企業，大概不到 1％。

　　若想進一步了解更豐富的預測數據，請見圖 2-3 隆基股份未來獲利的一致預期數據分布。可以看到一共有 18 家券商發布關於隆基股份未來獲利的分析和預測，預計其 2022 年的每股收益平均值為 2.7990 元，最大值為 3.0850 元，最低值為 2.6597 元。根據這組數據，我們能大致掌握隆基股份 2022 年的利潤和利潤增速。

　　一般來說，未來兩年利潤增速預期都低於 15％ 的公司，幾乎很難有財富效應，在選股時要慎重。

✚二、銷售淨利率

　　第二個指標是前文討論的「銷售淨利率」，它主要反映一家公司在產業或細分行業的定價權與成本管理能力，因此在實際運用時，必須在產業裡面做比較。根據 2014 年版本的申萬宏源證券行業分類，共有 28 個一級產業，104 個二級產業。通常我們會在二級產業裡面比較，且要特別注意細分行業的競爭對手。

　　繼續以隆基股份為例，根據 Choice 數據，電力設備一級產業下屬的光伏設備，在二級產業中共有 46 家成分股。

圖2-3 ▶ 隆基股份未來獲利的一致預期數據分布

每股收益（攤薄）	每股經營現金流	每股股利	每股淨資產	ROA	ROE

單位（元）	2018A	2019A	2020A	2021E	2022E	2023E
預測家數	-	-	-	18	18	18
平均值	0.9166	1.3997	2.2675	2.0473	2.7990	3.4871
中值				2.0347	2.7754	3.4571
最大值				2.3193	3.0850	3.8748
最小值				1.9064	2.6597	3.2808
標準差				0.1009	0.1088	0.1949

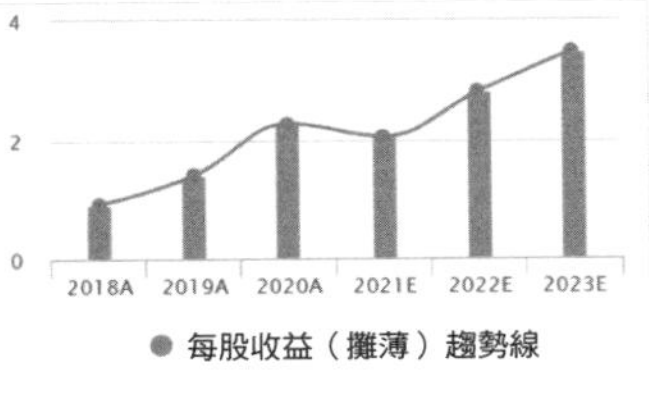

● 每股收益（攤薄）趨勢線

數據來源：Choice 數據

　　我們需要了解太陽能產業的細分行業，以及隆基股份的基本業務。簡單來說，太陽能產業從上游到下游大致分成以下行業：光伏專用設備、矽料、矽晶片、光伏玻璃、電池片、膠膜、電池組件、逆變器、太陽能發電企業。

　　其中，隆基股份在矽晶片和電池組件的產能、出貨量和市場占有率，都位居全球第一；在電池片的產量居產業第二，但大多是供下游電池組件自用。根據 2020 年年報，該公司 28％的收入和 35％的利潤來自矽晶片，66％的收入和 55％的利潤來自電池組件，可見 2020 年矽晶片的毛利率更高，電池組件的收入占比更大。隆基股份的財務分析（銷售淨利率）如圖 2-4（見第 118 頁）所示。

　　參考 2021 年三季報的數據，隆基股份的銷售淨利率為 13.44％，高於矽晶片市場排名第二的中環股份（11.27％）。在電池組件細分行業，全球市占率排名靠前的晶澳科技，銷售淨利率為 5.2％，天合光能為 3.78％，晶科能源為 2.97％。從這些數據可以看出，隆基股份在矽晶片和電池組件這兩個細分行業的銷售淨利率，幾乎都是最高的，反映出其競爭優勢。

　　進一步研究會發現，隆基股份在收入、利潤、研發投入、電池效率等重要指標上，都處於業界領先地位，上下游產業一體化的程度也最高，甚至以參股的方式與通威股份合作，投資最上游的矽料項目。這代表隆基股

圖2-4 ▶ 隆基股份財務分析（銷售淨利率）

行業：	申万二級行業(2021)	▼	基准報告期：	2021	▼	三季報	▼	查看行業內：	全部成分股	▼	確定			导出
排序	代碼	簡稱	每股收益EPS-基本(元)	每股淨資产BPS(元)	銷售毛利率(%)	銷售淨利率(%)	净资产收益率ROE(%)	基本每股收益同比增长率(%)	營業收入同比增長率(%)	淨利潤同比增長率(%)
	行業均值(整体法)		0.58	5.16	20.60	9.96	12.41	-82.10	192.19	-67.19
	行業中值		0.70	7.87	22.10	8.31	8.65	-3.95	45.42	13.00
16	600438.SH	通威股份	1.32	7.83	25.57	13.56	18.00	64.56	47.42	78.38
17	601012.SH	隆基股份	1.41	8.50	21.30	13.44	18.23	16.53	66.13	18.87
18	688390.SH	固德威	2.44	17.96	34.55	12.39	14.16	-18.12	65.12	9.33
19	688556.SH	高測股份	0.69	6.72	33.17	11.47	10.76	122.58	91.90	177.24
20	002129.SZ	中環股份	0.91	7.09	20.02	11.27	13.55	205.84	117.46	226.29
21	300274.SZ	阳光电源	1.03	10.62	27.42	10.45	13.54	25.61	29.09	25.89
22	688560.SH	明冠新材	0.53	8.41	16.63	9.10	8.42	-17.19	57.35	10.32

數據來源：Choice 數據

份能有效對抗矽晶片、電池片、電池組件等細分行業因供需變化而產生的成本壓力。

✚三、估值

　　如果不在乎公司的基本面，如成長性、銷售淨利率、股東權益報酬率等，單純購買「便宜」的股票，並不會帶來財富效應（後文將進一步探討這點）。應該透過以上指標初步篩選出「好公司」，再進一步檢視公司的估值是否合理。

　　判斷估值有兩個方法，建議同時使用：一是本益比（又稱市盈率），主要用在產業內，尤其是細分行業的橫向比較；二是本益比估值百分位，主要是與自身的歷史估值做比較。一般來說，在預期利潤增速相同的情況下，本益比和本益比估值百分比越低越好。

　　從圖 2-5 可以看到，隆基股份 2022 年和 2023 年的本益比（參考截圖當日，即 2022 年 3 月 1 日收盤價）分別為 28.60 倍、22.96 倍。

　　光伏設備在二級產業的 46 家成分股，2022 年和 2023 年的平均本益

圖2-5 ▶ 隆基股份估值分析（產業對比）

排序	代碼	簡稱	最新日期	每股收益 TTM	22E	23E	市盈率PE TTM	22E	23E	市淨率PB (MRQ)	市現率PCF (TTM)	市銷率PS (TTM)
		行業均值(整體法)		0.66	1.78	2.26	61.72	30.08	23.77	8.21	91.40	5.07
		行業中值		0.87	2.40	3.30	56.34	33.79	24.59	7.38	45.76	5.88
1	601012.SH	隆基股份	2022-03-01	1.80	2.80	3.49	44.43	28.60	22.96	9.42	45.94	5.63
2	600438.SH	通威股份	2022-03-01	1.82	2.72	2.99	23.79	15.95	14.51	5.54	42.91	2.93
3	300274.SZ	陽光電源	2022-03-01	1.52	2.69	3.42	80.59	45.72	35.92	11.79	-143.16	8.02
4	688599.SH	天合光能	2022-03-01	0.90	1.75	2.33	83.31	43.14	32.29	9.54	67.84	3.51
5	002129.SZ	中環股份	2022-03-01	0.93	1.63	2.02	51.59	29.38	23.73	7.21	38.01	4.46

數據來源：Choice 數據

比分別為 30.8 倍、23.77 倍，中位數分別為 33.79 倍、24.59 倍。其中，矽晶片細分行業的中環股份，本益比的平均值、中位數分別為 29.38 倍、23.73 倍；電池組件細分行業的晶澳科技分別為 38.58 倍、28.8 倍，晶科能源分別為 47.27 倍、29.37 倍，天合光能分別為 43.14 倍、32.29 倍。

透過上述和產業內競爭對手的比較，我們發現隆基股份具有「低估值」的特徵。

接下來跟自身的歷史估值百分位做比較。很多交易軟體都可以查到相關數據，以下參考烏龜量化的近 10 年資料（見第 120 頁圖 2-6）。截至 2022 年 3 月 1 日收盤，隆基股份的 TTM 本益比是 44.43 倍，最近 10 年的本益比平均值是 64.33 倍，中位數是 36.39 倍，等於 2022 年 3 月 1 日的估值處於近 10 年的 59.52％百分位。

一般來說，在 30％～70％的估值百分位都屬正常，低於 30％表示估值處於「價值窪地」，70％～90％表示處於「泡沫區間」，高於 90％表示處於「估值天花板」。由此可以判斷，隆基股份在 2022 年 3 月 1 日的股價處於正常波動區間，並沒有明顯的泡沫或高估。

圖2-6 ▶ 隆基股份近 10 年估值百分位

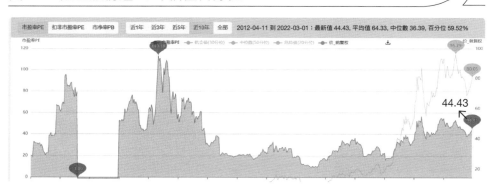

數據來源：烏龜量化

四、資金流動

　　所有股票的股價變化都是由資金推動，當市場環境變差或公司估值太高，都會出現資金流出的局面；反之，當市場和產業前景樂觀，公司估值處於相對低位，就會逐漸有資金流入。我們通常關注主力資金、北上資金（註：從香港股市流入 A 股的香港資金和國際資金）和股東數的變化。以下仍用隆基股份為例，說明這些選股指標的應用。

　　因為對「主力」以及「流入」、「流出」的定義的不同，不同券商和數據服務商的資料會不一樣。這裡不細究定義，可以簡單理解為：主力資金流入就是推動股價上漲的大資金買進，主力資金流出就是推動股價下跌的大資金賣出。兩者之間的差值就是主力資金淨流入或淨流出，正值表示做多的大資金更多，負值表示做空的大資金占優勢。

　　我們盡量選擇主力資金持續淨流入的股票，尤其是經過一段時間的大幅流出後，趨勢轉折出現淨流入的股票，投資機會更佳。隆基股份的主力資金淨流入如圖 2-7 所示，可以看到從 2021 年 11 月底開始，整體呈現主力資金淨流出，但這種局面在 2022 年 2 月 14 日發生轉變。隨後的一週多，主力資金持續呈現淨流入，是比較樂觀的訊號。

圖2-7 ▶ 隆基股份主力資金淨流入

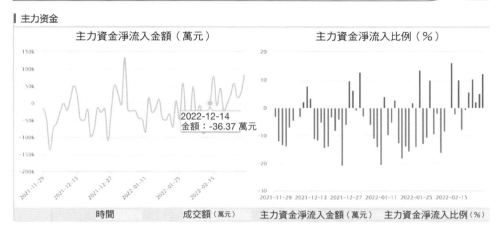

數據來源：Choice 數據

北上資金被稱為「聰明資金」，雖然規模不大，但對市場的判斷通常比較準確，投資績效也非常出色。以下來看隆基股份的北上資金流動情況（見第 122 頁圖 2-8）。在 Wind、Choice、同花順、通達信等交易軟體和數據平台，都能查到北上資金截至前一天的每日資金淨流入。

根據烏龜量化的數據，截至 2022 年 2 月 28 日，北上資金持有隆基股份 12.01％的流通股，與一年前的 8.55％相比持續穩定增加。短期來看，最近 5 個交易日（一週）、10 個交易日（兩週）的北上資金都表現為淨流入。這些資訊告訴我們，北上資金長期看好隆基股份，經過此前的短期波動後，重新看多做多。

最後來看股東數變化。一般來說，股東數減少代表散戶在交出籌碼離場，機構主力在進場搜集籌碼；相反地，股東數增加說明散戶在購買，機構在離場。透過股東數的變化，我們能觀察機構資金買進和賣出的動向。

散戶很難主導行情，股票的漲跌主要是由機構投資者的動向決定。股東數減少通常代表後市看漲的機率較大，反之，股東數不斷增加間接說明機構在離場，後市回檔或橫盤的機率更大。

圖2-8 ▶ 隆基股份北上資金淨流入

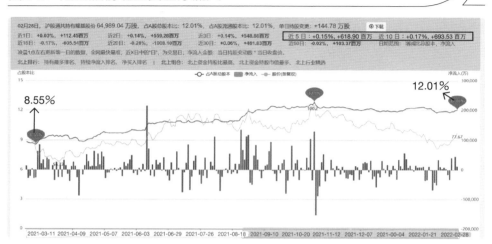

數據來源：烏龜量化

從圖 2-9 可以看到，隆基股份在季報、年報上披露的最新股東數是 2021 年第三季末的數據，離現在（2022 年 3 月 1 日）已經 5 個月，數據相對落後，參考意義不大。但從股東數來看，2021 年第一季到第三季的整體變化不大。

有些上市公司會透過公告和投資平台不斷更新股東數，最穩妥的訊號是股東數連續兩個季度明顯減少，股價卻沒有明顯上漲。當然，這個訊號也僅供參考。

✚五、技術指標

技術派認為 K 線圖就是股價走勢，能反映影響公司股價的所有資訊。大部分散戶都很看重 K 線圖等技術指標，甚至有人完全沈迷於技術分析。散戶更依賴技術分析的原因在於，不同於分析基本面和財務報表需要很多專業知識，K 線圖相對直接、明瞭、刺激。

價值投資者認為，股票投資買的是公司未來，但技術指標反映的完全

圖2-9▶隆基股份股東數變化

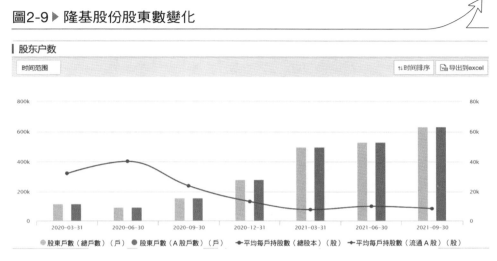

數據來源：Choice 數據

是公司過去的股價足跡，從 K 線圖上看不到公司的競爭力、成長性、估值、資金流動等影響股價的重要資訊。公司的基本面決定未來的股價，而不是股價決定公司的未來，技術派是因果關係的倒置。

　　根據我的投資經驗和研究，技術分析並非一無是處，但只適合在完成上述幾種指標的分析之後，作為「最後一哩路」的補充和參考，不宜過度誇大作用，因為它更多是反映市場當前的情緒。

　　在技術指標中，均線比較簡單，最常用的有 5 日均線、10 日均線、20 日均線等，在短線交易中更具參考意義。一般來說，5 日均線較常用來把握短期的買賣時機，一部分短線交易的技術派投資者，會考慮在股價跌破 5 日均線時賣出，在股價突破 5 日均線時買進。

　　隆基股份的股價走勢和均線，如圖 2-10（見第 124 頁）所示。若按照上述理論，應該在 2022 年 2 月 15 日股價突破 5 日均線時買進，但觀察後市會發現，股價突破 5 日均線之後又回測 5 日均線。儘管如此，整體的後市走勢的確驗證這個交易策略基本上正確。

　　更慎重的短線投資者會參考 10 日均線。一般會在股價突破或跌破 5

圖2-10 ▶ 隆基股份股價走勢與股價均線

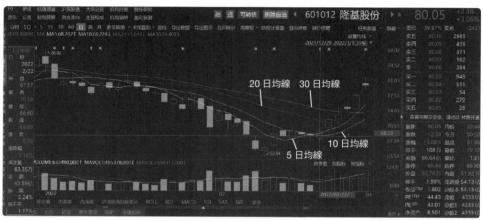

數據來源：Choice 數據

日均線時，把股票放入口袋名單，然後繼續觀察，如果突破或跌破 10 日均線，再決定買進或賣出。

例如在圖 2-10 中，參考 10 日均線，隆基股份的最近買點發生在 2022年 2 月 22 日。從後市走勢來看，這一天買進的效果似乎比 5 日均線的策略更穩妥一些。

20 日、30 日均線通常作為中線投資者持股或清倉的依據。即使對一檔股票的未來很有信心，當股價跌破 20 日、30 日均線的時候，也要減倉或離場觀望。

一般來說，股價跌破 20 日均線代表此前支撐和推動股價上漲的因素已經消耗殆盡，市場對股價的看法出現多空轉變。2019 年以來，A 股出現幾次白馬股突然大幅回檔 30％以上的情況，甚至有些「好股票」的短期回檔幅度超過 50％，可見階段性減倉是必要的。

除了均線之外，量價關係也是很重要的技術指標，不少專業機構投資者都會參考量價變化來決定進出場。

　　本節介紹的選股指標綜合考慮以下 4 點：基本面，即公司是不是好公司；公司估值，即當前的價格是不是好價格；籌碼面，即有沒有大資金做多的力量；技術面，即當前的股價是否處於上升趨勢。

　　除了這些量化指標之外，選股時也要思考打算持股多久，還有在可預期的持股週期內，是否有刺激股價上漲的因素，例如超乎預期的財報、公司產品持續漲價、即將出台的產業利多政策、公司推出重大新產品等。

　　必須說明，選股的方法很多，以上這些經驗分享既遵循嚴謹的金融知識框架，也結合我自己的投資實戰心得。對於具體指標，投資者可以根據自己的投資時間和對股市的理解，不斷進行完善和優化。

2-2【Q1】
大公司 vs. 小公司，哪一種的投資報酬率高？

　　面對股市 4,700 多家上市公司，投資者遲早要思考一個問題：「該買大公司的股票，還是小公司的股票？」究竟哪一類勝算更大呢？

　　一般來說，大公司股票的市場流動性更好，投資者更多，題材炒作機會更多，媒體和大眾投資者也更關注，而且在多數人印象中，大公司股票都表現得很出色，例如：貴州茅台、寧德時代、招商銀行、隆基股份、邁瑞醫療、智飛生物等。

　　雖說如此，大公司畢竟已經「長大」，從成長性來說想像空間有限。資本市場投資的是公司未來的成長性，而大公司都是從小公司成長起來，從這個邏輯來看，小公司似乎是更好的標的。只不過，說到小公司股價大漲的例子，多數人都講不出來，因為這些公司實在很少受人關注。

　　我在學生時期也曾好奇這個問題，當時教授旁徵博引許多美國市場的歷史數據，指出小公司的投資報酬率可能更高，不過現在也許情況不同，我沒有再做追蹤。接下來，本節將用實證數據揭示，在 A 股市場究竟是大公司或小公司的投資報酬率更高。

✛研究說明

　　2019 年 7 月科創板公司開始上市，2020 年 3 月新修訂的《中華人民共和國證券法》開始實施，8 月創業板全面實施註冊制，2023 年主板市場也全面實施註冊制。在我看來，A 股市場從 2019 年開始脫胎換骨，因此

以下選取 2019～2022 年的上市公司為樣本。

　　樣本選取和績效比較的方法如下：根據滬深股市 2018 年 12 月 31 日的收盤資訊，分別選取自由流通市值排名前 100 位、後 100 位的股票，等權重各買進 100 萬元（也就是每檔股票均買進一萬元，您也可以把該金額當作一個標準單位），然後持有一年。

　　一年後（2019 年 12 月 31 日），賣出第一年的投資組合，再按照相同邏輯，根據當天收盤資訊，用前一年投資的全部資產分別買進自由流通市值排名前 100 位、後 100 位的股票，然後再持有一年。

　　以此類推，經過 2019 年、2020 年、2021 年的接力投資，最終比較大公司和小公司投資組合的累計報酬率。

✛大公司的投資報酬率

　　參考 Choice 數據，根據 2018 年 12 月 31 日的收盤資訊，選取自由流通市值排名前 100 位的大公司股票，每檔股票各買進一萬元（也可理解為各買進等值的最小單位），共投資 100 萬元。持有一年後，在 2019 年 12 月 31 日的平均報酬率見表 2-1。

表2-1 ▶ 2018/12/31 ～ 2019/12/31 自由流通市值排名前 100 位的公司報酬率

排序	證券代碼	證券名稱	自由流通市值 [交易日期]2018-12-31 [單位]元	區間漲跌幅 [起始交易日期]2018-12-31 [截止交易日期]2019-12-31 [復權方式]前復權 [單位]%
1	601318.SH	中國平安	607,712,478,337.8000	55.8489
2	600519.SH	貴州茅台	296,467,705,591.2000	103.4744
3	600036.SH	招商銀行	259,924,699,818.0000	53.1367
4	601166.SH	興業銀行	186,219,845,897.9400	37.6675
5	000651.SZ	格力電器	171,761,148,014.3800	91.6607

（續上表）

6	000333.SZ	美的集團	170,987,570,854.7400	62.2162
7	601328.SH	交通銀行	159,083,751,855.6900	2.2488
8	600016.SH	民生銀行	142,238,576,206.7700	16.2601
9	600887.SH	伊利股份	139,067,559,671.0400	38.4824
10	601288.SH	農業銀行	137,913,499,054.8000	7.2740
95	600570.SH	恆生電子	25,690,810,605.1200	95.1367
96	600271.SH	航天信息	25,579,778,949.9000	3.1521
97	600089.SH	特變電工	25,221,473,937.3100	0.4141
98	600352.SH	浙江龍盛	25,115,721,959.2000	52.2317
99	300015.SZ	愛爾眼科	25,073,159,151.7000	96.5873
100	601985.SH	中國核電	24,608,944,830.0000	-3.0189
平均值	-	-	68,803,502,745.4774	36.5002

數據來源：Choice 數據

　　第一年的平均報酬率約為 36.5%。用相同邏輯，根據 2019 年 12 月 31 日的收盤資訊，賣出第一年的投資組合，再買進當日自由流通市值排名前 100 位的股票，並持有一年，績效見表 2-2。

表2-2 ▶ 2019/12/31 ～ 2020/12/31 自由流通市值排名前100位的公司報酬率

排序	證券代碼	證券名稱	自由流通市值 [交易日期]2019-12-31 [單位] 元	區間漲跌幅 [起始交易日期]2019-12-31 [截止交易日期]2020-12-31 [復權方式] 前復權 [單位]%
1	601318.SH	中國平安	925,759,507,999.0800	4.1274
2	600519.SH	貴州茅台	594,432,798,960.0000	70.4615

（續上表）

3	600036.SH	招商銀行	387,617,865,839.7000	19.7791
4	000651.SZ	格力電器	315,609,304,757.1600	-2.2093
5	601166.SH	興業銀行	287,930,283,814.8000	10.4558
6	000333.SZ	美的集團	282,933,771,281.2500	73.6228
7	600276.SH	恆瑞醫藥	270,959,288,973.7600	56.8080
8	000858.SZ	五糧液	258,146,340,439.0300	122.6925
9	600030.SH	中信證券	199,132,873,368.0000	16.3950
10	600887.SH	伊利股份	188,645,050,841.5200	47.8380
11	000002.SZ	萬科 A	187,754,786,665.6000	-5.7288
12	600900.SH	長江電力	161,744,000,000.0000	8.1446
13				
93	601901.SH	方正證券	35,686,159,551.6600	21.0035
94	600588.SH	用友網絡	35,549,663,477.6000	102.7162
95	300003.SZ	樂普醫療	35,362,247,189.2400	-14.4464
96	300136.SZ	信維通信	35,165,505,334.7400	-21.9554
97	601155.SH	新城控股	34,952,144,177.2800	-5.3146
98	000157.SZ	中聯重科	34,630,881,081.8000	54.5067
99	600340.SH	華夏幸福	34,597,309,406.8000	-37.5480
100	002008.SZ	大族激光	34,146,215,280.0000	11.0584
平均值	-	-	102,248,597,200.6360	33.0779

數據來源：Choice 數據

　　第二年的平均報酬率約為 33.08％，仍然出色。接著根據 2020 年 12 月 31 日的收盤資訊，賣出第二年的投資組合，再買進當日自由流通市值排名前 100 位的股票，並持有一年，績效見第 130 頁表 2-3。

表2-3 ▶ 2020/12/31 ～ 2021/12/31 自由流通市值排名前100位的公司報酬率

排序	證券代碼	證券名稱	自由流通市值 [交易日期]2020-12-31 [單位] 元	區間漲跌幅 [起始交易日期]2020-12-31 [截止交易日期]2021-12-31 [復權方式] 前復權 [單位]%
1	600519.SH	貴州茅台	1,003,953,281,760.0000	7.0513
2	601318.SH	中國平安	942,225,158,036.0400	-39.2288
3	000858.SZ	五糧液	566,423,648,275.5500	-21.6364
4	600036.SH	招商銀行	543,985,264,575.1500	16.0251
5	000333.SZ	美的集團	483,857,910,400.6000	-21.5625
6	600276.SH	恆瑞醫藥	415,991,227,006.3400	-45.8780
7	300750.SZ	寧德時代	408,950,812,985.5400	73.0211
8	601166.SH	興業銀行	303,490,152,687.6200	-5.1486
9	000651.SZ	格力電器	298,091,496,441.8800	-35.6841
10	601888.SH	中國中免	275,738,358,701.4000	-16.3154
11	600887.SH	伊利股份	269,912,109,030.2100	-3.6829
12	600030.SH	中信證券	250,451,504692.2000	-5.8042
13	601012.SH	隆基股份	243,429,964,898.2000	33.2967
14	002475.SZ	立訊精密	235,160,907,174.1200	-12.0547
92	601186.SH	中國鐵建	36,350,255,780.0000	2.7172
93	002236.SZ	大華股份	35,761,935,771.9000	21.7002
94	600352.SH	浙江龍盛	35,448,303,946.5600	-4.7418
95	300003.SZ	樂普醫療	34,333,960,334.7600	-15.6562
96	601155.SH	新城控股	31,426,930,461.4200	-9.1806
97	002044.SZ	美年健康	31,043,947,862.1800	-26.7724
98	002024.SZ	蘇寧易購	28,712,162,296.0200	-45.8607
99	300136.SZ	信維通信	27,638,181,370.8000	-30.6163
100	600340.SH	華夏幸福	20,241,761,611.4100	-71.8750
平均值	-	-	137,378,699,870.4680	0.9553

數據來源：Choice 數據

　　連續 3 年（2018/12/31 ～ 2021/12/31）等權重買進自由流動市值排名前 100 位的大公司股票，第一年的平均投資報酬率約為 36.5％，第二年約為 33.08％，第三年約為 0.96％，累計投資報酬率約為 83.4％，具體計算公式：〔（1 ＋ 36.5％）×（1 ＋ 33.08％）×（1 ＋ 0.96％）－ 1〕。您對這個投資報酬率是否滿意？

✚ 小公司的投資報酬率

　　和大公司的操作策略一樣，參考 Choice 數據，以 2018 年 12 月 31 日的收盤資訊為基準，選取自由流通市值排名後 100 位的小公司股票，每檔股票各買進一萬元，共投資 100 萬元，並持有一年。第一年（2018/12/31 ～ 2019/12/31）小公司投資組合的報酬率，見表 2-4。

表2-4 ▶ 2018/12/31 ～ 2019/12/31 自由流通市值排名後 100 位的公司報酬率

排序	證券代碼	證券名稱	自由流通市值 [交易日期]2018-12-31 [單位] 元	區間漲跌幅 [起始交易日期]2018-12-31 [截止交易日期]2019-12-31 [復權方式] 前復權 [單位]%
1	002323.SZ	*ST 雅博	293,071,755.0700	140.4580
2	603029.SH	天鵝股份	370,186,440.0000	11.3026
3	603991.SH	至正股份	406,513,871.8200	-4.8532
4	300713.SZ	英可瑞	412,143,750.0000	-4.2039
5	603041.SH	美思德	429,129,948.0000	22.8315
6	300717.SZ	華信新材	440,524,800.0000	13.9578
7	300371.SZ	匯中股份	445,320,000.0000	54.3991
8	300549.SZ	優德精密	455,622,780.0000	20.8056
9	603110.SH	東方材料	456,209,748.1200	57.9188
10	603829.SH	洛凱股份	456,480,000.0000	14.1090

（續上表）

93	300669.SZ	滬寧股份	614,323,200.0000	56.9589
94	300712.SZ	永福股份	614,390,880.0000	3.9611
95	300629.SZ	新勁剛	615,600,307.8000	12.0868
98	603880.SH	南衛股份	617,240,000.0000	29.6210
99	300552.SZ	萬集科技	619,976,448.0000	486.3559
100	002921.SZ	聯誠精密	620,160,000.0000	-28.4589
平均值	-	-	538,660,795.8341	44.2316

數據來源：Choice 數據

2019 年 12 月 31 日，賣出原來的投資組合，再以當天收盤價等權重買進自由流通市值排名後 100 位的股票，並持股一年。截至 2020 年 12 月 31 日，小公司投資組合的報酬率見表 2-5。

表2-5 ▶ 2019/12/31 ～ 2020/12/31 自由流通市值排名後 100 位的公司報酬率

排序	證券代碼	證券名稱	自由流通市值 [交易日期]2019-12-31 [單位] 元	區間漲跌幅 [起始交易日期]2019-12-31 [截止交易日期]2020-12-31 [復權方式] 前復權 [單位]%
1	603389.SH	亞振家居	460,341,504.0000	-39.8964
2	300720.SZ	海川智能	496,692,000.0000	60.0774
3	603829.SH	洛凱股份	515,520,000.0000	2.8063
4	603041.SH	美思德	521,127,382.8000	19.9626
5	603578.SH	三星新材	537,837,300.0000	10.7339
6	300549.SZ	優德精密	542,027,100.0000	67.4191
7	603029.SH	天鵝股份	545,478,960.0000	-10.1258

（續上表）

8	603088.SH	寧波精達	556,953,600.0000	25.5685
9	002830.SZ	名雕股份	565,628,280.0000	-24.0204
10	300727.SZ	潤禾材料	566,392,320.0000	115.3598
93	603329.SH	上海雅仕	728,112,000.0000	-8.8321
94	002943.SZ	宇晶股份	728,400,000.0000	-23.8070
95	603860.SH	中公高科	729,745,920.0000	-17.1119
96	300640.SZ	德藝文創	732,388,680.0000	-10.6159
97	002921.SZ	聯誠精密	734,400,000.0000	8.4239
98	603488.SH	展鵬科技	734,636,556.0000	64.1413
99	603196.SH	日播時尚	735,120,000.0000	-37.4971
100	603729.SH	ST 龍韻	742,037,100.0000	-14.4720
平均值	-	-	653,727,968.0815	15.1857

數據來源：Choice 數據

2020 年 12 月 31 日，賣出原有的投資組合，再等權重買進自由流通市值排名後 100 位的股票，並持股一年。截至 2021 年 12 月 31 日，小公司投資組合的投資報酬率見第 134 頁表 2-6。

表2-6 ▶ 2020/12/31 ～ 2021/12/31 自由流通市值排名後 100 位的公司報酬率

排序	證券代碼	證券名稱	自由流通市值 [交易日期]2019-12-31 [單位] 元	區間漲跌幅 [起始交易日期]2019-12-31 [截止交易日期]2020-12-31 [復權方式] 前復權 [單位]%
1	603996.SH	*ST 中新	218,509,200.0000	11.3514
2	603157.SH	*ST 拉夏	243,003,744.6600	45.8904

（續上表）

3	603389.SH	亞振家居	274,313,088.0000	50.6255
4	002260.SZ	*ST 德奧	334,152,000.0000	0.0000
5	002356.SZ	*ST 赫美	335,684,964.7400	383.1776
6	600734.SH	*ST 實達	376,535,251.1800	145.5285
7	000835.SZ	*ST 長動	404,856,103.7400	63.4831
8	603196.SH	日播時尚	406,800,000.0000	44.5751
9	000820.SZ	*ST 節能	447,346,145.6100	189.7436
10	002875.SZ	安奈兒	463,080,953.2800	3.9459
11	600599.SH	ST 熊貓	467,124,000.0000	76.9892
12	002836.SZ	新宏澤	471,360,000.0000	5.6227
13				
91	603077.SH	和邦股份		
92	603848.SH	好太太	654,752,800.0000	14.8043
93	300789.SZ	唐源電氣	655,530,226.5600	-1.0136
94	603551.SH	奧普家居	656,056,401.0000	-28.9356
95	000985.SZ	大慶華科	657,531,544.0000	10.7833
96	603038.SH	華立股份	657,758,724.5600	57.3029
97	002898.SZ	賽隆藥業	658,944,000.0000	12.9730
98	002843.SZ	泰嘉股份	659,400,000.0000	32.8807
99	300539.SZ	橫河精密	660,650,810.8800	12.1966
100	002719.SZ	麥趣爾	660,859,243.1100	38.4609
平均值	-	-	565,620,004.3474	41.5101

數據來源：Choice 數據

　　連續 3 年等權重買進自由流通市值排名後 100 位的小公司股票，並持有一年，每年的報酬率分別約為 44.23%、15.19% 和 41.51%。3 年的累計報酬率為 135.08%，具體計算公式：〔（1 ＋ 44.23%）×（1 ＋ 15.18%）×（1 ＋ 41.51%）－1〕。

　　需要說明的是，這裡的小公司是指自由流通市值排名後 100 位的公司，和代表中小公司的基礎指數「中證 500」，以及代表小公司的指數「中

證 1000」有很大的不同。這兩個指數所代表的公司，相對來說還是太大。

✚結論

根據前文，投資大公司的策略，3 年報酬率為 83.4％；而在相同週期內投資小公司的策略，3 年報酬率為 135.08％，遠遠跑贏大公司策略。這向我們揭示：在資本市場，不為人注目的安靜之處，也許才是寶藏所在。

這背後的邏輯是：小公司大多是上市不久的次新公司，常常還處於成長期，而高成長通常會帶來高收益。大公司雖然新聞性更強，也常常是機構追捧的對象，但從成長性來看並不如小公司。

需要提醒的是，這個實證研究並未考慮股票的流動性差異和下市風險等因素。一般而言，小公司的股票流動性較差，而且接近下市的公司市值都會很小。未來下市將變得更容易，投資者必須注意這個風險，也許在具體操作上可以剔除處於下市邊緣的小公司。

另外也要注意研究方法的局限。本研究有以下前提假設：100 個樣本選擇；持有一年週期；2018 年 12 月 31 日至 2021 年 12 月 31 日的樣本區間。若以上假設條件發生變化，結論會有所不同。

以上討論是否顛覆了您對股票市場的認知？對您是否有所啟發呢？

2-3【Q2】
比起高價股，低價股的風險小且上漲空間大？

　　初入股市的投資者出於厭惡風險的本能，通常只關注價格較低的股票，下意識地認為低價股便宜、風險小，而且一旦上漲，漲價空間也更大。至於股價較高的股票，投資者一是覺得太貴買不起，二是覺得萬一跌下來，會摔得更慘。

　　近幾年，貴州茅台和寧德時代可說是最受矚目的股票，帶給投資者豐厚回報，它們在 2022 年 2 月 18 日的收盤價分別為 1,907 元和 527.5 元，在 A 股市場 4,700 多檔股票中排名第一位和第六位，可見股價實在不低，想必有許多人會敬而遠之。

　　以下將用實證數據揭示在 A 股市場，究竟是低價股或高價股的投資報酬率更出色，相信本研究的發現能讓投資者有所啟發。

✚研究說明

　　同樣選取 2018 年 12 月 31 日至 2021 年 12 月 31 日完整 3 年的數據。樣本選取和績效比較的方法如下：根據滬深股市 2018 年 12 月 31 日的收盤資訊，分別選取股價排名前 100 位、後 100 位的上市公司，等權重各買進 100 萬元（也就是每檔股票均買進一萬元，您也可以把該金額當作一個標準單位），然後持有一年。

　　一年後（2019 年 12 月 31 日），賣出第一年的投資組合，再按照相同邏輯，根據當天收盤價買進股價排名前 100 位、後 100 位的股票，繼續

持有一年。

　　以此類推，經過 2019 年、2020 年、2021 年的接力投資，最終比較高價股和低價股投資組合的累計報酬率。

✛高價股的投資報酬率

　　參考 Choice 數據，以 2018 年 12 月 31 日的收盤價為基準，選取股價排名前 100 位的股票，每檔各買進一萬元（也可以理解為各買進等值的最小單位），共投資 100 萬元。持有一年後，2019 年 12 月 31 日的平均報酬率見表 2-7。

表2-7 ▶ 2018/12/31 ～ 2019/12/31 股價排名前100位的公司報酬率

排序	證券代碼	證券名稱	收盤價 [交易日期]2018-12-31 [復權方式] 前復權 [單位] 元	區間漲跌幅 [起始交易日期]2018-12-31 [截止交易日期]2019-12-31 [復權方式] 前復權 [單位]%
1	600519.SH	貴州茅台	569.3283	103.4744
2	603444.SH	吉比特	136.8253	111.1188
3	300760.SZ	邁瑞醫療	107.3281	67.6798
4	300454.SZ	深信服	89.2853	27.8829
5	002304.SZ	洋河股份	88.3517	19.8316
6	000661.SZ	長春高新	86.9968	156.1113
7	600436.SH	片仔	85.5961	27.4619
8	603160.SH	匯頂科技	77.8716	163.0565
9	300750.SZ	寧德時代	73.5144	44.4524
10	000538.SZ	雲南白藥	67.5809	24.0962
11	002821.SZ	凱萊英	67.2808	91.7617
12	300751.SZ			5496
90	000651.SZ	格力電器	31.0548	91.6607

（續上表）

91	603590.SH	康辰藥業	30.9525	10.2142
92	300577.SZ	開潤股份	30.7197	13.5936
93	300596.SZ	利安隆	30.5329	19.0002
94	603260.SH	合盛硅業	30.3182	-4.1463
95	603816.SH	顧家家居	30.3046	45.5634
96	600276.SH	恆瑞醫藥	30.2908	99.6992
97	300653.SZ	正海生物	30.1495	54.0517
98	600779.SH	水井坊	30.1194	67.0070
99	300756.SZ	金馬遊樂	30.1083	-18.2202
100	002932.SZ	明德生物	29.9121	-17.2966
平均值	-	-	48.9777	43.7560

數據來源：Choice 數據

2019 年 12 月 31 日賣出第一年的投資組合，再以當日收盤價為基準，等權重買進股價排名前 100 位的股票。持有一年後，績效見表 2-8。

表2-8 ▶ 2019/12/31 ～ 2020/12/31 股價排名前100位的公司報酬率

排序	證券代碼	證券名稱	收盤價 [交易日期]2019-12-31 [復權方式] 前復權 [單位] 元	區間漲跌幅 [起始交易日期]2019-12-31 [截止交易日期]2020-12-31 [復權方式] 前復權 [單位]%
1	600519.SH	貴州茅台	1,158.4375	70.4615
2	603444.SH	吉比特	288.8640	42.5194
3	000661.SZ	長春高新	222.8087	106.2835
4	603160.SH	匯頂科技	204.8463	-22.8679
5	300760.SZ	邁瑞醫療	179.9676	140.5118
6	688018.SH	樂鑫科技	166.2427	-12.2537
7	688111.SH	金山辦公	163.4788	151.0305
8	688029.SH	南微醫學	159.3862	18.5021

（續上表）

9	688188.SH	柏楚電子	155.8691	67.5746
10	688016.SH	心脈醫療	146.2867	73.6505
11	603501.SH	韋爾股份	143.2058	60.5386
12	688023.SH	安恆信息	139.7020	88.1905
13				
89	688202.SH	美迪西	58.2629	173.9199
90	002901.SZ	大博醫療	58.1291	28.7138
91	688369.SH	致遠互聯	57.9888	31.8295
92	002913.SZ	奧士康	57.7255	1.8085
93	300761.SZ	立華股份	57.7003	-46.0047
94	300695.SZ	兆豐股份	57.6435	-2.9338
95	688321.SH	微芯生物	56.1000	-33.4711
96	688388.SH	嘉元科技	56.0243	55.9214
97	000333.SZ	美的集團	55.6064	73.6228
98	688399.SH	碩世生物	55.3990	245.5598
99	688333.SH	鉑力特	55.0895	176.4974
100	603222.SH	濟民醫療	54.9365	-74.5236
平均值	-	-	101.5602	59.7475

數據來源：Choice 數據

　　前兩年高價股的投資報酬率都非常出色，接下來看第三年的績效表現。2020 年 12 月 31 日，賣出第二年的投資組合，再根據當日收盤價，買進股價排名前 100 位的股票。持有一年後，績效見第 140 頁表 2-9。

表2-9 ▶ 2020/12/31 ～ 2021/12/31 股價排名前100位的公司報酬率

排序	證券代碼	證券名稱	收盤價 [交易日期]2020-12-31 [復權方式] 前復權 [單位] 元	區間漲跌幅 [起始交易日期]2020-12-31 [截止交易日期]2021-12-31 [復權方式] 前復權 [單位]%
1	600519.SH	貴州茅台	1,979.3634	7.0513
2	688169.SH	石頭科技	1,034.0207	-18.4228
3	000661.SZ	長春高新	448.1939	-38.2196
4	688536.SH	思瑞浦	431.8428	89.6987
5	300760.SZ	邁瑞醫療	423.8485	-8.4502
6	603444.SH	吉比特	417.1488	-0.1041
7	688111.SH	金山辦公	410.3816	-29.0661
8	300751.SZ	邁為股份	375.2405	72.7034
9	688185.SH	康希諾 -U	374.1100	-14.7140
10	688200.SH	華峰測控	372.6764	50.8948
11	300896.SZ	愛美客	362.2028	52.7404
12	300750.SZ	寧德時代	350.9478	73.0211
88	603087.SH	甘李藥業	131.8032	-47.4982
89	600486.SH	揚農化工	131.2406	2.2939
90	603713.SH	密爾克衛	130.6964	6.2807
91	603267.SH	鴻遠電子	128.3807	44.2069
92	300676.SZ	華大基因	128.1671	-30.4955
93	603882.SH	金域醫學	127.8269	-12.3820
94	605009.SH	豪悅護理	126.7410	-57.3959
95	688561.SH	奇安信 -U	126.1000	-29.0968
96	688286.SH	敏芯股份	124.2353	-23.4717
97	300033.SZ	同花順	122.7774	22.9545
98	605358.SH	立昂微	120.2666	-2.2273
99	300759.SZ	康龍化成	120.2319	18.1358
100	688311.SH	盟升電子	119.9000	-32.1020
平均值	-	-	233.8012	18.8166

數據來源：Choice 數據

　　以上數據告訴我們，如果在 2018 年 12 月 31 日至 2021 年 12 月 31 日期間，每年年初等權重買進股價排名前 100 位的股票，3 年的累計報酬率高達 172.88%。具體計算公式：〔（1 ＋ 43.76%）×（1 ＋ 59.75%）×（1 ＋ 18.82%）－ 1〕。

✛低價股的投資報酬率

　　和高價股的操作策略一樣，這次買進股價排名後 100 位的股票，具體方法如下。

　　根據 2018 年 12 月 31 日滬深股市的收盤價，等權重買進股價排名後 100 位的股票，並持有一年。截至 2019 年 12 月 31 日，低價股投資組合的報酬率見表 2-10。

表2-10 ▶ 2018/12/31 ～ 2019/12/31 股價排名後 100 位的公司報酬率

排序	證券代碼	證券名稱	收盤價 [交易日期]2018-12-31 [復權方式] 前復權 [單位] 元	區間漲跌幅 [起始交易日期]2018-12-31 [截止交易日期]2019-12-31 [復權方式] 前復權 [單位]%
1	002323.SZ	*ST 雅博	0.7256	140.4580
2	000564.SZ	*ST 大集	1.0640	-5.5336
3	000982.SZ	中銀絨業	1.2700	46.4567
4	600157.SH	永泰能源	1.3400	6.7164
5	300116.SZ	保力新	1.3600	44.1176
6	601258.SH	龐大集團	1.3616	2.8169
7	002131.SZ	利歐股份	1.4600	102.0408
8	000727.SZ	冠捷科技	1.4700	42.1769
9	600010.SH	包鋼股份	1.4708	-10.2534
10	600527.SH	江南高纖	1.4889	8.9658
11	000816.SZ	智慧農業	1.5215	-1.4100

（續上表）

12	600022.SH	山東鋼鐵	1.5337	-8.9172
92	600725.SH	雲維股份	2.3500	11.0638
93	600106.SH	重慶路橋	2.3590	14.9571
94	300083.SZ	創世紀	2.3600	69.0678
95	600759.SH	洲際油氣	2.3600	17.3729
96	000683.SZ	遠興能源	2.3700	-4.2194
97	600467.SH	好當家	2.3735	3.7277
98	600121.SH	鄭州煤電	2.3802	-0.4281
99	300048.SZ	合康新能	2.3900	0.8368
100	600252.SH	中恆集團	2.4079	29.4370
平均值	-	-	1.9787	17.8493

數據來源：Choice 數據

　　2019 年 12 月 31 日，賣出第一年的投資組合，再等權重買進當日收盤價排名後 100 位的股票，並持有一年。截至 2020 年 12 月 31 日，低價股投資組合的報酬率見表 2-11。

表2-11 ▶ 2019/12/31 ～ 2020/12/31 股價排名後 100 位的公司報酬率

排序	證券代碼	證券名稱	收盤價 [交易日期]2019-12-31 [復權方式] 前復權 [單位] 元	區間漲跌幅 [起始交易日期]2019-12-31 [截止交易日期]2020-12-31 [復權方式] 前復權 [單位]%
1	000564.SZ	*ST 大集	1.0051	8.8235
2	000981.SZ	*ST 銀億	1.1040	5.6701
3	002210.SZ	飛馬國際	1.2900	70.6349
4	600010.SH	包鋼股份	1.3200	-11.3636

（續上表）

5	002445.SZ	中南文化	1.3700	51.1111
6	600022.SH	山東鋼鐵	1.3969	0.7042
7	601258.SH	龐大集團	1.4000	-30.3448
8	600157.SH	永泰能源	1.4300	-6.2937
9	603077.SH	和邦生物	1.4800	-2.0690
10	000816.SZ	智慧農業	1.5000	168.7075
11	600255.SH	鑫科材料	1.5600	17.1975
12	002610.SZ	愛康科技	1.6100	104.3478
87	002503.SZ	搜於特	2.3900	-7.8189
88	002630.SZ	華西能源	2.3900	9.1667
89	000509.SZ	*ST 華塑	2.4000	13.0252
90	002770.SZ	*ST 科迪	2.4000	-26.1411
91	300048.SZ	合康新能	2.4100	102.1008
92	300217.SZ	東方電熱	2.4121	52.7105
93	000616.SZ	ST 海投	2.4300	-1.2346
94	000767.SZ	晉控電力	2.4300	65.5602
95	600159.SH	大龍地產	2.4488	1.6574
96	000861.SZ	海印股份	2.4507	18.2249
97	002516.SZ	曠達科技	2.4563	40.8641
98	600575.SH	淮河能源	2.4606	-6.0810
99	600467.SH	好當家	2.4619	16.4552
100	600569.SH	安陽鋼鐵	2.4635	4.6956
平均值	-	-	2.0429	13.0525

數據來源：Choice 數據

2020 年 12 月 31 日，賣出第二年的投資組合，再等權重買進當日收盤價排名後 100 位的股票，並持有一年。截至 2021 年 12 月 31 日，低價股投資組合的報酬率見第 144 頁表 2-12。

表2-12 ▶ 2020/12/31 ～ 2021/12/31 股價排名後100位的公司報酬率

排序	證券代碼	證券名稱	收盤價 [交易日期]2020-12-31 [復權方式]前復權 [單位]元	區間漲跌幅 [起始交易日期]2020-12-31 [截止交易日期]2021-12-31 [復權方式]前復權 [單位]%
1	601258.SH	龐大集團	1.0100	62.3762
2	000587.SZ	*ST 金洲	1.0500	42.4528
3	000982.SZ	中銀絨業	1.0600	224.0385
4	002147.SZ	*ST 新光	1.0600	361.5385
5	002356.SZ	*ST 赫美	1.0600	383.1776
6	002175.SZ	*ST 東網	1.0700	120.7207
7	000564.SZ	*ST 大集	1.0893	58.2101
8	600010.SH	包鋼股份	1.1700	138.4615
9	000820.SZ	*ST 節能	1.1700	189.7436
10	600112.SH	*ST 天成	1.1900	197.4359
11	000981.SZ	*ST 銀億	1.2300	55.5556
12	002005.SZ	ST 德豪	1.2400	56.0000
13				
90	002259.SZ	ST 升達	3.2400	13.6223
91	002610.SZ	愛康科技	3.2900	54.0984
92	601016.SH	節能風電	3.3973	102.8626
93	002516.SZ	曠達科技	3.4471	92.6766
94	300217.SZ	東方電熱	3.6684	53.5995
95	300185.SZ	通裕重工	3.8155	-4.4175
96	000816.SZ	智慧農業	3.9500	1.9900
97	000767.SZ	晉控電力	3.9900	-11.9438
98	300048.SZ	合康新能	4.8100	50.0000
99	002239.SZ	奧特佳	4.8800	-20.1313
100	600121.SH	鄭州煤電	9.3200	-47.1239
平均值	-	-	2.2784	48.9701

數據來源：Choice 數據

從以上數據可以看到，從 2018 年 12 月 31 日開始，連續 3 年等權重買進股價排名後 100 位的股票，並持有一年，每年的報酬率分別約為 17.85％、13.05％和 48.97％。3 年累計報酬率約為 98.47％，具體計算公式：〔（1 ＋ 17.85％）×（1 ＋ 13.05％）×（1 ＋ 48.97％） 1〕。

✚ 結論

由上述研究得知，在 2018 年 12 月 31 日至 2021 年 12 月 31 日期間，如果執行高價股策略，3 年累計報酬率會達到驚人的 172.88％。同一時期，創業板指數的報酬率為 170.41％，在全球股市處於領先地位，但跟高價股投資策略比起來仍有所不及，這恐怕是很多人想像不到的。

如果執行低價股策略，報酬率也相當出色，3 年累計報酬率達到 98.47％，遠高於滬深 300 指數的 66.37％，但是跟高價股策略的 172.88％ 比起來，還差了一大截。

我們可以得出結論：堅持每年循環買進高價股，是很不錯的策略，比買進低價股和大多數市場指數的績效都更出色。

為什麼會這樣呢？也許是因為股價的長期表現和企業成長性相關，高價股大多是高成長的公司，而低價股通常是長期停漲或回檔幅度較大所致，相對於高價股公司，其內生成長較弱。

第三年低價股組合的報酬率明顯高於高價股組合，這告訴我們，高價股策略並非每年都能跑贏低價股策略，只是持續多次博弈後，高價股策略的累計報酬率可能更優。

另外，本研究也許受到以下假設條件的局限：100 個樣本選擇；持有一年週期；2018 年 12 月 31 日至 2021 年 12 月 31 日的樣本區間。若以上假設條件發生變化，結論會有所不同。

資本市場常常是反人性的，從常識出發的下意識判斷經常是錯誤的。相信對許多散戶來說，高價股更優的結論超乎想象，這正是本研究帶給投資者的啟發和價值。

2-4【Q3】
低本益比的股票，是價值窪地還是投資陷阱？

　　股市是高風險市場，趨利避害是人的本性。不少投資者著迷於低本益比的公司，因為它們「便宜」、「安全」。

　　投資者進入股市的目的是追求潛在收益，在選擇低本益比的投資標的時，除了考量風險，當然也要考慮報酬。因此我們要問，低本益比的公司是否整體上處於「價值窪地」，潛在的投資報酬率是否會更出色？

　　相信投資者都想知道正確解答，或者說，都有自己堅信的判斷。那麼，究竟您的判斷是真知灼見，還是長期沈浸在迷思裡呢？本節將透過實證研究揭曉答案。

✚研究說明

　　本益比有靜態本益比、TTM 本益比、動態本益比等劃分，為了更準確真實的數據，且便於實際參照和操作，我們使用 TTM（註：Trailing Twelve Months，是指以公告日期起計過去 12 個月）本益比為標準，這個標準在專業投資機構也很常用。

　　參考前兩個實證研究的方法，考量經濟發展和股市的成熟度，我們仍選用 2019 年、2020 年、2021 年的市場數據，假設其對今天和未來的投資更具參考意義。

　　樣本選取和績效比較的方法如下：根據每年 12 月 31 日滬深股市的收盤數據，選取 TTM 本益比排名後 100 位的股票（剔除負值者，因為負值

代表每股盈餘為負，公司是虧損的，實際上估值也是最貴的一類），等權重買進並持有一年。到年底 12 月 31 日，賣出此前的投資組合，再根據市場最新的 TTM 本益比數據，重新買進本益比排名後 100 位的股票，同樣持有一年。

　　以此類推，在 2019 年、2020 年、2021 年接力投資 3 年，最後計算累計投資報酬率。

　　為了說明問題，我們需要一個標桿做對比。由於涉及滬深兩個股市，我們選擇滬深 300 指數當對比標桿，來看低本益比策略的投資績效是否更加出色。

　　從圖 2-11 可以看到 2018 年 12 月 31 日至 2021 年 12 月 31 日，滬深 300 指數的報酬率為 66.37％，另外一個市場指數中證 500 的報酬率為 78.11％。前者反映的是大型藍籌股，也常用來代表股市的整體報酬率，後者反映的是滬深中小盤。

圖2-11 ▶ 2018/12/31 ～ 2021/12/31 滬深300指數報酬率

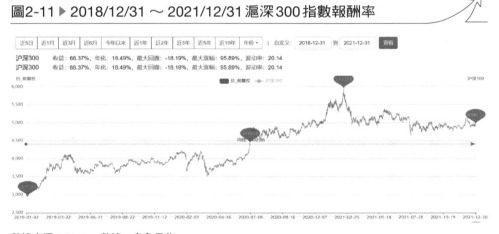

數據來源：Choice 數據、烏龜量化

低本益比策略

參考 Choice 數據，根據 2018 年 12 月 31 日滬深股市的收盤資訊，選取 TTM 本益比排名後 100 位的股票（剔除本益比為負值者），等權重買進並持有一年後，2019 年 12 月 31 日的報酬率見表 2-13。

表2-13 ▶ 2019/12/31 ～ 2020/12/31 TTM本益比排名後100位的公司報酬率

排序	證券代碼	證券名稱	本益比（PE,TTM） [交易日期]2018-12-31	區間漲跌幅 [起始交易日期]2018-12-31 [截止交易日期]2019-12-31 [復權方式]前復權 [單位]%
1	000016.SZ	深康佳A	1.4561	38.1344
2	000932.SZ	華菱鋼鐵	2.6011	10.4628
3	600782.SH	新鋼股份	2.8557	4.7695
4	000717.SZ	韶鋼松山	3.1602	4.1758
5	600282.SH	南鋼股份	3.2934	8.6770
6	600708.SH	光明地產	3.2972	4.9847
7	600569.SH	安陽鋼鐵	3.3015	-13.0913
8	600738.SH	麗尚國潮	3.4709	6.5594
9	002110.SZ	三鋼閩光	3.5285	23.5858
10	000825.SZ	太鋼不鏽	3.6142	1.1901
11	601003.SH	柳鋼股份	3.6246	-5.9156
12	600051.SH	寧波聯合	3.6562	14.0367
13				
89	000040.SZ	東旭藍天	6.6140	-41.5460
90	000540.SZ	中天金融	6.6154	-30.7177
91	601225.SH	陝西煤業	6.6162	25.2423
92	000410.SZ	ST沈機	6.6655	7.9239
93	000031.SZ	大悅城	6.6674	49.4532

（續上表）

94	002016.SZ	世榮兆業	6.6829	1.5714
95	600971.SH	恆源煤電	6.6885	34.7312
96	600426.SH	華魯恆升	6.7235	66.9782
97	600173.SH	臥龍地產	6.7553	41.4252
98	600665.SH	天地源	6.7618	11.5715
99	600828.SH	茂業商業	6.7831	1.8696
100	000921.SZ	海信家電	6.8099	78.6013
平均值	-	-	5.3767	21.8427

數據來源：Choice 數據

　　從表 2-13 可以看出，第一年低本益投資組合的平均 TTM 本益比為 5.3767 倍，持有一年的平均報酬率約為 21.84%。

　　繼續用低本益比策略，以 2019 年 12 月 31 日滬深股市的收盤資訊為基準，賣出第一年的投資組合，再次等權重買進當日 TTM 本益比排名後 100 位的股票，並持有一年。截至 2020 年 12 月 31 日收盤時，績效見表 2-14。

表2-14 ▶ 2019/12/31 ～ 2020/12/31 TTM本益比排名後100位的公司報酬率

排序	證券代碼	證券名稱	本益比（PE,TTM） [交易日期]2019-12-31	區間漲跌幅 [起始交易日期]2019-12-31 [截止交易日期]2020-12-31 [復權方式] 前復權 [單位]%
1	600399.SH	撫順特鋼	2.2384	354.2683
2	000055.SZ	方大集團	2.6077	-4.5996
3	600807.SH	濟南高新	3.0346	-0.5571
4	600052.SH	東望時代	3.2363	-32.2949
5	600370.SH	三房巷	3.2399	-3.9790

（續上表）

6	600782.SH	新鋼股份	3.5533	-4.6094
7	000737.SZ	南風化工	3.7308	65.2174
8	000933.SZ	神火股份	4.2362	49.2160
9	000932.SZ	華菱鋼鐵	4.7100	7.4436
10	000732.SZ	泰禾集團	4.7370	-47.0016
11	002146.SZ	榮盛發展	4.9054	-29.1395
12	002024.SZ	蘇寧易購	4.9269	-23.2453
89	600668.SH	尖峰集團	7.6047	-7.3963
90	000498.SZ	山東路橋	7.6154	3.8355
91	000036.SZ	華聯控股	7.6237	2.1886
92	600507.SH	方大特鋼	7.7079	2.3251
93	600743.SH	華遠地產	7.7158	-7.5472
94	600694.SH	大商股份	7.7416	-23.2033
95	600449.SH	寧夏建材	7.7446	27.9569
96	603113.SH	金能科技	7.7539	53.6654
97	000885.SZ	城發環境	7.7666	18.7781
98	600675.SH	中華企業	7.7754	-25.7411
99	600622.SH	光大嘉寶	7.7954	-10.3541
100	600502.SH	安徽建工	7.8140	-3.3168
平均值	-	-	6.1912	-0.1035

數據來源：Choice 數據

　　第二年低本益比投資組合的平均 TTM 本益比為 6.1912 倍，持有一年的平均投資報酬率約為 -0.10％，可見第二年是虧損的。

　　繼續以 2020 年 12 月 31 日滬深股市的收盤資訊為基準，賣出第二年的投資組合，再次等權重買進當日 TTM 本益比排名後 100 位的股票，持有一年後，績效見表 2-15。

　　第三年低本益比投資組合的平均本益比為 5.8045 倍，持有一年的平均投資報酬率約為 6.31％。

表2-15 ▶ 2020/12/31 ～ 2021/12/31 TTM 本益比排名後 100 位的公司報酬率

排序	證券代碼	證券名稱	本益比（PE,TTM） [交易日期]2019-12-31	區間漲跌幅 [起始交易日期]2019-12-31 [截止交易日期]2020-12-31 [復權方式]前復權 [單位]%
1	002188.SZ	*ST 巴士	1.4491	45.5224
2	600289.SH	ST 信通	1.8774	-9.4505
3	002164.SZ	寧波東力	2.3504	2.8912
4	002582.SZ	好想你	2.9096	-27.1179
5	300116.SZ	保力新	3.0575	21.2871
6	002146.SZ	榮盛發展	3.2873	-28.2993
7	600466.SH	藍光發展	3.9088	-56.3169
8	000911.SZ	南寧糖業	4.0603	39.6867
9	600657.SH	信達地產	4.1181	-7.4442
10	600153.SH	建發股份	4.1503	17.6956
11	600340.SH	華夏幸福	4.1665	-71.8750
12	002611.SZ	東方精工	4.3431	22.3684
13				
93	000027.SZ	深圳能源	7.4601	34.6288
94	600846.SH	同濟科技	7.4639	3.6342
95	300552.SZ	萬集科技	7.5257	-5.5101
96	600668.SH	尖峰集團	7.6799	36.2339
97	603609.SH	禾豐股份	7.7053	-10.6791
98	600507.SH	方大特鋼	7.7485	27.0473
99	600170.SH	上海建工	7.7637	26.0215
100	600704.SH	物產中大	7.8046	40.2488
平均值	-	-	5.8045	6.3073

數據來源：Choice 數據

＋結論

綜合以上數據，如果在2018年12月31日至2021年12月31日期間，每年年初等權重買進滬深股市 TTM 本益比排名後100位的股票，並持有一年，循環操作3年之後，累計報酬率約為29.40％。具體計算公式：〔（1＋21.84％）×（1 0.10％）×（1＋6.31％）－1]。

同期的滬深300指數3年累計報酬率為66.37％，遠遠贏過低本益比選股策略。這個實證研究是不是讓您跌破眼鏡呢？

大多數進入股市的大眾投資者，尤其是初入市場、經驗尚不豐富的散戶，都會傾向購買低本益比的股票，因為一方面覺得便宜，風險比較小，另一方面覺得這些股票處於價值窪地，未來上漲空間大。殊不知，這些看起來便宜的股票，報酬率遠遜於大盤的平均水準，並非真正的價值窪地。

為什麼會這樣？基本上有兩個因素：第一，金融市場的普遍規律是「高風險、高報酬；低風險、低報酬」，本益比較低的公司，股價波動的風險的確小於市場平均水準，正因如此，報酬率也會比市場平均水準低很多，這其實是正常的風險 vs. 收益關係。

第二，資本市場帶給投資者回報的最根本邏輯是公司內在成長性，成長性高的公司，股價漲幅通常會更大。本益比指標除了反映公司的「估值」之外，還隱含市場對公司未來成長性的判斷，所以本益比最低的公司，代表市場投資者一致判斷其未來成長性也最差。

＋更有趣的進一步發現

以上研究揭示資本市場「低風險、低報酬」的定律，看完結論後，您是否會思考另外一個更有趣的問題：如果反其道而行，買進市場上本益比最高的股票組合，是否會獲得超越大盤指數的高報酬呢？

重複此前的研究過程，只是這次改買滬深股市 TTM 本益比排名前100位的組合，執行高本益比策略3年後，同期累計報酬率會是如何呢？

礙於篇幅，這裡只展示結論。2018年12月31日至2021年12月31

表2-16 ▶ 2018/12/31 ～ 2021/12/31 TTM 本益比排名前100位的公司報酬率

時間階段	初始平均本益比	平均報酬率（％）
2018/12/31 ～ 2019/12/31	763.6928	30.2200
2019/12/31 ～ 2020/12/31	3,254.5949	1.2464
2020/12/31 ～ 2021/12/31	2,978.2676	39.1229

數據來源：Choice 數據

日 TTM 本益比排名前 100 位的股票組合報酬率，見表 2-16。 可以看到這裡選取的樣本，平均本益比的確太高了，分別達到約 763.7 倍、3254.6 倍、2978.3 倍。

從人性來說這實在很瘋狂，若不是看過低本益比策略的研究結論，正常投資者很難接受這種「只買貴的」的瘋狂策略。

當然，投資最終還是要靠績效說話，3 年之間，高本益策略的投資報酬率分別達到約 30.22％，1.25％和 39.12％，累計報酬率達到 83.43％，遠超過低本益比策略，明顯跑贏滬深 300 指數的 66.37％，甚至也跑贏中證 500 指數的 78.11％。具體計算公式：〔（1 ＋ 30.22％）×（1 ＋ 1.25％）×（1 ＋ 39.12％）－ 1〕。

透過大樣本數量和連續重複操作，本研究再次揭示資本市場「高風險、高報酬」的特徵。

實證研究的目的是透過不帶偏見的數據分析來發現規律，進而指引實際的投資行動。以上研究帶給我們的啟發是：

（1）想在股市獲得更高的回報，就要遠離平均本益比最低的產業，包括本益比最低的公司。

（2）在相同市場環境下，對於能帶來長期豐厚回報的產業和公司，市場給予的本益比估值普遍會更高，因為它們有更好的內生成長性，大眾投資者要克服心理障礙，走近這些寶藏並進一步篩選，而不是遠離它們。

2-5【Q4】
為何估值在歷史低點的個股，
不一定物超所值？

　　價值投資的核心是「以便宜價格，買進好公司的股票，靜待花開」。但大多數投資者會發現，「好公司」的股票通常都不便宜，至少最近幾年是這樣。儘管如此，市場上還是能找到便宜的股票。

　　所謂的「便宜」，簡單來說是股價低，進一步來說是本益比低。近幾年還有一個越來越流行的定義──「處於歷史估值百分位的低位」。

　　「估值百分位」指的是股票或指數的當前估值，在歷史數據裡的百分比位置。舉例來說，某股票今天的本益比處於「上市以來 10％估值百分位」或處於「最近 5 年 80％估值百分位」，代表該公司今天的估值「低於上市以來 90％的時期」或「高於最近 5 年 80％的時期」。取不同的時間段，估值百分位也會不同。

　　估值百分位越低，代表股票的估值越便宜。通常認為低於 30％的估值百分位是「估值窪地」，30％～70％是「正常波動區間」，70％～90％是「泡沫化區間」，90％以上就處於「估值天花板」，這時候要注意動態停利，慎重追高。

　　那麼，在「便宜的股價」和「好公司」之間，要優先考慮哪一項呢？如果只探討理論，您會發現兩者都有道理，找不出解答，所以本節仍要從實證研究的角度來解答。

　　前面兩節已經揭示低價股策略和低本益比策略的投資績效並不出色，以下我們來看如果不考慮其他指標，選擇股價處於最低估值百分位的股票，投資績效會怎麼樣。

✚研究說明

　　為了強化對比效果，並考慮經濟發展和股市的成熟度，我們仍選用 2019 年、2020 年、2021 年這 3 年的市場數據，假設其對今天和未來的投資更具參考意義。

　　樣本選取和績效比較的方法如下：根據 2018 年 12 月 31 日（最後一個交易日）滬深股市的收盤資訊，選取 TTM 本益比估值百分位排名後 100 位的股票（剔除本益比為負值的樣本），等權重買進並持有一年。2019 年 12 月 31 日，賣出此前的投資組合，然後根據當日滬深股市最新的 TTM 本益比估值百分位數據，重新等權重買進排名後 100 位的股票，並持有一年。以此類推，重複執行 3 年，最後計算累計的投資報酬率。

　　我們一樣用滬深 300 指數作為對比標竿，來看低估值百分位策略的投資績效是否會更出色。從圖 2-12 可以看到，2018 年 12 月 31 日至 2021 年 12 月 31 日滬深 300 指數的累計報酬率為 66.37％。

圖2-12 ▶ 2018/12/31 ～ 2021/12/31 滬深300 指數報酬率

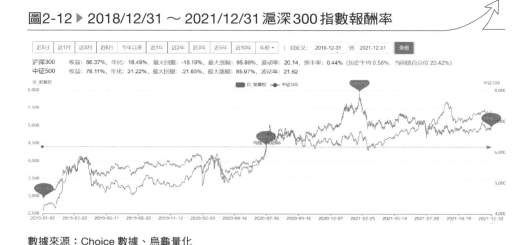

數據來源：Choice 數據、烏龜量化

低估值百分位策略

參考 Choice 數據，以 2018 年 12 月 31 日滬深股市的收盤資訊為基準，選取 TTM 本益比估值百分位排名後 100 位的股票（剔除虧損的和 12 月 31 日當日上市的公司），等權重買進並持有一年後，2019 年 12 月 31 日的報酬率見表 2-17。

表2-17 ▶ 2018/12/31 ～ 2019/12/31 TTM本益比估值百分位最低的 100家公司報酬率

排序	證券代碼	證券名稱 （剔除虧損公司樣本）	TTM 本益比 [交易日期] 2018-12-31	TTM 本益比 估值百分位 [交易日期] 2018-12-31 [單位]%	區間漲跌幅 [起始交易日期]2018-12-31 [截止交易日期]2019-12-31 [復權方式] 前復權 [單位]%
1	000705.SZ	浙江震元	28.7086	0.0000	10.3916
2	000830.SZ	魯西化工	4.4451	0.0000	11.6080
3	002088.SZ	魯陽節能	10.0566	0.0000	32.2777
4	002195.SZ	二三四五	12.4536	0.0000	14.4851
5	002258.SZ	利爾化學	11.6439	0.0000	8.7696
6	002340.SZ	格林美	21.5221	0.0000	27.6779
7	002345.SZ	潮宏基	14.4396	0.0000	-9.8434
8	002365.SZ	永安藥業	18.7200	0.0000	-4.6907
9	002377.SZ	國創高新	16.7658	0.0000	-1.1933
10	002391.SZ	長青股份	11.9328	0.0000	19.1844
11	002406.SZ	遠東傳動	11.8440	0.0000	14.4221
12	002530.SZ	金財互聯	19.9572	0.0000	75.5690
13					
93	600884.SH	杉杉股份	9.7860	0.0540	5.3764
94	002586.SZ	*ST 圍海	15.3771	0.0542	-28.0893
95	300230.SZ	永利股份	9.3257	0.0544	-11.0256
96	300237.SZ	美晨生態	8.3793	0.0547	-11.0256

（續上表）

97	300255.SZ	常山藥業	16.9911	0.0558	33.5823
98	002611.SZ	東方精工	10.9116	0.0561	13.3333
99	300315.SZ	掌趣科技	25.2194	0.0618	74.7875
100	300324.SZ	旋極信息	21.8695	0.0625	-0.1783
平均值	-	-	17.2769	0.0105	15.6901

數據來源：Choice 數據

　　從上表可以看到，第一年低估值百分位投資組合的平均 TTM 本益比為 17.2769 倍，平均 TTM 本益比估值百分位只有約 0.01％，顯然處於價值窪地。第一年的平均報酬率約為 15.69％。

　　繼續用低估值百分位策略，以 2019 年 12 月 31 日滬深股市的收盤資訊為基準，賣出第一年的投資組合，再次等權重買進當日 TTM 本益比估值百分位最低的 100 檔股票，並持有一年。截至 2020 年 12 月 31 日，績效見表 2-18。

表2-18 ▶ 2019/12/31 ～ 2020/12/31TTM 本益比估值百分位最低的 100 家公司報酬率

排序	證券代碼	證券名稱 （剔除虧損公司樣本）	TTM 本益比 [交易日期]2019-12-31	TTM 本益比 估值百分位 [交易日期] 2019-12-31 [單位]%	區間漲跌幅 [起始交易日期]2019-12-31 [截止交易日期]2020-12-31 [復權方式] 前復權 [單位]%
1	603012.SH	創力集團	21.8500	0.0000	-28.0597
2	603109.SH	神馳機電	32.5588	0.0000	29.0830
3	688218.SH	江蘇北人	66.1200	0.0000	-32.4090
4	002382.SZ	藍帆醫療	25.3667	0.1265	75.0988
5	603819.SH	神力股份	22.1416	0.2642	8.3949
6	002438.SZ	江蘇神通	22.7399	0.4312	66.7946
7	002221.SZ	東華能源	10.7914	0.4861	34.6152

（續上表）

8	000963.SZ	華東醫藥	15.9701	0.5798	12.4040
9	002746.SZ	仙壇股份	8.7105	0.5887	-23.1351
10	601886.SH	江河集團	13.2590	0.5894	-15.9151
11	300205.SZ	天喻信息	22.9225	0.7551	-4.9981
12	603030.SH	全築股份	10.5926	0.7692	-14.8384
91	600820.SH	隧道股份	9.0944	2.5852	-6.5346
92	002461.SZ	珠江啤酒	31.3592	2.6327	53.6309
93	603843.SH	正平股份	36.3152	2.7194	-17.3582
94	300452.SZ	山河藥輔	25.8953	2.7385	50.4652
95	603018.SH	華設集團	10.7186	2.7408	31.4400
96	002381.SZ	雙箭股份	15.6332	2.8246	2.5928
97	300067.SZ	安諾其	25.3940	2.8390	6.4973
98	600461.SH	洪城環境	12.5380	2.8458	18.2342
99	600663.SH	陸家嘴	14.7470	2.8485	-17.4301
100	603088.SH	寧波精達	29.2345	2.8662	25.5685
平均值	-	-	17.9665	1.7207	14.3697

數據來源：Choice 數據

　　第二年低估值百分位投資組合的平均 TTM 本益比為 17.9665 倍，平均 TTM 本益比估值百分位約為 1.72％，也很低。持有一年的平均投資報酬率是 14.37％。

　　繼續以 2020 年 12 月 31 日滬深股市的收盤資訊為基準，賣出第二年的投資組合，再次等權重買進 TTM 本益比估值百分位最低的 100 檔股票，持有一年後，績效見表 2-19。

　　第三年低估值百分位投資組合的平均本益比為 21.0158 倍，平均 TTM 本益比估值百分位約為 0.28％，持有一年的平均投資報酬率約為 15.90％。

表2-19 ▶ 2020/12/31 ～ 2021/12/31 TTM 本益比估值百分位最低的
100 家公司的報酬率

排序	證券代碼	證券名稱 （剔除虧損公司樣本）	TTM 本益比 [交易日期] 2020-12-31	TTM 本益比 估值百分位 [交易日期] 2020-12-31 [單位]%	區間漲跌幅 [起始交易日期]2020-12-31 [截止交易日期]2021-12-31 [復權方式] 前復權 [單位]%
1	002100.SZ	天康生物	6.2547	0.0000	5.3966
2	605377.SH	華旺科技	17.5331	0.0000	27.1756
3	603699.SH	紐威股份	19.2956	0.0000	-8.4030
4	300587.SZ	天鐵股份	21.7155	0.0000	166.7035
5	688679.SH	通源環境	22.8001	0.0000	-17.2134
6	688057.SH	金達萊	24.2887	0.0000	-19.6261
7	002973.SZ	僑銀股份	25.1683	0.0000	-24.2519
8	688678.SH	福立旺	31.2490	0.0000	49.6181
9	688618.SH	三旺通信	40.3525	0.0000	-26.6989
10	688698.SH	偉創電氣	40.4631	0.0000	39.5865
11	688560.SH	明冠新材	41.2889	0.0000	22.8254
12	300921.SZ	南凌科技	41.8266	0.0000	-13.6625
91	603918.SH	金橋信息	33.7142	0.5124	17.7645
92	002864.SZ	盤龍藥業	27.3020	0.5249	27.4877
93	300400.SZ	勁拓股份	26.4526	0.5260	88.4188
94	002849.SZ	威星智能	22.6981	0.5285	8.9704
95	300259.SZ	新天科技	16.1670	0.5286	7.6712
96	002855.SZ	捷榮技術	35.3923	0.5411	-10.4484
97	603041.SH	美思德	19.2330	0.5453	-10.8280
98	002921.SZ	聯誠精密	23.5694	0.5457	16.4191
99	603080.SH	新疆火炬	21.5374	0.5487	33.2326
100	300664.SZ	鵬鷂環保	14.2901	0.5502	-7.4295
平均值	-	-	21.0158	0.2807	15.8967

數據來源：Choice 數據

+結論

綜合以上數據，如果在 2018 年 12 月 31 日至 2021 年 12 月 31 日期間，每年年初等權重買進滬深股市 TTM 本益比估值百分位最低的 100 檔股票（剔除本益比為負的虧損公司和 12 月 31 日當日新上市的公司），並持有一年，重複操作 3 年後，累計報酬率約為 53.35%。具體計算公式：〔（1 + 15.69%）×（1 + 14.37%）×（1 + 15.90%）－1〕。

同一時期，滬深 300 指數的 3 年累計報酬率為 66.37%，明顯贏過低估值百分位策略的投資組合。

我們在上一節討論低本益比策略時，也許您有這樣的疑問：是不是因為不同產業、不同公司的本益比不能放在一起比較（在選擇本益比最低的公司時，樣本可能過度集中在某些不景氣的產業），所以未必真的「便宜」？從本實證研究可以得知，即使將每家公司的估值和自身的歷史數據相比，選取處於最低估值百分位的便宜公司，投資績效也不會好。

常識和直覺告訴我們買便宜的股票風險比較低，未來估值修復的成長空間比較大，但實證研究告訴我們，該策略在資本市場是無效的。為什麼會這樣呢？

在什麼情況下，一家公司的本益比會處於歷史最低百分位？一般認為在公司利潤不變的情況下，這是由股價過度下跌所造成，未來有修復空間。但實際上還有兩種情況（而且現在看來更加普遍）：

（1）公司股價沒變，利潤恰好處在歷史上最好的時期，此後卻一路下滑。這種情況常出現在豬肉、大宗商品等景氣循環較明顯、週期較短的產業。

（2）公司連續多年保持高成長，市場願意長期給予較高的估值，但由於政策、產業或公司自身的因素，突然告別高成長，進入利潤低成長甚至負成長階段，於是本益比也快速下降，此時和過去的高成長時期相比，就會處於估值低位。近年來，這種情況在白色家電、黑色家電、醫療器械（集中採購的關係）等領域比較常見。

　　本實證研究告訴我們，在遵循「以便宜價格，買進好公司的股票，靜待花開」的投資理念時，首先要選擇好公司，然後在此基礎上等待更好的買進價格。

　　這個先後順序不能顛倒。如果一家公司不是好公司，未來已經失去成長性，則以任何價格買進都只是浪費時間，沒有獲利空間。投資者一定要堅持買好公司的股票，不能貪圖便宜。

　　需要說明的是，本結論是在特定的樣本數量、取樣標準、觀察週期等條件之下得出，若條件發生變化，結論會有所差異。所以，在借鑑實證研究給我們帶來的啟發時，不宜過分誇大結論的效用。

2-6【Q5】
鎖定利潤成長性高的公司,持續投資有何優勢?

「以便宜價格,買進好公司的股票,靜待花開」是價值投資的核心思想。透過前文我們發現,如果不考慮公司品質,單純只買便宜的股票,結果會明顯跑輸大盤。這說明股票投資的重點不在於便宜,而在於有沒有選到好公司。

關於「好公司」的指標有很多,我認為以下 3 個很重要:利潤成長性、銷售淨利率、股東權益報酬率,其中最重要的是利潤成長性。在接下來的幾節裡,我將分別透過實證研究,分析這 3 個好公司指標對股票投資績效的影響。

本節聚焦在公司的「利潤成長性」。投資股票就是投資公司的未來展望,最重要的展望是利潤成長。能保持利潤高成長的公司,股價表現會比較出色。如果能準確知道未來一年的利潤成長,選股就容易多了,只可惜在現實中,我們只能根據歷史數據預測公司的未來。

如果買進過去一年利潤高成長的股票組合,投資績效會怎麼樣呢?以下用實證研究來揭曉。

✚研究說明

考慮到經濟發展和股市成熟度,以及對比不同選股策略的效果,我們仍然選用 2019 年、2020 年、2021 年這 3 年的市場數據,因為這對今天和未來的投資具有參考意義。

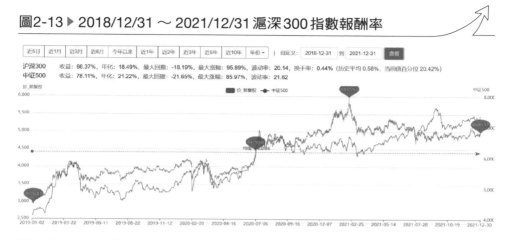

圖2-13 ▶ 2018/12/31 ～ 2021/12/31 滬深300 指數報酬率

數據來源：Choice 數據、烏龜量化

　　樣本選取和績效比較的方法如下：在 2018 年 12 月 31 日（最後一個交易日），買進當年滬深股市中淨利潤同比 2017 年增速排名前 100 位的股票，並持有一年。2019 年 12 月 31 日，賣出此前的投資組合，再買進當年滬深股市中淨利潤同比 2018 年增速排名前 100 位的股票，並持有一年。2020 年 12 月 31 日，賣出此前的投資組合，然後買進當年滬深股市中淨利潤同比 2019 年增速排名前 100 位的股票，並持有一年。2021 年 12 月 31 日賣出所有的投資組合，最後計算累積 3 年的投資報酬率。

　　為了有所對照，我們同樣以滬深 300 指數當作對比標桿，來看成長性選股策略的投資績效是否更出色。從圖 2-13 可以看到，2018 年 12 月 31 日至 2021 年 12 月 31 日滬深 300 指數的累計報酬率為 66.37%。

✚成長性策略

　　參考 Choice 數據，根據 2018 年 12 月 31 日滬深股市的收盤資訊，選取 2018 年淨利潤同比 2017 年增速前 100 位的股票，等權重買進並持有一年後，2019 年 12 月 31 日的報酬率見第 164 頁表 2-20。

表2-20 ▶ 2018/12/31 ～ 2019/12/31 利潤增速前100位的公司報酬率

排序	證券代碼	證券名稱	淨利潤同比增速 [報告期]2018年 [單位]%	區間漲跌幅 [起始交易日期]2018-12-31 [截止交易日期]2019-12-31 [復權方式]前復權 [單位]%
1	000801.SZ	四川九洲	11,023.9295	25.1162
2	300458.SZ	全志科技	6,288.3026	62.2124
3	000616.SZ	ST海投	4,265.6001	0.8299
4	000037.SZ	深南電A	3,202.4641	163.4454
5	300272.SZ	開能健康	3,120.1104	-8.8178
6	600302.SH	標準股份	3,097.7995	15.0685
7	002159.SZ	三特索道	2,736.8812	-29.9772
8	600387.SH	ST海越	2,684.2131	6.3899
9	002290.SZ	禾盛新材	2,549.9205	-48.1828
10	001914.SZ	招商積余	2,472.6670	179.0069
11	600817.SH	宇通重工	2,459.1085	3.5613
12	300280.SZ	紫天科技	2,414.8626	-49.1890
91	002409.SZ	雅克科技	312.9873	68.1711
92	300344.SZ	立方數科	304.5066	20.4357
93	002785.SZ	萬里石	296.6690	50.0453
94	600399.SH	撫順特鋼	294.9265	32.0000
95	002579.SZ	中京電子	294.0608	63.6991
96	000636.SZ	風華高科	292.6211	41.9337
97	000713.SZ	豐樂種業	292.2558	140.5098
98	000720.SZ	新能泰山	291.5759	57.0605
99	300142.SZ	沃森生物	290.3636	70.0337
100	300308.SZ	中際旭創	285.8174	79.9688
平均值	-	-	991.0706	28.6869

數據來源：Choice 數據

　　從表中可以看到，第一年高成長投資組合的淨利潤同比平均增速約為 991.07%，十分出色。如果持有一年，在 2019 年 12 月 31 日的平均報酬率約為 28.69%。

　　繼續用成長性選股策略，以 2019 年 12 月 31 日滬深股市的收盤資訊為基準，賣出第一年的投資組合，再次等權重買進 2019 年淨利潤同比 2018 年增速排名前 100 位的股票，並持股一年。截至 2020 年 12 月 31 日，績效見表 2-21。

表2-21 ▶ 2019/12/31 ～ 2020/12/31 利潤增速前100位的公司報酬率

排序	證券代碼	證券名稱	淨利潤同比增速 [報告期]2019 年 [單位]%	區間漲跌幅 [起始交易日期]2019-12-31 [截止交易日期]2020-12-31 [復權方式] 前復權 [單位]%
1	300552.SZ	萬集科技	13,976.7896	0.5259
2	600858.SH	銀座股份	5,215.7369	28.6807
3	002869.SZ	金溢科技	5,154.0039	-19.4868
4	600503.SH	華麗家族	4,648.6516	14.2310
5	300464.SZ	星徽股份	4,173.7306	23.6854
6	000893.SZ	亞鉀國際	3,791.9635	38.9073
7	002379.SZ	宏創控股	3,652.1779	-20.9945
8	300236.SZ	上海新陽	3,335.5117	77.2066
9	601808.SH	中海油服	2,750.9741	-32.2745
10	300686.SZ	智動力	2,270.5628	-6.3990
11	002800.SZ	天順股份	2,099.7644	-29.8082
12	600745.SH	聞泰科技	1,812.0336	7.3126
91	300118.SZ	東方日升	328.3935	108.4112
92	002606.SZ	大連電瓷	328.1375	40.7101
93	002234.SZ	民和股份	323.0414	-49.7492
94	601069.SH	西部黃金	322.5032	-9.6939

（續上表）

95	603508.SH	思維列控	320.4696	-41.9591
96	600751.SH	海航科技	316.9948	-10.2041
97	002250.SZ	聯化科技	316.8582	44.9067
98	600719.SH	大連熱電	316.3938	-17.5161
99	600053.SH	九鼎投資	312.3954	-15.4412
100	300491.SZ	通合科技	311.8516	21.2701
平均值	-	-	1,042.0699	13.9538

數據來源：Choice 數據

　　第二年高成長投資組合的淨利潤同比平均增速約為 1042.07%，持有一年的投資報酬率約為 13.95%。

　　繼續以 2020 年 12 月 31 日滬深股市的收盤資訊為基準，賣出第二年的投資組合，再次等權重買進 2020 年淨利潤同比 2019 年增速排名前 100位的股票。在持有一年後，以 2021 年 12 月 31 日的收盤價賣出，績效見表 2-22。

表2-22 ▶ 2020/12/31 ～ 2021/12/31 利潤增速前100位的公司報酬率

排序	證券代碼	證券名稱	淨利潤同比增速 [報告期]2020 年 [單位]%	區間漲跌幅 [起始交易日期]2020-12-31 [截止交易日期]2021-12-31 [復權方式] 前復權 [單位]%
1	000955.SZ	欣龍控股	15,970.9324	-37.8003
2	600784.SH	魯銀投資	6,695.3375	9.5742
3	688289.SH	聖湘生物	6,527.8972	-46.5178
4	002164.SZ	寧波東力	6,471.7268	2.8912
5	601028.SH	玉龍股份	6,182.5152	55.1752
6	002030.SZ	達安基因	5,295.2633	-4.6588
7	688313.SH	仕佳光子	5,224.0619	-44.6430

（續上表）

8	600621.SH	華鑫股份	4,384.7043	-36.2693
9	603683.SH	晶華新材	4,372.1653	56.6255
10	600746.SH	江蘇索普	4,203.2739	125.1657
11	300677.SZ	英科醫療	4,203.2739	-46.2963
12	002124.SZ	天邦股份	3,145.4023	-34.7759
91	002838.SZ	道恩股份	389.1035	-36.4151
92	002551.SZ	尚榮醫療	384.0729	-12.1914
93	300246.SZ	寶萊特	382.2278	-11.4379
94	300203.SZ	聚光科技	379.6613	144.2655
95	300085.SZ	銀之傑	379.6338	-13.4934
96	002714.SZ	牧原股份	379.3651	-0.4864
97	002469.SZ	三維化學	368.7190	23.7402
98	600392.SH	盛和資源	360.1910	129.9693
99	002386.SZ	天原股份	358.1497	114.6712
100	002414.SZ	高德紅外	353.5923	-17.2663
平均值	-	-	1,386.3842	31.7140

數據來源：Choice 數據

第三年高成長投資組合的淨利潤同比平均增速約為 1,386.38％，持有一年後，投資報酬率約為 31.71％。

✚結論

綜合以上數據，在 2018 年 12 月 31 日至 2021 年 12 月 31 日期間的每年最後一個交易日，等權重買進滬深股市當年淨利潤同比增速排名前 100 位的公司股票，並持有一年，在重複操作 3 年後，累計報酬率約為 93.14％。具體計算公式：〔（1＋28.69％）×（1＋13.95％）×（1＋31.71％）−1〕。

相較於同期滬深 300 指數的報酬率 66.37％，採取成長性選股策略 3

年的報酬率明顯跑贏大盤指數。這說明，公司上一年的利潤同比增速是影響未來投資收益的顯著因素。選擇上一年利潤成長顯著的公司股票，並長期堅持，績效跑贏大盤指數的機率比較大。

為什麼上一年利潤同比增速排名靠前的投資組合，在下一年股價漲幅比較出色呢？主要有兩方面原因：

（1）上一年利潤增速表現亮眼的公司，下一年的利潤增速也可能比較出色，除了某些景氣循環極強的產業之外，大部分產業或公司的高景氣度會持續超過一年。

（2）上一年利潤增速明顯靠前，說明要麼公司經營否極泰來，要麼產業進入少有的高景氣，具有這些特徵的產業和公司，通常更受市場資金青睞。

由此可見，公司是否具有成長性，是影響股票投資績效的重要因素。雖然我們還不知道企業未來一年的確切表現，但選擇上一年能在市場上保持利潤高成長的公司，並長期堅持，就很有機會能跑贏大盤。

需要說明的是，實證研究一定有限制條件。本結論是在特定的樣本數量、取樣標準、觀察週期等條件之下得出，若條件發生變化，結論會有所差異。我們只能說，參考以上實證方法來重複操作成長性策略，跑贏大盤指數的機率較大，但不代表可以毫無疑問地持續跑贏市場。

2-7【Q6】
看財報得聚焦銷售淨利率，才能獲得高報酬？

　　上市公司的財務報表就像人的體檢表，能反映企業的健康狀況。財報上的公開資訊極其重要，遺憾的是，大多數散戶因為缺乏財務專業知識，而看不懂這些報表，更不能領悟其意涵。

　　也許您不需要了解所有財報項目，但至少要讀懂其中幾個最常用且重要的數據，以此作為篩選投資標的的基本依據。 根據我的研究和投資經驗，「銷售淨利率」是一項重要數據，能反映以下重點：

　　‧公司所在產業的競爭程度（紅海市場或藍海市場？）

　　‧公司的競爭優勢（市場定價能力如何？是領導者還是跟隨者？成本管理能力如何？）

　　‧公司的獲利能力（是否能取得超越市場平均的溢價利潤？在產業商品價格降低的情況下，是否仍能持續獲利？）

　　本節將用實證數據揭曉，如果不考慮其他因素，單純只靠「銷售淨利率」選股，能展現什麼樣的投資績效。相信本研究的發現會帶給許多投資者深刻啟發。

✚研究說明

　　2019 年以來，隨著經濟發展和 A 股市場一系列的改革，市場風格與 2019 年之前有明顯區別，所以我們選用 2019 年、2020 年、2021 年這 3 年

圖2-14 ▶ 2018/12/31 ～ 2021/12/31滬深300指數報酬率

數據來源：Choice 數據、烏龜量化

的市場數據，這在制定未來的投資策略上能帶來更實際的啟發。

　　樣本選取和績效比較的的方法如下：滬深 300 指數的成分股每年都會更新兩次，我們在利用銷售淨利率選股時，也要每年做一次調整。

　　首先，在 2019 年初，根據 2018 年滬深 A 股銷售淨利率排名前 100 位的股票組合（扣除非經常性損益帶來的扭曲因素，例如：銷售淨利率高於、等於或接近毛利率的異常樣本），等權重買進並持有一年。然後，在 2020 年初賣出第一年的投資組合，再次全倉等權重買進 2019 銷售淨利率排名前 100 位的股票。以此類推，一共操作 3 年，最後計算累計投資報酬率。

　　在對照上，我們同樣以滬深 300 指數作為對比標竿。從圖 2-14 可以看到，2018 年 12 月 31 日至 2021 年 12 月 31 日滬深 300 指數的累計漲幅為 66.37%。

✛銷售淨利率選股策略

　　參考 Choice 數據，以 2018 年 12 月 31 日滬深股市的收盤資訊為基準，等權重買進銷售淨利率排名前 100 位的股票，持有一年後，2019 年 12 月 31 日的投資報酬率見表 2-23。

表2-23 ▶ 2020/12/31 ～ 2021/12/31 銷售淨利率排名前 100 位的
公司報酬率

排序	證券代碼	證券名稱	銷售淨利率 [報告期]2018 年 [單位]%	區間漲跌幅 [起始交易日期]2018-12-31 [截止交易日期]2019-12-31 [復權方式] 前復權 [單位]%
1	600382.SH	*ST 廣珠	60.7350	18.4037
2	000429.SZ	粵高速 A	59.1339	5.0770
3	603444.SH	吉比特	55.5002	111.1188
4	300741.SZ	華寶股份	55.0326	8.6815
5	600790.SH	輕紡城	54.1670	-2.2556
6	300696.SZ	愛樂達	53.4390	1.2408
7	002818.SZ	富森美	51.7319	7.3219
8	600516.SH	方大炭素	51.3971	8.4026
9	600519.SH	貴州茅台	51.3718	103.4744
10	600901.SH	江蘇租賃	51.3433	10.2688
11	300326.SZ	凱利泰	49.4530	60.5976
12	002901.SZ	大博醫療	48.9450	102.9868
13	603568.SH	偉明環保	47.7053	37.2668
14	600009.SH	上海機場	47.5821	56.3559
15				
91	002736.SZ	國信證券	34.2067	51.4067
92	002016.SZ	世榮兆業	34.0445	1.5714
93	000681.SZ	視覺中國	33.9378	-25.8835
94	601288.SH	農業銀行	33.8515	7.2740
95	600703.SH	三安光電	33.8345	65.3349
96	600908.SH	無錫銀行	33.6996	9.3023
97	002304.SZ	洋河股份	33.5902	19.8316
98	300559.SZ	佳發教育	33.4281	62.2252
99	002926.SZ	華西證券	33.2035	32.6063
100	300459.SZ	湯姆貓	33.1583	-21.1010
平均值	-	-	40.2430	35.6326

數據來源：Choice 數據

接下來，以 2019 年 12 月 31 日的收盤資訊為基準，賣出第一年投資組合，再次等權重買進銷售淨利率排名前 100 位的股票，持有一年後，績效見表 2-24。

表2-24 ▶ 2019/12/31 ～ 2020/12/31 銷售淨利率排名前 100 位的公司報酬率

排序	證券代碼	證券名稱	銷售淨利率 [報告期]2019 年 [單位]%	區間漲跌幅 [起始交易日期]2019-12-31 [截止交易日期]2020-12-31 [復權方式] 前復權 [單位]%
1	000995.SZ	皇台酒業	68.8437	327.0415
2	688188.SH	柏楚電子	65.4505	67.5746
3	002458.SZ	益生股份	60.7991	-28.9860
4	300777.SZ	中簡科技	58.2642	62.1243
5	300741.SZ	華寶股份	57.3809	89.1269
6	688008.SH	瀾起科技	53.6824	16.5031
7	000007.SZ	*ST 全新	52.9001	-28.2922
8	300144.SZ	宋城演藝	52.2600	4.1830
9	300033.SZ	同花順	51.5285	12.2898
10	600519.SH	貴州茅台	51.4693	70.4615
11	600382.SH	*ST 廣珠	50.6544	10.4930
12	300628.SZ	億聯網絡	49.6232	52.4324
86	600053.SH	九鼎投資	35.9938	-15.4412
87	600895.SH	張江高科	35.9885	11.8869
88	600012.SH	皖通高速	35.9489	9.8951
89	000567.SZ	海德股份	35.9100	-3.1556
90	000886.SZ	海南高速	35.8592	18.2061
91	603160.SH	匯頂科技	35.7989	-22.8679
92	300642.SZ	透景生命	35.5686	42.8167
93	000776.SZ	廣發證券	35.5559	8.7578

（續上表）

94	603666.SH	億嘉和	35.3957	97.0136
95	600908.SH	無錫銀行	35.3688	13.7462
96	603360.SH	百傲化學	35.1878	-38.9162
97	300107.SZ	建新股份	35.1846	-6.3667
98	002736.SZ	國信證券	34.8661	10.0578
99	300347.SZ	泰格醫藥	34.7918	163.6867
100	000785.SZ	居然之家	34.6828	-13.6355
平均值	-	-	41.3416	24.2923

數據來源：Choice 數據

繼續執行銷售淨利率選股策略，以 2020 年 12 月 31 日的收盤資訊為基準，賣出第二年投資組合，再次等權重買進銷售淨利率排名前 100 位的股票，持有一年後，績效見表 2-25。

表2-25 ▶ 2020/12/31 ～ 2021/12/31 銷售淨利率排名前 100 位的公司報酬率

排序	證券代碼	證券名稱	銷售淨利率 [報告期]2019 年 [單位]%	區間漲跌幅 [起始交易日期]2019-12-31 [截止交易日期]2020-12-31 [復權方式]前復權 [單位]%
1	688188.SH	柏楚電子	64.7499	49.9592
2	300896.SZ	愛美客	61.1019	52.7404
3	300033.SZ	同花順	60.6244	22.9545
4	688008.SH	瀾起科技	60.5201	2.5054
5	300777.SZ	中簡科技	59.6494	24.2806
6	300059.SZ	東方財富	57.9969	54.1761
7	300741.SZ	華寶股份	57.3024	-8.7631
8	688289.SH	聖湘生物	54.9363	-46.5178

（續上表）

9	002945.SZ	華林證券	54.5373	-4.9786
10	000987.SZ	越秀金控	54.1867	-13.9417
11	002714.SZ	牧原股份	53.9736	-0.4864
12	600605.SH	匯通能源	53.5580	10.1883
88	688002.SH	睿創微納	37.4400	-31.2834
89	605186.SH	健麾信息	37.2337	20.8868
90	300875.SZ	捷強裝備	37.0855	-27.5799
91	000776.SZ	廣發證券	36.9455	60.4051
92	002142.SZ	寧波銀行	36.8174	16.0871
93	688088.SH	虹軟科技	36.8068	-36.1551
94	002007.SZ	華蘭生物	36.7129	-28.7507
95	603087.SH	甘李藥業	36.6078	-47.4982
96	000858.SZ	五糧液	36.4846	-21.6364
97	688019.SH	安集科技	36.4575	-1.3944
98	002214.SZ	大立科技	36.3675	-12.7292
99	002467.SZ	二六三	36.3016	-14.7146
100	601988.SH	中國銀行	36.2661	2.3234
平均值	-	-	44.0003	6.6646

數據來源：Choice 數據

綜合以上數據，在2018年12月31日至2021年12月31日期間，每年年初等權重買進銷售淨利率排名前100位的股票（扣除非經常性損益因素的影響，例如：銷售淨利率大於、等於或接近毛利率的樣本），3年累計報酬率約為79.80%。具體計算公式：〔（1＋35.63%）×（1＋24.29%）×（1＋6.66%）－1〕。

➕結論

透過對比可以發現，銷售淨利率選股策略的 3 年累計報酬率，明顯高於滬深 300 指數的 66.37%。為什麼能有這麼好的績效表現呢？

　　正如本節開頭所說，能在滬深股市數千家上市公司中銷售淨利率排名居前，說明公司所處產業並非競爭過度的紅海市場或夕陽產業，而且公司在產業的競爭優勢明顯，也許是具有定價優勢，如愛美客、貴州茅台、五糧液、泰格醫藥等，或是具有明顯的經營成本優勢，如同花順、東方財富、頂點軟件、歐普康視等。

　　如果只選擇一檔銷售淨利率高的個股，不確定性會比較大，但如果選擇銷售淨利率排名前 100 位的公司，等於選擇當下獲利能力較強的一籃子股票，因為這些公司處於高景氣的發展階段。

　　本研究並非建議投資者不考慮其他因素，只靠銷售淨利率這個指標來建立投資組合，而是告訴投資者，在篩選好公司時，銷售淨利率是影響投資績效的顯著因子。在其他條件接近的情況下，可以將銷售淨利率當作選擇標的的重要指標，以提高投資績效。

　　當然，這個實證研究也有假設條件：等權重買進銷售淨利率排名前 100 位的股票；持有一年週期；2018 年 12 月 31 日至 2021 年 12 月 31 日的樣本區間；扣除非經常性損益因素的影響，例如：銷售淨利率大於、等於或者接近毛利率的樣本。若以上假設條件發生變化，結論會有所不同。

2-8【Q7】
依據股東權益報酬率買進，可以提升勝率嗎？

「股東權益報酬率」一般用英文縮寫 ROE 來表示，是判斷好公司的重要指標之一。

對很多散戶來說，股東權益報酬率這個財務術語比較難懂，但是只要換位思考，站在股東的角度觀察公司就能理解。它指的是公司經營團隊利用股東提供的有限資本（股東權益）去賺錢的能力和效率。

進行杜邦分析時，會把股東權益報酬率分解成：ROE ＝淨利潤／股東權益＝（淨利潤／營業總收入）×（營業總收入／總資產）×（總資產／淨資產）＝銷售淨利率 × 資產週轉率 × 權益乘數。

可以看出，股東權益報酬率與公司的銷售淨利率、資產週轉率、槓桿率直接相關。在同樣的產業裡，當其他經營條件相同時，如果一家公司的銷售淨利率更高，或週轉速度更快，或槓桿率更高，通常能為股東創造更多收益回報。

投資股票時，如果像股東一樣思考，長期堅持買進股東權益報酬率表現突出的公司，績效會如何呢？以下用實證研究來揭曉答案。

✚研究說明

參考前幾章的研究方法，仍選用 2019 年、2020 年、2021 年這 3 年的滬深股市數據。

樣本選取和績效比較的方法如下：以 2018 年 12 月 31 日的收盤價，

圖2-15 ▶ 2018/12/31 ～ 2021/12/31 滬深 300 指數報酬率

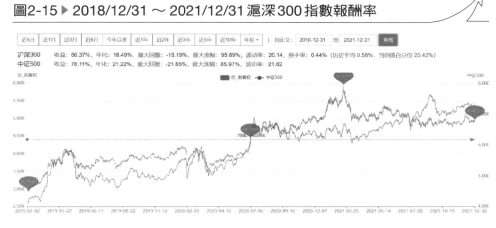

數據來源：Choice 數據、烏龜量化

買進當年股東權益報酬率排名前 100 位的公司股票，然後在 2019 年 12 月 31 日、2020 年 12 月 31 日，分別賣出前一年持有的組合，再全倉買進 2019 年、2020 年股東權益報酬率排名前 100 位的公司股票，而且都持有一年，最後計算執行 3 年後的累計投資報酬率。

我們一樣用滬深 300 指數作為對比標桿，來看股東權益報酬率策略的報酬率是否更加出色。從圖 2-15 可以看到，2018 年 12 月 31 日至 2021 年 12 月 31 日滬深 300 指數的累計報酬率為 66.37％。

✚股東權益報酬率策略

參考 Choice 數據，以 2018 年 12 月 31 日滬深股市的收盤價為基準，選取 2018 年股東權益報酬率排名前 100 位的股票作為投資組合，等權重買進並持有一年，2019 年 12 月 31 日的報酬率見第 178 頁表 2-25。

第一年投資組合的平均 ROE 約為 44.48％，至 2019 年 12 月 31 日的平均報酬率約為 32.42％。

表2-25 ▶ 2018/12/31 ～ 2019/12/31股東權益報酬率排名前100位的公司報酬率

排序	證券代碼	證券名稱	股東權益報酬率（ROE） [報告期]2018年 [單位]%	區間漲跌幅 [起始交易日期]2018-12-31 [截止交易日期]2019-12-31 [復權方式]前復權 [單位]%
1	000737.SZ	北方銅業	410.0102	3.8869
2	600399.SH	撫順特鋼	171.3550	32.0000
3	600870.SH	*ST 廈華	81.0366	-10.5105
4	600408.SH	ST 安泰	75.3922	-8.4615
5	600793.SH	宜賓紙業	74.8975	9.0602
6	000717.SZ	韶鋼松山	72.2712	4.1758
7	600800.SH	渤海化學	68.5385	10.5788
8	600678.SH	四川金頂	65.5090	39.2157
9	600738.SH	麗尚國潮	65.2230	6.5594
10	000720.SZ	新能泰山	65.1505	57.0605
11	002755.SZ	奧賽康	56.8485	25.5870
12	000048.SZ	京基智農		22.4267
95	002901.SZ	大博醫療		102.9868
96	603444.SH	吉比特	27.7585	111.1188
97	002059.SZ	雲南旅遊	27.5911	-2.4058
98	300142.SZ	沃森生物	27.5270	70.0337
99	603568.SH	偉明環保	27.4952	37.2668
100	603589.SH	口子窖	27.2422	60.6010
平均值	-	-	44.4791	32.4201

數據來源：Choice 數據

接著，根據 2019 年 12 月 31 日滬深股市的收盤價，賣出第一年的投資組合，再等權重買進 2019 年股東權益報酬率排名前 100 位的股票，並持股一年，截至 2020 年 12 月 31 日的績效見表 2-26。

表2-26 ▶ 2019/12/31 ～ 2020/12/31 股東權益報酬率排名前 100 位的公司報酬率

排序	證券代碼	證券名稱	股東權益報酬率（ROE） [報告期]2019 年 [單位]%	區間漲跌幅 [起始交易日期]2019-12-31 [截止交易日期]2020-12-31 [復權方式] 前復權 [單位]%
1	600186.SH	蓮花健康	1,104.1024	14.4934
2	000504.SZ	南華生物	460.7378	52.6185
3	002175.SZ	*ST 東網	162.5978	-44.5596
4	600961.SH	株冶集團	145.1533	-11.2195
5	600877.SH	聲光電科	121.8214	47.6844
6	002207.SZ	准油股份	114.0584	6.9565
7	002458.SZ	益生股份	83.7598	-28.9860
8	002234.SZ	民和股份	83.4736	-49.7492
9	002629.SZ	仁智股份	76.7945	-19.7080
10	300552.SZ	萬集科技	72.5390	0.5259
11	300116.SZ	保力新	72.2721	12.9213
12	000048.SZ	京基智農		10.2784
95	600585.SH	海螺水泥		1.4404
96	603568.SH	偉明環保	26.7419	8.4339
97	002035.SZ	華帝股份	26.7151	-32.7599
98	300357.SZ	我武生物	26.6275	78.2371
99	600309.SH	萬華化學	26.6079	67.1492
100	600408.SH	ST 安泰	26.5503	34.3841
平均值	-	-	57.1379	2.9412

數據來源：Choice 數據

第二年投資組合的平均 ROE 約為 57.14%，持有一年的平均投資報酬率約為 34.38%。

再一次，根據 2020 年 12 月 31 日滬深股市的收盤價，賣出第二年的

投資組合，並等權重買進 2020 年股東權益報酬率排名前 100 位的股票。持有一年後，截至 2021 年 12 月 31 日的投資績效見表 2-27。

表2-27 ▶ 2020/12/31 ～ 2021/12/31 股東權益報酬率排名前100位的公司報酬率

排序	證券代碼	證券名稱	股東權益報酬率（ROE） [報告期]2020 年 [單位]%	區間漲跌幅 [起始交易日期]2020-12-31 [截止交易日期]2021-12-31 [復權方式]前復權 [單位]%
1	600462.SH	ST 九有	248.9509	22.1239
2	002164.SZ	寧波東力	238.5110	2.8912
3	600083.SH	*ST 博信	231.3012	1.5986
4	002069.SZ	獐子島	208.5672	-16.9192
5	600961.SH	株冶集團	161.3419	27.9230
6	300461.SZ	田中精機	134.4984	-9.5348
7	300677.SZ	英科醫療	129.5064	-46.2963
8	688298.SH	東方生物	124.3515	16.2238
9	600132.SH	重慶啤酒	107.4686	28.9256
10	002113.SZ	ST 天潤	105.5940	41.6058
11	688289.SH	聖湘生物	98.6855	-46.5178
12	603301.SH	振德醫療	92.0119	-13.8018
95	600031.SH	三一重工		-32.3731
96	603444.SH	吉比特	30.4455	-0.1041
97	600248.SH	陝西建工	30.3387	3.5428
98	002626.SZ	金達威	30.2783	-5.4241
99	002214.SZ	大立科技	30.2212	-12.7292
100	600860.SH	京城股份	30.1771	350.8009
平均值	-	-	55.3171	10.4759

數據來源：Choice 數據

第三年投資組合的平均 ROE 約為 55.32%，持有一年的平均投資報酬率約為 10.48%。

✛三、結論

綜合以上數據，在 2018 年 12 月 31 日至 2021 年 12 月 31 日期間，每年最後一個交易日，等權重買進股東權益報酬率排名前 100 位的公司股票，並持有一年，在重複相同投資策略 3 年後，累計報酬率約為 96.59%。具體計算公式：〔（1+32.42%）×（1+34.38%）×（1+10.48%）－1〕。

同期滬深 300 指數的 3 年累計漲幅為 66.37%，可見本策略明顯能跑贏大盤。股東權益報酬率是影響投資績效的顯著因素，從價值投資的理念出發，動態買進股東權益報酬率高的股票組合，並滾動操作，長期堅持就有很高的機率能跑贏市場。

需要說明的是，實證研究一定有限定條件，本結論是在特定的樣本數量、取樣標準、觀察週期等條件之下得出，如果條件發生變化，結論會有差異。

另外，我們看到每一年的報酬率有波動，這是因為在股東權益報酬率排名前 100 位的投資組合中，有些股票的報酬率不出色，甚至比較差。這告訴我們，影響個股表現的因素很多且有偶然性，依據股東權益報酬率選擇單一個股的風險仍然很大。

用股東權益報酬率策略選擇一籃子投資組合，能帶來顯著的報酬率，但這只是機率較大，並非絕對如此。

股市每天的大幅波動容易給投資者「賺錢很簡單」的錯覺，似乎閉著眼睛也有 50%的機率能獲利，如果再做點功課或聽些內幕消息，賺到錢的機率豈不是很高嗎？

　　當您躍躍欲試準備涉足股市，必須先知道：股市有風險，進場需謹慎。這與股市本身的高風險有關，更與投資者的知識、交易習慣和風險意識有關。投資者很容易把一朵浪花看成一個浪潮，在股價的上躥下跳中成為情緒的奴隸，尤其是重倉之後，簡直完全喪失理性分辨的能力。

　　散戶進入股市，必須建立處理股票資訊的系統，並嚴格遵守投資紀律。本章將具體討論以下問題：散戶在股市的投資績效表現如何？什麼樣的資金可以買股票，什麼樣的資金不可以？究竟該買幾檔股票？應該集中持股或分散持股？擇時、擇勢和擇股，哪個更重要？散戶適合左側交易還是右側交易？股市見頂和見底有哪些重要訊號？主力資金淨流入、淨流出，對股價有什麼影響？價值投資有沒有必要停損停利，怎麼操作？……

　　在股市遲早會遇到上述問題，您需要找到自己的方法，養成良好的投資習慣。早一點明白這些道理，付出成本就會更小一些。

第3章

掌握 8 招股市鍊金術，
牛市熊市都能進退有據賺不停

3-1
散戶賺錢不容易，因為6大元兇讓人虧不停

　　股票投資不是一戰定輸贏，而是一場沒有終點的馬拉松，是在報酬與風險、貪婪和恐懼這些對立變數之間，不斷取得平衡的人性修煉。

　　從股市這個財富賽道起跑之前，您有必要了解其他散戶的經驗和績效。可以向身邊的同學、朋友、同事或其他股友打聽嗎？這恐怕還不夠。行為金融學告訴我們，人有選擇性記憶，對自己賺錢的經驗念念不忘，卻會選擇性遺忘不愉快的賠錢經驗。

　　因此，我們最好從第三方統計報告，來看大眾投資者的績效和投資習慣。有趣的是，雖然每家券商和交易所都有開戶投資者的績效數據，我們卻很少看到公開的統計資料與分析報告。

　　皇天不負有心人，我最終還是找到相關數據。透過這些資料，您會發現散戶賺錢並不容易，而這和散戶的投資習慣息息相關。

✛散戶的投資績效

　　根據平安證券投資者最近兩年的年度帳單，在 A 股震盪向上的 2019 年和 2020 年，投資者的整體報酬相當一般。2019 年滬深 300 指數漲幅 36%，同期全國投資者（抽樣）平均報酬率僅為 7%；2020 年滬深 300 指數漲幅 27%，同期全國投資者（抽樣）平均報酬率更低，只有 3%。

　　也許在平安證券開戶的投資者抽樣數據有局限性，不能代表大眾投資者的普遍情況，以下再引用上海證券交易所統計年鑑的官方數據，來揭開

圖3-1 ▶ 2016 年上證指數和滬深 300 指數走勢

數據來源：上海證券交易所

真相。

　　由於這份統計年鑑在 2018 年以後，就不公布各類型投資者的盈虧數據，我們手上的近期資料只有 2016 年和 2017 年。正好，這兩年的上證指數分別呈現下跌和上漲，可以讓我們觀察散戶在熊市和牛市不同環境下的投資表現。這些數據讓人印象深刻，也足以說明問題。

散戶在「熊市」的績效

　　2016 年上證指數跌幅 12.31％，滬深 300 指數跌幅 11.28％，在大眾投資者看來是典型的熊市。圖 3-1 為 2016 年上證指數和滬深 300 指數走勢。

　　首先根據《上海證券交易所統計年鑑（2017 卷）》，來看 2016 年滬市不同類型投資者持有的籌碼，這些數據顯示散戶在市場上的份量。圖 3-2（見第 186 頁）為 2016 年上海證券交易所各類投資者的持股情況。

　　可以看到，自然人投資者（散戶）持有的市值占比為 23.70％，其中 57.42％是持倉 10 萬元以下的「小散」，35.58％是持倉 10～100 萬元的「中散」，持倉 300 萬元以上的「牛散」只占 1.96％。

　　2016 年滬股通（註：即投資者透過香港證券公司或經紀商，買賣上

圖3-2 ▶ 2016年上海證券交易所各類投資者持股情況

投資者分類	持股市值（億元）	占比（%）	持股帳戶數（萬戶）	占比（%）
自然人投資者	56661.70	23.70	3740.53	99.79
其中：10萬元以下	3628.12	1.52	2152.33	57.42
10～100萬元	16058.11	6.72	1333.54	35.58
100～300萬元	10023.92	4.19	181.38	4.84
300～1,000萬元	9087.50	3.80	56.90	1.52
1,000萬元以上	17864.06	7.47	16.38	0.44
一般法人	143428.58	60.00	3.47	0.09
滬股通	1711.23	0.72	0.0001	0.00
專業機構	37257.27	15.58	4.26	0.11
其中：投資基金	7201.30	3.01	0.24	0.01

數據來源：《上海證券交易所統計年鑑（2017卷）》

海證券交易所上市股票的通道）已經開通，但是北上資金持股的籌碼還不多，大約只有0.72%。

專業機構投資者持有的市值占15.58%。這裡的專業機構投資者包括券商自營、投資基金、社會保障基金、保險資金、資產管理及QFII（合格的境外機構投資者）。

接著來看不同類型投資者的績效表現（圖3-3），您會發現，散戶在熊市的表現比市場更「熊」。

2016年上海證券交易所各類投資者一共虧損20,048億元。其中，自然人投資者虧損7,090億元，占滬市全部虧損的35.37%；專業機構投資者虧損3,171億元，占15.82%。

散戶持有的籌碼占23.7%，虧損卻占35.37%，顯然在熊市的時候，散戶的績效大幅跑輸大盤指數。或者說，在熊市的時候，散戶除了承受大盤的系統性回檔風險，還要被「割韭菜」補貼其他投資者。

專業機構投資者在熊市的表現如何呢？持有的籌碼占15.58%，虧損占15.82%，說明他們的表現並不特別出色，但基本上和大盤相差不遠。

滬股通的表現最為出色，雖然持有的籌碼只占0.72%，但在大盤普遍

圖3-3 ▶ 2016年上海證券交易所各類投資者盈虧情況

投資者分類	獲利金額（億元）
自然人投資者	-7090
一般法人	-9820
滬股通	33
專業機構	-3171
合計	-20048

數據來源：《上海證券交易所統計年鑑（2017 卷）》

下跌的熊市竟然逆風飛揚，獲利 33 億元，難怪說北上資金是聰明資金。

散戶在「牛市」的績效

2017 年上證指數漲幅 5.46%，滬深 300 指數漲幅更達到 20.6%， 這一年算是牛市。圖 3-4（見第 188 頁）為 2017 年上證指數和滬深 300 指數走勢。

2017 年上海證券交易所的投資者數據，可以在《上海證券交易所統計年鑑（2018 卷）》查詢。我們同樣先看各類投資者持有的籌碼分布（見第 188 頁圖 3-5）。

自然人投資者持有的市值占 21.17%，其中持倉 10 萬元以下的人數占 55.28%，和 2016 年相當；持倉 10～50 萬元的占 30.11%；持倉 50～100 萬元的占 7.23%。也就是說在 2017 年，85.39% 的散戶持股市值在 50 萬元以下。

同年，北上資金透過滬股通的持股比例達到 1.18%，比 2016 年明顯提高。專業機構持股比例為 16.13%，也比 2016 年略微提高。事實上，根據《上海證券交易所統計年鑑（2021 卷）》，2020 年滬市的滬股通持股比例達到 3.34%，專業機構投資者達到 17.77%，其中投資基金的持股比

圖3-4 ▶ 2017年上證指數和滬深300指數走勢

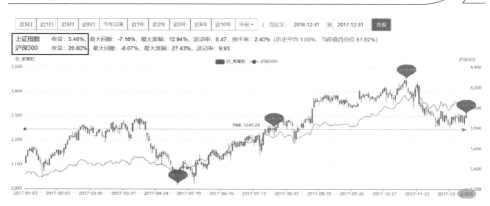

數據來源：上海證券交易所

圖3-5 ▶ 2017年上海證券交易所各類投資者持股情況

投資者分類	持股市值（億元）	占比（%）	持股帳戶數（萬戶）	占比（%）
自然人投資者	59445	21.17	3934.31	99.78
其中：10萬元以下	3449	1.23	2179.70	55.28
10～50萬元	9974	3.55	1187.07	30.11
50～100萬元	6545	2.33	285.11	7.23
100～300萬元	10141	3.61	200.33	5.08
300～1,000萬元	9073	3.23	62.42	1.58
1,000萬元以上	20263	7.21	19.67	0.50
一般法人	172801	61.53	3.85	0.10
滬股通	3322	1.18	0.00	0.00
專業機構	45294	16.13	4.86	0.12
其中：投資基金	9145	3.26	0.30	0.01

數據來源：《上海證券交易所統計年鑑（2018卷）》

圖3-6 ▶ 2017年上海證券交易所各類投資者盈虧情況

投資者分類	獲利金額（億元）
自然人投資者	3108
一般法人	19237
滬股通	1034
專業機構	11156
合計	34535

數據來源：《上海證券交易所統計年鑑（2018 卷）》

例達到 6.1％。北上資金持續流入，專業機構投資者（尤其是投資基金）的發展迅速，持有的籌碼占比持續提高，說明專業機構在滬市的影響力越來越大。

　　2017 年是牛市，此時散戶的投資績效又如何呢？下面來看各類投資者的績效表現（圖 3-6）。

　　2017 年，滬市的各類投資者都有賺錢，整個市場全年一共獲利 34,535 億元，不但彌補 2016 年的全部虧損（20,048 億元），還多出 14,487 億元。

　　其中，自然人投資者合計獲利 3,108 億元，在全部獲利中占 9％，遠遠小於他們持有籌碼的比例（21.17％）。也就是說，當市場處於牛市環境時，散戶的投資績效仍然跑輸大盤，牛市創造的財富紅利大多被其他投資者瓜分了。

　　同年，北上資金透過滬股通獲利 1,034 億元，占滬市全部獲利的 2.99％，遠高於他們的持股比例（1.18％），再次證明北上資金雖然規模不大，卻總能踏準節拍，發現價值。

　　專業機構投資者獲利 11,156 億元，占滬市全部獲利的 32.30％，同樣遠高於持有的籌碼比例（16.13％）。顯然，專業機構投資者大幅度跑贏大盤，展現強大的專業能力。

散戶「穿越牛熊」的績效

以上透過上海證券交易所的官方統計數據，以年度為週期展示散戶的績效表現。顯然，無論在熊市或牛市，散戶都跑輸大盤。

那麼，在穿越牛熊的更長週期，散戶的績效表現又如何呢？以下利用2016 年熊市和 2017 年牛市的數據合併分析。

2016～2017 年，上證指數累計跌幅 6.56％，上證 50 指數累計漲幅18.16％，可以看出兩年之間滬市行情呈現結構分化（註：意指不同股票之間表現出明顯差異，部分上漲，部分只有小漲甚至下跌），不能簡單歸納為牛市或熊市。圖 3-7 為 2016～2017 年上證指數和上證 50 指數走勢。

根據《上海證券交易所統計年鑑（2017 卷）》和《上海證券交易所統計年鑑（2018 卷）》的統計，2016 年、2017 年滬市各類投資者合計虧損 20,048 億元、獲利 34,535 億元，兩年累計獲利 14,487 億元。

其中，專業機構投資者在這兩年分別虧損 3,171 億元、獲利 11,156 億元，累計獲利 7,985 億元。在穿越牛熊的週期裡，他們儼然是大贏家。

滬股通的「聰明投資者」在這兩年分別獲利 33 億元、1,034 億元，

圖3-7 ▶ 2016～2017 年上證指數和上證 50 指數走勢

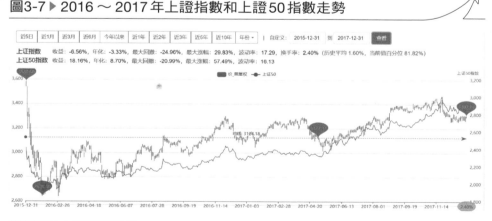

數據來源：上海證券交易所

累計獲利 1,067 億元。在持股比例為 0.78％～1.18％的情況下，北上資金的獲利占了滬市全部獲利的 7.37％。

專業機構投資者和滬股通在這兩年的累計獲利達到 9,052 億元，占滬市全部獲利的 62.49％，而且這兩類投資者的合計持股比例不到 17.5％。

最後來看散戶的績效表現。自然人投資者在 2016 年、2017 年分別虧損 7,090 億元、獲利 3,108 億元，兩年累計虧損 3,982 億元。也就是說，在這兩年穿越牛熊的週期裡，散戶明顯虧損。

至於一般法人投資者（主要為企業的控股股東等產業資本），通常是長期持股，很少交易，所以不單獨分析他們的表現，但根據前文數據，可以看出一般法人投資者在 2016～2017 的兩年之間也是獲利。

也就是說，在這兩年穿越牛熊的週期中，滬股通所代表的外資、機構投資者所代表的專業金融機構，和一般法人投資者所代表的產業資本都有獲利，只有散戶賠錢。

透過以上分析可以看到，無論在熊市或牛市，整體來說散戶的投資績效都遠遠跑輸市場。即便在穿越牛熊的更長週期裡，散戶要賺錢也相當不容易。

✛ 為什麼散戶很難在股市賺到錢？

無論券商的抽樣統計，或上海證券交易所的統計年鑑，都揭示一個殘酷的真相：散戶在股市賺錢不容易。導致這種局面的主因是什麼呢？

頻繁交易的陷阱

上海證券交易所統計年鑑也整理出各類投資者的交易習慣，可以看出相較而言，散戶交易太過頻繁。以下分別檢視 2016 年和 2017 年滬市各類投資者的全年交易占比（見第 192 頁圖 3-8、圖 3-9）。

自然人投資者在 2016 年、2017 年的持股比例分別只有 23.70％和 21.17％，全年交易量卻占了全市場交易量的 85.62％和 82.01％，是持股比

圖3-8 ▶ 2016年上海證券交易所各類投資者交易占比

投資者分類	買賣淨額（億元）	交易占比（%）
自然人投資者	-1896.27	85.62
一般法人	209.86	1.41
滬港通	455.11	0.75
專業機構	1231.29	12.21
其中：投資基金	489.86	3.52

數據來源：《上海證券交易所統計年鑑（2017卷）》

圖3-9 ▶ 2017年上海證券交易所各類投資者交易占比

投資者分類	買賣淨額（億元）	交易占比（%）
自然人投資者	-318.69	82.01
一般法人	1785.48	1.92
滬港通	629.73	1.30
專業機構	-2096.53	14.76
其中：投資基金	139.57	4.15

數據來源：《上海證券交易所統計年鑑（2018卷）》

例的4倍。

反觀專業機構投資者，在2016年、2017年的持股比例分別為15.58%和16.13%，交易量占比分別為12.21%和14.76%，明顯小於持股比例。滬股通帳戶更活躍一點，但交易量占比和持有籌碼的比例大致相當。

於是我們得出初步結論：透過頻繁交易增加博弈次數，並不能提高投資者的績效回報。事實上，頻繁交易非但不能提高績效，反而是使投資者

圖3-10 ▶ 可怕的換手率：悄悄的摩擦成本

金融分析師
CRFA　Program

可怕的換手率：悄悄的摩擦成本

● 每一次換手，都是一個重新賺或賠的機率。

● 假設投資者投資 1 萬元，一年換手兩次，第一次漲 10％，第二次跌 10％。不考慮傭金、稅費等交易成本，投資者仍然虧損 1％，如果換手 10 次，5 次漲 10％，5 次跌 10％，則一年虧損 5％。

● 每年換手 20 次，假如 10 次漲 10％，10 次跌 10％，就會因為頻繁換手，一年虧損 10％。

● 如果考慮每次交易的傭金、印花稅等成本，又有大約 3.3％的虧損。

● 財富有很多數學密碼，靜下心來計算並不難，但人往往在面對股價波動的誘惑時，讓情緒主導交易決策，把這些常識拋諸腦後，導致財富悄悄地從指縫中流失。

虧損的主要陷阱。

為什麼會這樣呢？請看我整理出的簡報，如圖 3-10 所示。

專業能力和資訊的弱點

散戶難賺錢的原因有很多，除了頻繁交易的元兇之外，下面這些因素也相當重要。

1. 沒有時間研究

大多數散戶由於還有正職工作、家庭、生活等事務纏身，沒有太多時間關注股市動向和投資標的，常常對股市和上市公司發生的重大事件後知後覺，甚至不知不覺，這些事件卻有可能大幅影響股價。

2. 專業能力不足

根據我做大眾投資者教育的經驗，大多數散戶缺乏基本的經濟、金

融、管理和財務知識，無法辨識政府部門和上市公司發布的重要資訊。相較之下，機構投資者不但能讀懂這些資訊，還能憑藉專業能力的優勢，預見潛在重要變化，從而提前採取行動。

由於專業能力不足，散戶也無法建立股票分析、交易決策的一套方法，太多人都是聽消息、問朋友，甚至很多人對自己持股的公司究竟做哪一行、靠什麼賺錢都不知道，也無法判斷哪些因素會大幅影響股價。

3. 資訊不足

投資決策其實是投資者面對資訊的反應，所以資訊的時效性、完整性和資訊本身的質與量，會直接影響投資決策的成敗。絕大多數散戶除了不會解讀市場上的公開資訊，也少有機會深入了解投資的企業。

相對而言，絕大多數專業機構投資者在做決策之前，都會花時間親自到想投資的企業及其上下游產業鏈做調查，掌握公開資訊以外的第一手資料，不像散戶看到的研究報告，都是經過專業機構篩選、加工之後的第二手資料。

4. 情緒交易

股市每天都有各式各樣的消息興風作浪，造成股價甚至大盤指數上下波動。股價的變化就是財富的變化，令散戶難以坐懷不亂，隨著貪婪和恐懼的情緒滋長膨脹，不斷生出買賣的衝動。再加上現在可以透過電腦、手機軟體快速交易，只要輕敲鍵盤或螢幕，買賣瞬間完成，又進一步助長散戶情緒交易的壞習慣。

5. 不會停損停利

很多散戶都曾買過大牛股，但由於不會停利，大多淺嘗輒止，或只是坐了一回雲霄飛車。另一方面，很多散戶面對手上的股票下跌，沒有停損紀律，總是抱著僥倖心理，或是和市場賭氣，不願否定自己的投資決策，結果越陷越深，深套其中，最後放棄掙扎，坐以待斃。大多數散戶都是以「割肉」（註：賠本停損）的形式壯烈離場。

　　透過以上分析，我們知道散戶在股市賺錢並不容易。既然如此，散戶如何才能改善投資績效呢？這要從讀懂股市波動的規律，逐步建立股票分析、交易決策的系統做起。

3-2
嚴守！不能投入3種資金，還要守住一條底線

　　正如上一節用數據揭示的真相，雖然大盤指數的表現可圈可點，散戶要賺錢卻很困難，最主要的原因是很多人缺乏風險意識，也不懂防範風險的方法。

　　股市最大的對手不是機構和主力，不是大股東，不是監管部門，也不是媒體，而是自己的情緒和雙手。無數人把「股市有風險，進場需謹慎」掛在嘴邊，但在貪婪和恐懼面前馬上原形畢露，敗下陣來。

　　風險管理不是買了股票才開始，而是在踏進股市之前就要做好。無論您以什麼理由進入股市，有些資金絕對不能進場，這是雷打不動的原則，一旦打破，就等於陷入被動境地。

　　守住投資紀律是散戶在股市保持從容心態的根基，也是在追逐財富的路上，確保事業進步、生活幸福的前提。

✚「有用的」錢不可以進場

　　所謂「有用的」錢，指的是已有明確用途和安排的資金，例如以下這些錢絕對不能進入股市：

◆ 準備結婚的錢。
◆ 準備買房的錢。
◆ 準備裝修婚房的錢。
◆ 準備生小孩的備用資金。

◆ 準備用於小孩上學的錢。

◆ 準備自己留學或進修的錢。

◆ 準備還債的錢。

◆ 準備給長輩看病的錢。

◆ 準備養老的錢。

◆ 幫親戚朋友暫時保管的錢。

為什麼這些資金不能進入股市呢？一方面，股市風險較大，統計數據告訴我們，在股市能賺錢的散戶只是少數人。另一方面，這些資金關係到家庭生活的安排或重大承諾，所以不能挪動。

在股市賺錢了，是對家庭生活的錦上添花，但若賠錢了，會直接影響家庭生活的品質與和諧。由此可見，用這些資金進場的潛在收益和風險，完全不成比例。

對大多數散戶來說，只有「閒錢」才可以考慮進場。如果這些錢最後賠掉了，就當成經驗教訓，算作在投資路上繳交的學費；如果賺了，則生活錦上添花，手頭更加寬裕。

✚不可以借錢炒股

散戶不可以借錢炒股，包括信用卡預借現金，或向家庭成員、同學、同事、親戚朋友借錢，更不用說以高利息成本向借貸機構、融資平台借錢炒股。

我向來不贊成散戶利用券商的融資融券工具，借錢或者借券來放大槓桿炒股，這種做法非常危險。根據上市券商披露的數據，融資融券業務已成為券商利潤成長的重要來源，所貢獻的利潤比重達到 15％～20％。

仔細觀察就會發現，每一次市場大幅調整，在散戶融資買進額度最多的股票當中，大多數的回檔幅度都遠超過大盤。雖然券商沒有公布散戶透過融資融券槓桿投資的績效（估計永遠都不會公布），但可以確定的是，券商賺得盆滿缽滿。

此外，我更反對散戶透過場外配資放大槓桿炒股。一則風險極大，在本來風險就很高的股市加開數倍，甚至高達 10 倍的槓桿，不要說大眾投資者無法收場，即使對專業的機構投資者來說，也是無法駕馭的豪賭。二則門檻極低，是一個「只認錢、不認人」的賭局，只要接受高利息成本和強制平倉的後台設計，任何投資人都可以拿到資金。

截至 2021 年底，近 10 年來最大的牛市發生在 2015 年上半年，但因為一場整頓場外配資的運動，從 6 月 15 日至 8 月 26 日上證指數下跌了43.3％。在這次整頓中，很多場外配資的投資者損失慘重。

過去 20 年，我經歷了史上最大的牛市（2007 年），以及近 10 年最大的牛市（2015 年），但在每一輪牛市過後，無論是從媒體報導或在週邊朋友之間，都會聽聞借錢炒股釀成的家庭悲劇。這些人當中，有的擁有經濟學博士學位，有的在企業當高階主管，有的擁有專業金融機構的投資經歷。

一個理性的投資者一定要明白，債務是剛性兌付、必須償還的，還附加利息成本以及償債週期的硬性時間約束。股票是高風險投資，無法確定回報，更不能保證在某段時間內取得超越利息成本的報酬率。一旦股票出現回檔和帳面虧損，會嚴重影響工作、生活、情緒和身體健康，萬一無力還債，更會使自己和家庭陷入巨大的麻煩。

✛不可以賣房炒股

每當股市大幅調整，或股價迅速上漲時，總會有僥倖貪婪的投資者把持不住抄底和一夜暴富的心態，躍躍欲試想要「賭一把大的」，其中代表性的操作就是賣房炒股，這是極其危險的行為。

這裡談到的房子，指的是家庭有實際用途的自住房。過去 20 年，在我週遭有一定社經地位的朋友當中，不乏賣房炒股之人，有些還是大型金融機構的中高階職員。可惜的是，賣房炒股的人沒有一例能成為財富贏家，甚至有人因而失去家庭。

在所有家庭資產中，房子是與眾不同的資產，和黃金、債券、股票、

基金等都不一樣。一方面，房子是相對低風險的資產；另一方面，除了升值、出租帶來的金融收益之外，房子還可以遮風擋雨，解決居住問題，甚至影響孩子的教育問題，而其他資產只能帶來金融價值的波動。簡單來說，房子沒了，後果常常不只是錢沒了，家可能也沒了。

敢於賣房炒股者的「賭性」，在股市已是極大風險，如果再賭上家裡自住的房子，後果實在不堪設想。賣房炒股的想法，必須懸崖勒馬！

✚不能把全部資產都拿去買股票

股市的波動很大，也就是說，有時候股票的賺錢效應很明顯，讓許多投資者賺到快錢，以致於忘乎所以，過度自信，想要把更多家庭資產投入股市。

投資者一定要在進場前，趁頭腦冷靜的時候訂一條底線，或者也可以由家庭成員共同協商制定，好處是能多一雙防範風險的眼睛。一般來說，一個家庭除去不可動用的資金，其他金融資產用來購買股票的比例不應超過 30％。

假設您的家庭資產有 100 萬元，緊急預備金的需求為 10 萬元，有確切用途的固定支出為 20 萬元，那麼您可以拿到股市投資的資金為 20 萬元以內。這樣一來，即使市場出現大波動，即使您的潛在虧損達到 30％，也不會超過家庭總資產的 10％，對家庭整體財富和生活品質的影響不會太大。

如果您是高風險偏好者，在控制股票投資比例的前提之下，還可以拿出另一部分資金，如 30％～50％，以定期定額的方式購買股票基金或指數基金。

投資是一場沒有盡頭的馬拉松，是知識、情緒與人性的修煉。股市本來就是高風險市場，在那裡面，貪婪是最大的魔鬼，投資者一定要使自己冷靜下來，透過投資策略控制情緒，堅持做到慢慢致富。

3-3
債務槓桿放大有利牛市發生，
但場外配資碰不得

物理學家阿基米德說：「給我一個槓桿，我可以撬動地球。」

在金融領域，槓桿是無所不在的魔法師。股市撬動財富，資金撬動股價，槓桿撬動指數，環環相扣。

✚股市的財富槓桿

每當談到「金融槓桿」，很多人首先會想到普通家庭的按揭買房（註：用於購買房屋或其他不動產的貸款，類似於房貸），或想到建設公司借錢蓋房子，這是傳統上對「運用金融槓桿放大財富」的想像。實際上，對企業家來說，股市是更大的財富槓桿。

圖 3-11 為某上市公司 2020 年年報的財務指標摘要，可以看到淨利潤約為 56 億元，公司股東擁有的淨資產約為 642 億元，再加上截圖沒有呈現的 50 億元少數股東權益，股東權益合計約 692 億元。公司利用債務槓桿實際控制的總資產約為 1,566 億元，槓桿率約 2.26 倍。這個數字在上市公司中還算普遍，建設公司的槓桿率一般都達到 3.3 ～ 6.5 倍。

上市公司財富槓桿的邏輯如下：56 億元淨利潤是公司經營一年的保留盈餘，也就是每年大約能有的財力，692 億元淨資產是股東擁有的財富，但股東實際上能掌控的財富規模，是加了債務槓桿後的 1,566 億元總資產。

到了資本市場，上市公司財富槓桿的邏輯會完全不一樣。2020 年，該公司利用股東權益 692 億元，透過債務槓桿，撬動 1,566 億元的總資產

圖3-11 ▶ 某上市公司 2020 年年報的財務指標摘要

	2020 年
營業收入	50,319,487,697.20
歸屬於上市公司股東的淨利潤	5,583,338,710.38
歸屬於上市公司股東的扣除非經常性損益的銷售淨利率	4,264,694,375.97
經營活動產生的現金流量淨額	18,429,902,631.96
基本每股盈餘（元／股）	2.4942
稀釋每股盈餘（元／股）	2.4848
加權平均股東權益報酬率	11.27%
	2020 年末
資產總額	156,618,426,940.59
歸屬於上市公司股東的淨資產	64,207,299,366.58

數據來源：Choice 數據

運用於經營，全年實現利潤 56 億元，並在資本市場投資者給予公司本益比 146.5 倍的槓桿作用下，公司的市值達到 8,204 億元（56×146.5），也就是股東擁有的財富規模，而且這份財富具有更好的流動性。

看完以上資本市場財富槓桿的案例，您可能也想開一家上市公司吧。這就是資本市場給企業家創業、創新及創造的獎賞。

✚場外配資的槓桿風暴

場外配資是指除了合格的證券公司在交易所內，向投資者提供融資融券服務之外，其他金融機構、金融產品、網路平台，甚至境外機構，直接或間接借錢給投資者炒股的槓桿資金。

2015 年 6 月 12 日上證指數觸及 5178 點，在一年內漲幅超過 150％，是 2008 年 2 月至 2022 年 2 月這 14 年間的最高位（見第 202 頁圖 3-12）。此外，深證成指、創業板指等指數也都創出期間的最高紀錄。

圖3-12 ▶ 2008/02 ～ 2022/02 上證指數走勢

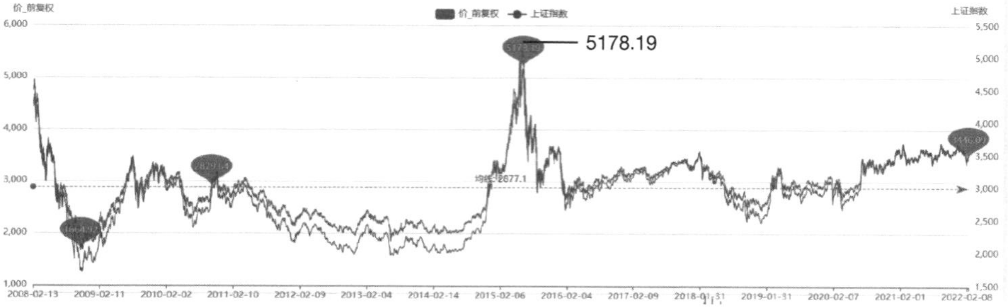

數據來源：Wind、烏龜量化

　　資本市場除了有融資、投資的功能之外，還伴隨投機功能，場外配資就是一種生動的展現。那麼，2015 年這一輪牛市的場外配資有多少呢？

　　2015 年 6 月 30 日中國證券業協會答記者問時，給出的數據是大約 5,000 億元；申萬宏源證券估算，上半年整個場外配資市場規模為 1.7 萬億～2 萬億元；華泰證券調研後估算，前期配資規模的最大值約為 1.2 萬億～1.5 萬億元；光大證券估算，場外融資盤大約有 2 萬億元。這告訴我們，2015 年上半年的牛市，除了有貨幣政策的影響之外，凶猛的場外配資也推波助瀾。

　　正當市場沈浸在牛市的狂歡盛宴，2015 年 6 月 12 日週五下午收盤後，中國證監會在新聞發布會上，就修訂後的《證券公司融資融券業務管理辦法》向社會公開徵求意見，公布對長江證券股份有限公司違規問題的查處，以及「2015 證監法網專項執法行動」的案件進展，並發布非法從事證券期貨活動的機構和網站名單。

　　一石激起千層浪，2015 年 6 月 15 日至 7 月 8 日，上證指數從 5166 點跌到 3507 點，在 17 個交易日暴跌 32%。

　　根據央廣網報導，場外配資的操作流程大致如下：客戶在配資平台註冊並綁定金融卡，然後選擇配資比例，一般為 5～6 倍，最高甚至到 10 倍。決定配資方案後，平台會先扣除利息和保證金再配資，並提供資金帳號和

密碼。客戶下載 HOMS 等交易軟體就可以直接交易，與運用自有資金炒股並無兩樣。

當市場上漲時，投資者透過場外配資可以放大 5～10 倍的資金槓桿，推動大盤指數快速急漲。每當大盤上漲 10%，場外配資的投資者就收穫 50%～100%，在暴利驅使下，股市像黑洞一樣快速吞噬資金。

5 倍的配資槓桿意味著只要股價下跌 20%，本金就會賠光，並且股票會被強制平倉。10 倍的配資槓桿意味著只要股價下跌 10%，本金就輸光，並且股票被強制平倉。這裡的強制平倉還未扣除配資成本，一般為年息 20% 以上。所以，在場外配資活躍的背景下，一旦市場開始下跌，很容易出現股票的拋售踩踏。

場外配資由來已久，至少可以追溯到 2007 年歷史上最大的牛市期間。在 2015 年之前，監管部門和市場都沒有明確定義場外配資，當然也未納入監管，這助長場外配資的勢頭。2015 年上半年，場外配資催生出大牛市，後來監管部門重拳出擊，市場急速逆轉成罕見的大熊市。可見，大規模場外配資很容易對股價產生急漲急跌的巨大影響。

毫無疑問，場外配資需要整頓，大眾投資者也要遠離場外配資，因為一則風險極大，相當於在本來風險就很高的股市又加開 5 倍，甚至 10 倍的槓桿，不要說大眾投資者無法收場，即使專業的機構投資者也無法駕馭。

二則門檻極低，是「只認錢、不認人」的高息賭局，不論股市小白或任何資金實力的投資人，只要接受高利息成本和強制平倉的後台設計，都可以拿到配資。如果任其發展，終將釀成社會悲劇。

在 2019 年、2020 年的牛市裡，場外配資的影響已經很小，監管部門也屢次予以打擊，雖然對股市造成短期抑制，但已不像 2015 年的衝擊那麼大。

場外配資是股價指數漲跌的放大器，如果未來場外配資再次蔓生，2015 年股市暴漲暴跌的歷史還會重演。

✚債務槓桿率的魔力

在市場經濟中，整個社會的資金就像縱橫交錯的水系，哪裡能獲得超額報酬，資金就會千方百計擠到哪裡，如房地產、股市。雖然政府部門設置各種監管屏障，但在市場利益的驅使下，作用很有限。

今天，中國經濟主要的融資模式仍以間接融資（註：由銀行接受一般大眾的存款，再放貸給資金需求者〔企業〕）為主，如果全社會債務槓桿率突然增減，常會對股市產生明顯的系統性影響。

圖 3-13 是 2009～2021 年中國全社會債務槓桿率走勢，可以看到在 2009 年、2020 年明顯快速提高，在 2010 年、2018 年、2021 年明顯突然收縮。

圖 3-14 是 2009～2021 年滬深 300 指數的走勢。在全社會債務槓桿率突然增減的年份，指數走勢也有相應的變化。

可以看到，在 2009 年、2020 年，伴隨全社會債務槓桿率突然放大，滬深 300 指數出現明顯的上漲走勢。在 2010 年、2018 年、2021 年，伴隨全社會債務槓桿率突然回落，指數又出現不同程度的回檔下跌。

本文從 3 個角度為大家揭示股市神奇的槓桿效應，重點回顧如下：

（1）企業家把公司推上資本市場，股市就啟動財富槓桿的魔法，將企業家的財富放大十倍百倍，這是制度對企業家精神的獎賞，也是推動社會創新和創造的力量源泉。

（2）場外配資揭示槓桿資金對股價追漲殺跌的放大效應。大眾投資者無法駕馭場外配資的高槓桿、高成本風險，因此一定要遠離。每當場外配資瘋狂滋長，市場很快就會急漲急跌。

（3）當全社會突然放大財務槓桿，有利於牛市發生；當全社會債務槓桿率突然回落，要當心股市回檔。

圖3-13 ▶ 2009 ～ 2021 年中國全社會債務槓桿率走勢

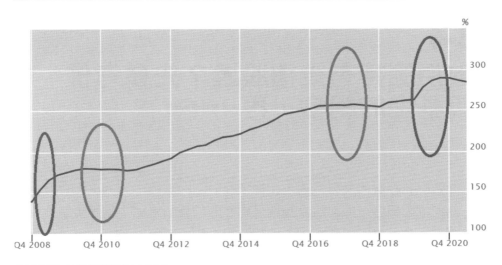

數據來源：國際清算銀行（BIS）

圖3-14 ▶ 2009 ～ 2021 年滬深 300 指數走勢

數據來源：Wind、烏龜量化

3-4
散戶應持有幾檔股票？先參考優質基金的組合，再⋯⋯

面對眼花繚亂的股票代碼，和褲袋裡有限的籌碼，究竟該持有幾檔股票、如何搭配組合、如何建立長期且動態的口袋名單呢？這是每個投資者都要認真思考且克服的關卡，否則很難提高投資績效。

✚來自優秀基金的啟發

散戶在持股方面最容易犯的錯誤是「持股太多，籌碼太分散」。

我們之所以購買股票而非基金，往往是想跑贏基金。公募基金在持股上有嚴格規定，股票型基金任何一檔成分股的倉位都不能超過 10％，這對防範風險很有幫助，但也因為過度分散而降低預期報酬，而且增加選股難度，基金經理經常要為一檔基金選擇 20～30 檔成分股。

觀察全年報酬率名列前茅的股票型基金，會發現在貢獻最多報酬率的季度，前十大重倉股的倉位占比都在 60％以上，展現出相對集中持股的原則，這帶給我們一些啟發。

根據天天基金網的數據（圖 3-15），2021 年報酬率排名第一的股票型基金是前海開源公用事業基金，全年報酬率 119.42％。圖 3-16 是該基金的報酬率走勢，可以看到它在 2021 年的第二、第三季度奠定領先優勢，尤其是第二季度。

表 3-1（見第 208 頁）是前海開源公用事業基金於 2021 年第二季度的持倉結構，其資產配置為，股票資產占全部淨資產的 87.45％，一共持有

圖3-15 ▶ 2021年股票型基金報酬率排名TOP10

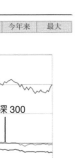

比較	序号	基金代码	基金简称	期间涨幅	期间分红（元/份）	分红次数	起始日期	单位净值	累计净值	终止日期	单位净值	累计净值
☐	1	005669	前海开源公用事业	119.42%	---	0	2020-12-31	1.6614	1.6614	2021-12-31	3.6455	3.6455
☐	2	011229	创金合信数字经济	68.10%	---	0	2021-01-20	1.0000	1.0000	2021-12-31	1.6810	1.6810
☐	3	011230	创金合信数字经济	67.31%	---	0	2021-01-20	1.0000	1.0000	2021-12-31	1.6731	1.6731
☐	4	000729	建信中小盘先锋股	67.26%	---	0	2020-12-31	2.5260	2.5260	2021-12-31	4.2250	4.2250
☐	5	004784	招商稳健优选股票	66.09%	---	0	2020-12-31	2.1795	2.1795	2021-12-31	3.6200	3.6200
☐	6	007130	中庚小盘价值股票	65.15%	---	0	2020-12-31	1.4042	1.4042	2021-12-31	2.3191	2.3191
☐	7	011328	景顺长城新能源产	65.07%	---	0	2021-02-22	1.0000	1.0000	2021-12-31	1.6507	1.6507
☐	8	159863	鹏华中证光伏产业	65.06%	---	0	2020-12-31	1.0000	1.0000	2021-12-31	1.1004	1.6506
☐	9	011329	景顺长城新能源产	64.92%	---	0	2021-02-22	1.0000	1.0000	2021-12-31	1.6492	1.6492
☐	10	001877	宝盈国家安全沪港	64.84%	---	0	2020-12-31	1.1260	1.1260	2021-12-31	1.8561	1.8561

數據來源：天天基金網

圖3-16 ▶ 前海開源公用事業（005669）基金2021年累計報酬率走勢

數據來源：天天基金網

表3-1 ▶ 前海開源公用事業（005669）基金2021年第二季持倉結構

排序	證券代碼	股票名稱	占淨值比例（%）	持股數（萬股）	持倉市值（萬元）
1	01211	比亞迪股份	7.90	112.75	21,784.31
2	300014	億緯鋰能	7.74	205.26	21,332.65
3	300035	中科電氣	7.49	844.14	20,639.23
4	300750	寧德時代	7.38	38.05	20,349.14
5	688599	天合光能	7.24	703.61	19,947.23
6	600563	法拉電子	7.02	122.23	19,356.68
7	300118	東方日升	6.85	973.47	18,885.31
8	300568	星源材質	6.51	433.85	17,948.42
9	300438	鵬輝能源	5.28	635.87	14,561.39
10	002192	融捷股份	5.12	205.47	14,107.57
11	002459	晶澳科技	3.67	206.50	10,118.50
12	600110	諾德股份	3.24	733.57	8,934.88
13	002466	天齊鋰業	3.20	142.15	8,816.14
14	002756	永興材料	2.67	123.89	7,357.73
15	603396	金辰股份	2.54	122.56	6,999.40
16	300057	萬順新材	1.52	633.13	4,185.00
17	002129	中環股份	0.88	62.71	2,420.61
18	300274	陽光電源	0.71	16.90	1,944.51
19	002594	比亞迪	0.28	3.12	783.12
20	600089	特變電工	0.15	31.16	400.41
21	688626	翔宇醫療	0.00	0.12	12.23
22	688216	氣派科技	0.00	0.20	9.53
23	300957	貝泰妮	0.00	0.04	9.38
24	688456	有研粉材	0.00	0.34	9.00
25	688499	利元亨	0.00	0.21	8.35
26	301018	申菱環境	0.00	0.78	6.48
27	688676	金盤科技	0.00	0.38	6.09
28	688239	航宇科技	0.00	0.49	5.66
29	688087	英科再生	0.00	0.25	5.42
30	301017	漱玉平民	0.00	0.56	4.92

（續上表）

31	300979	華利集團	0.00	0.05	4.33
32	300973	立高食品	0.00	0.04	4.17
33	601528	瑞豐銀行	0.00	0.22	3.47
34	300981	中紅醫療	0.00	0.03	2.76
35	301021	英諾激光	0.00	0.29	2.74
36	300953	震裕科技	0.00	0.02	2.40
37	001207	聯科科技	0.00	0.07	2.26
38	301009	可靠股份	0.00	0.08	2.23
39	300941	創識科技	0.00	0.04	1.99
40	301015	百洋醫藥	0.00	0.05	1.79
41	688226	威騰電氣	0.00	0.27	1.73
42	300982	蘇文電能	0.00	0.03	1.44
43	300968	格林精密	0.00	0.12	1.40
44	001208	華菱線纜	0.00	0.18	1.36
45	300614	百川暢銀	0.00	0.03	1.33
46	300942	易瑞生物	0.00	0.04	1.26
47	603171	稅友股份	0.00	0.06	1.22
48	300997	歡樂家	0.00	0.09	1.21
49	301002	崧盛股份	0.00	0.02	1.16
50	605287	德才股份	0.00	0.03	1.10
51	300955	嘉亨家化	0.00	0.02	1.07
52	300996	普聯軟件	0.00	0.02	1.02
53	300956	英力股份	0.00	0.04	0.96
54	301016	雷爾偉	0.00	0.03	0.91
55	300966	共同藥業	0.00	0.03	0.90
56	300945	曼卡龍	0.00	0.05	0.89
57	300948	冠中生態	0.00	0.03	0.89
58	300961	深水海納	0.00	0.04	0.87
59	300950	德固特	0.00	0.02	0.86
60	605162	新中港	0.00	0.14	0.84
61	300958	建工修復	0.00	0.03	0.82
62	300986	志特新材	0.00	0.03	0.81
63	300978	東箭科技	0.00	0.06	0.81

（續上表）

64	300993	玉馬遮陽	0.00	0.04	0.79
65	300971	博亞精工	0.00	0.02	0.69
66	301004	嘉益股份	0.00	0.03	0.68
67	300991	創益通	0.00	0.03	0.67
68	300963	中洲特材	0.00	0.03	0.64
69	300975	商絡電子	0.00	0.05	0.60
70	301011	華立科技	0.00	0.02	0.59
71	300943	春暉智控	0.00	0.03	0.59
72	300967	曉鳴股份	0.00	0.05	0.59
73	300972	萬辰生物	0.00	0.04	0.54
74	300960	通業科技	0.00	0.02	0.54
75	605011	杭州熱電	0.00	0.05	0.47
76	300995	奇德新材	0.00	0.02	0.45
77	301007	德邁仕	0.00	0.03	0.44
78	300998	寧波方正	0.00	0.02	0.43
79	301012	揚電科技	0.00	0.02	0.41
80	300992	泰福泵業	0.00	0.02	0.41
81	301010	晶雪節能	0.00	0.02	0.38

數據來源：天天基金網

81 檔股票，但從具體股票淨值來看，真正有意義的持倉是前 20 檔股票。再進一步研究，前十大重倉股的淨值占基金資產淨值的 68.53％，更占全部股票淨值的 78.36％。

　　對每一年表現最出色的股票型基金進行相同分析，都能得到類似結論：公募基金想取得出色績效，就要相對集中持股，關鍵是盡可能拉高「好股票」的持倉比例。

　　對散戶來說，由於精力、能力和知識有限，不可能及時追蹤數十家公司的情況，所以一定不能持有太多檔股票，否則既不能取得好績效，也會分散注意力。

　　我給投資者的建議是：100 萬元以下的資金，持股不超過 3 檔；1,000

萬元以下的資金，持股不超過 5 檔；1 億元以下的資金，持股不超過 10 檔。追求更高報酬率的關鍵在於「精」，而不在於「多」，這有助於深入研究持有的股票，也讓我們更專注聚焦。

✚合理分散風險

前面談到集中持股的目的是追求更高的投資報酬率，但在買進股票時，除了考慮收益，也要利用投資組合分散風險。對專業基金經理來說，在任何投資領域都要設計投資組合的相關性，以降低組合的風險。具體操作建議如下。

（1）不能孤注一擲。用所有籌碼買進一檔股票的賭注太大，遲早會因決策失誤或市場突發風險而前功盡棄。投資是長跑，不是百米衝刺。

（2）持有的股票要盡量分散在不同產業，最低要求是不能集中在同一個產業的同一個細分賽道。比如說您持有 3 檔股票，穩妥的方案是分散在新能源、半導體、消費等 3 個不同的產業。

如果您認真研究後，對某個產業非常有信心，例如新能源，那麼在基礎數據差距不大的前提下，最好將持股分散在太陽能、風電和新能源汽車等相關性不強的細分賽道。最低要求是 3 檔股票不能都是多晶矽企業，或都是鋰電池企業，因為這樣持股幾乎沒有分散風險的作用。

（3）根據對產業、上市公司的研究，可以靈活安排投資組合的持股權重。如果對某一檔股票有信心，就適當增加其持股權重，但不要超過50％，因為重點仍是適當的分散風險。

✚建立動態的口袋名單

除了帳戶持有的股票之外，投資者還要準備動態的口袋名單。口袋名單裡的股票是重點觀察對象，當您出於某些因素賣出手中持股，口袋名單就是未來買進的候選標的。原則上，所有放入口袋名單的股票，都必須通過第 2-1 節介紹的 5 個選股指標。

　　口袋名單的股票雖然尚未買進，但它們是今後重點追蹤，觀察研究的對象，所以數量不要太多，通常不超過 10 檔，否則沒有精力照顧。除了熟悉公司基本面的數據之外，也要熟悉其股性。只有建立在長期研究觀察的基礎上，投資者才有可能了解自己的投資標的，這也是做投資需要養成的良好習慣。

　　口袋名單的公司的品質好壞，在很大程度上會影響投資者的績效。對於準備放入口袋名單的股票，投資者必須閱讀公司發布的重大公告、券商發布的最新研究報告。絕對不能因為小道消息，或因為股票在某段時間的表現很出色，就不問青紅皂白收入口袋名單。

　　聽消息炒股是散戶賠錢的重要原因之一，而那些近期上漲的股票，不一定會在您買進之後繼續上漲，畢竟市場上出現大幅回檔的股票，通常都是前期漲幅較大者。

3-5
不想天天盯盤抓買賣點，學會如何擇勢、擇股好處多

　　擇時，幾乎做不到，但不等於什麼都不用做。

　　從金融分析師的知識體系到投資大師的經驗教訓，都告訴我們股市擇時難如登天，一些技術派的投資者每天盯著 K 線圖，甚至分鐘線圖，試圖練就擇時的本領，但最終都成了韭菜。當投資者的目光過於聚焦在眼前，就看不到更長遠的未來，但股票投資要看的偏偏就是未來。

　　在大多數散戶看來，擇時似乎非常重要，他們每天盯盤做出來的交易決策，幾乎都和擇時有關。但股市理論和實證研究都清楚給出答案：對長期投資者來說，擇時並不那麼重要；對絕大多數投資者來說，擇股比擇時重要得多。

　　儘管如此，這不代表完全不用考慮買進的時機，還是有些基本原則需要遵循，例如散戶要盡量避免左側交易。

　　為什麼擇時沒那麼重要？為什麼擇時這麼難？散戶該如何把握買進股票的時機？下面就來探討這些問題。

✚為什麼擇時這麼難？

　　擇時講究低買高賣，常常以「天」甚至更精確的「時」為單位來考慮買賣，賺取差價。絕大多數散戶在做決策時，把太多精力放在「擇時」，太少精力放在「擇股」，而且常常忽視「擇勢」，這種投資習慣是錯誤的，或者說難度太大，根本做不到。

擇時是小機率事件

有研究者統計 1996～2015 年的 20 年間，美國標普 500 指數的報酬率。如果在這 20 年內持股（指數）不動，投資報酬率是年化 4.8% 左右。如果錯過這 20 年之中漲幅最大的 5 天，報酬率會下降到年化 2.7%；如果錯過漲幅最大的 40 天，報酬率會變成年化 -4%。

A 股也有類似的研究。以上證指數為例，在 1996～2015 年這 20 年間，如果持股（指數）不動，報酬率是年化 10%；如果錯過漲幅最大的 5 天，報酬率會降到年化 8%；錯過漲幅最大的 40 天，報酬率會變成年化 -3.8%。

對長期投資者來說，只要耐得住寂寞，堅持持有指數 4,000 多個交易日，就一定會遇到那幾根上漲的大陽線，因此能收穫資本市場的長期紅利。對每日計算擇時的投資者來說，想獲得時間複利的回報，就要在 4,000 多個交易日中透過各種技術分析，主動尋找大陽線出現的時機並提前買進。顯然，後者的成功機率極小，一旦錯過關鍵的幾十天，無論如何都很難賺到錢。

擇時的成本很大

擇時是在相對較短的時間內判斷機會和風險，也就需要頻繁交易。前文已經講過，頻繁交易增加博弈的次數，非但不能提高勝率，反而增加股票投資的摩擦成本（註：即買賣股票時，需要支付的額外費用和成本）。

假設投資 1 萬元，一年換手 2 次，第一次漲 10%，第二次跌 10%，則不考慮交易傭金、稅費等交易成本，投資者仍然虧損 1%；如果換手 10 次，5 次漲 10%，5 次跌 10%，則一年虧損 5%；如果換手 20 次，10 次漲 10%，10 次跌 10%，則一年虧損 10%。再加上每次交易的傭金、印花稅等成本，又多出大約 3.3% 的虧損。

財富有很多數學密碼，靜下心來計算並不難，但在面對股價波動的誘惑時，投資者往往受情緒驅使，想抓住每一次擇時的機會，使財富從頻繁交易的指縫中悄悄流失。

慎重左側交易

雖然擇時的成功機率很小，尤其是從更長的週期回頭看，絕大多數的擇時交易都沒有意義，但這不代表你能閉著眼睛買股票，完全不考慮當時的股價走勢。我給散戶的建議是：要慎重左側交易。

簡單來說，左側交易就是在股價回檔階段開始買進，其邏輯是股價已經跌得很便宜，所以趁機抄底。相反地，右側交易是在股價上漲時買進，其邏輯是認為未來還會持續上漲。

散戶不適合左側交易，換句話說，不要在股票回檔的時候輕易抄底，因為散戶通常不明白發生回檔的原因，也不知道回檔到什麼程度才是相對安全的價位。

有句話說：「熊市不言底，牛市不言頂。」股價回檔時，尤其是熱門產業或概念的股票，其價格常常是由機構和市場情緒來主導。當機構開始拋售，股價就會下跌，導致市場情緒變壞，散戶爭相踩踏。龍頭股的股價下跌會波及整個產業或概念股，導致基金投資者開始贖回，進一步造成機構踩踏，如此循環往復，沒有人知道要回檔到什麼程度才會停止。

舉例來說，在 2020 年 3 月份、2021 年 2 月份、2022 年 1 月份，股市都出現短期大幅調整，大盤指數每次回檔的幅度都超過 15％，有些從各方面來看都是好公司的白馬股，跌幅甚至超過 40％。如果投資者在一開始就急於抄底，豈不是損失慘重？

除了繼續下跌的風險之外，左側交易還有另一個問題：不少股票經過大幅回檔之後，即使止穩了，還需要橫盤數個月甚至半年之久，來重新聚集人氣。有多少散戶能耐得住長期橫盤的寂寞呢？

對大多數散戶來說，選擇右側交易比較好，因為股價經過左側回檔之後，出現止穩放量的反彈訊號，持續下跌的風險相對小了許多。雖然在右側交易時，投資者可能會錯過股價上漲的最初階段，例如一週的時間，但是長期整理後一旦出現真正的上漲機會，就不會在一週之內劃下休止符，除非那只是下跌通道的中繼整理，也就沒有買進的必要。

左側交易時，散戶手裡那一丁點籌碼改變不了任何股票趨勢，然而右

側交易的邏輯卻是：順勢而為，市場永遠是對的。

對絕大多數散戶來說，如果把右側交易比喻成「吃魚」，也許可能沒吃到「魚頭」，但至少能吃到「魚身」。如果再遵守投資紀律，做到動態停利，最後至少能夠留下一部分的「魚」裝到口袋裡。

✚擇時不如擇勢

擇時是以「天」為單位來思考交易機會，「擇勢」的時間維度則更開闊，是根據階段性趨勢，通常會以「月」為單位來思考買進機會，以「季」為最小週期來考慮持股。

可以這樣比喻：我們不知道明天的精確溫度，但知道現在所處的季節，也知道未來一年要經歷春夏秋冬，以及每個季節的重要特徵。擇時的邏輯是根據技術分析預判明天的「溫度」，擇勢的邏輯是根據「氣象條件」預判所處的「季節」。您說哪一種準確度更高呢？

我們以上證指數為例，來看擇勢的重要以及擇時的辛苦與風險。從圖3-17可以看到，在3年之內，最有投資價值的機會是兩個橢圓形的區域，分別是2018年第四季央行加速降息，以及2020年第一季新冠肺炎疫情危機爆發，這兩個時期是最典型的擇勢機會。如果沒在這兩個時期進場，其他時期的交易都只是波動性小機會。

2004年美林證券提出「美林時鐘」理論，基於美國1973～2004年的30年歷史數據，將經濟週期與資產、產業輪動串連起來，是資產配置的經典理論，也是非常實用的投資工具，以及「擇勢」的重要基本理論。

美林時鐘根據經濟成長率（GDP）和通膨率（CPI）這兩個總經指標，將經濟週期分成4個階段（圖3-18）：衰退期（低GDP＋低CPI）；復甦期（高GDP＋低CPI）；過熱期（高GDP＋高CPI）；滯漲期（低GDP＋高CPI）。

不同階段從繁榮至蕭條順時針推進，過程中最適合配置的資產依序是債券、股票、商品和現金。

如果您理解本書第2-1節的5個選股指標，再結合美林時鐘理論，參

圖3-17 ▶ 2018/1/2 ～ 2021/12/31 上證指數走勢

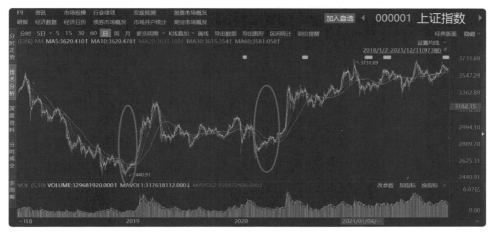

數據來源：Choice 數據

圖3-18 ▶ 「美林時鐘」投資週期理論

考經濟成長、通貨膨脹、貨幣政策、產業政策、重點事件、產業估值、類股輪動特徵等，就能更準確把握要買進的資產類別，以及倉位的輕重。

✚擇勢不如擇股

在相同週期內、相同的市場大環境下，不同產業賽道的報酬率往往大相徑庭，見表3-2。

可以看到，在 2016 年 12 月 31 日至 2021 年 12 月 31 日的 5 年內，白酒所在的食品飲料業報酬率將近 350%，遙遙領先；以旅遊觀光為代表的休閒服務業，和以新能源為代表的電氣設備業，報酬率均超過 100%，居於前三名。如果投資這 3 個產業賽道，報酬率應該不會太差。

在相同的 5 年內，傳媒、紡織服裝、商業貿易等產業的報酬率都低於 -30%。在這些產業裡無論投資者如何擇時或者擇勢，都難以獲得回報。這告訴我們，產業賽道是決定投資績效的重要因素。

表3-2 ▶ 2016 ～ 2021 年申萬一級產業指數漲跌幅和本益比

序號	證券代碼	證券名稱	區間漲跌幅 [起始交易日期]2016-12-31 [截止交易日期]2021-12-31 [單位]%	TTM 本益比 [交易日期]2021-12-31 [剔除規則] 不調整
1	841009.EI	食品飲料	346.6483	46.5473
2	841017.EI	休閒服務	129.6003	100.9499
3	841023.EI	電氣設備	124.8476	65.0078
4	841006.EI	電子	97.9883	45.6938
5	841008.EI	家用電器	88.2004	20.3669
6	841021.EI	建築材料	67.4164	15.9993
7	841005.EI	有色金屬	64.7640	31.6470
8	841003.EI	化工	58.7345	21.4163
9	841012.EI	醫藥生物	49.2374	45.6089
10	841007.EI	汽車	46.9789	43.8095

（續上表）

11	841004.EI	鋼鐵	39.3184	8.0316
12	841018.EI	銀行	31.7594	5.3049
13	841001.EI	農林牧漁	27.3257	351.7894
14	841025.EI	國防軍工	27.2006	95.7568
15	841026.EI	計算機	19.3247	118.3115
16	841019.EI	非銀金融	18.4009	15.5069
17	841024.EI	機械設備	13.3789	36.0411
18	841013.EI	公用事業	12.4500	30.4002
19	841014.EI	交通運輸	8.2871	26.5957
20	841002.EI	採掘	5.4129	11.1961
21	841011.EI	輕工製造	-2.7501	27.0212
22	841022.EI	建築裝飾	-16.5587	9.7201
23	841015.EI	房地產	-20.6533	11.3588
24	841028.EI	通信	-21.9220	41.4909
25	841020.EI	綜合	-29.6083	-1,313.0683
26	841016.EI	商業貿易	-35.7889	163.8555
27	841010.EI	紡織服裝	-36.7520	41.2391
28	841027.EI	傳媒	-41.4754	156.3786

數據來源：Choice 數據

　　進一步分析會發現，即使在食品飲料這個高景氣產業，不同股票的報酬率也大相徑庭（見第 230 頁表 3-3）。從長週期來看，「擇股」是影響報酬率最重要、最根本的一件事，因此對投資者來說，最重要的還是找到好公司。

　　從表 3-3 可以看到，在 2016 年 12 月 31 日至 2021 年 12 月 31 日，報酬率最高的公司漲幅超過 80 倍，有 3 家公司報酬率超過 15 倍，10 家公司超過 5 倍，40 家公司超過 1 倍。然而，同樣是食品飲料業，有 35 家公司的報酬率為負，其中持有 5 年虧損超過 50% 的公司，竟然有 13 家之多。

表3-3 ▶ 2016 ～ 2021 申萬食品飲料產業的成分股漲跌幅

排序	證券代碼	證券名稱	區間漲跌幅 [起始交易日期]2016-12-31 [截止交易日期]2021-12-31 [復權方式] 前復權 [單位]%
1	831726.BJ	朱老六	8,579.3823
2	600809.SH	山西汾酒	1,752.4899
3	603345.SH	安井食品	1,486.9751
4	000799.SZ	酒鬼酒	961.6839
5	600702.SH	捨得酒業	918.4223
6	002847.SZ	鹽津鋪子	869.0054
7	600132.SH	重慶啤酒	809.5250
8	000568.SZ	瀘州老窖	735.6936
9	000858.SZ	五糧液	599.0838
10	600779.SH	水井坊	576.8882
11	600519.SH	貴州茅台	554.5526
12	002840.SZ	華統股份	540.6336
13	603517.SH	絕味食品	522.5695
14	603288.SH	海天味業	492.5269
15	000596.SZ	古井貢酒	464.8505
16	600882.SH	妙可藍多	421.4153
17	300973.SZ	立高食品	368.4721
18	002507.SZ	涪陵榨菜	340.9615
19	603369.SH	今世緣	339.8980
20	002568.SZ	百潤股份	332.4593
21	002557.SZ	洽洽食品	322.8040
22	605499.SH	東鵬飲料	295.9674
23	603198.SH	迎駕貢酒	275.0956
24	001215.SZ	千味央廚	270.5283
25	603755.SH	日辰股份	267.3333
26	603719.SH	良品鋪子	260.1464
27	600298.SH	安琪酵母	257.1408
28	300997.SZ	歡樂家	252.9488
29	600600.SH	青島啤酒	252.7209

（續上表）

30	603317.SH	天味食品	252.0814
31	605337.SH	李子園	249.6134
32	605089.SH	味知香	232.4571
33	300898.SZ	熊貓乳品	208.1809
34	002946.SZ	新乳業	195.7673
35	600872.SH	中炬高新	180.6837
36	605338.SH	巴比食品	175.1352
37	603043.SH	廣州酒家	168.0486
38	600887.SH	伊利股份	167.7386
39	300783.SZ	三隻松鼠	167.6714
40	002304.SZ	洋河股份	160.9464
41	603027.SH	千禾味業	158.8139
42	002626.SZ	金達威	158.1373
43	300146.SZ	湯臣倍健	152.2570
44	603589.SH	口子窖	142.9749
45	600305.SH	恆順醋業	137.5923
46	603697.SH	有友食品	130.5419
47	000860.SZ	順鑫農業	129.6839
48	600559.SH	老白乾酒	128.2358
49	603919.SH	金徽酒	122.6884
50	003000.SZ	勁仔食品	119.7896
51	603536.SH	惠發食品	103.8633
52	600197.SH	伊力特	102.2439
53	002991.SZ	甘源食品	100.5827
54	605339.SH	南僑食品	97.9464
55	000895.SZ	雙匯發展	92.1983
56	605300.SH	佳禾食品	91.3778
57	002216.SZ	三全食品	89.5165
58	600199.SH	金種子酒	84.7686
59	605567.SH	春雪食品	80.5085
60	001219.SZ	青島食品	77.9070
61	300791.SZ	仙樂健康	73.5697
62	605179.SH	一鳴食品	66.4483

（續上表）

63	603886.SH	元祖股份	59.5275
64	002461.SZ	珠江啤酒	58.7584
65	600873.SH	梅花生物	58.0435
66	002910.SZ	莊園牧場	57.7341
67	600238.SH	海南椰島	47.3258
68	002956.SZ	西麥食品	44.6971
69	000995.SZ	皇台酒業	41.0674
70	002726.SZ	龍大美食	38.1667
71	603866.SH	桃李麵包	37.6691
72	300908.SZ	仲景食品	37.4464
73	605388.SH	均瑤健康	37.2680
74	000848.SZ	承德露露	29.3394
75	600059.SH	古越龍山	25.3198
76	000729.SZ	燕京啤酒	24.0355
77	300915.SZ	海融科技	23.5694
78	603711.SH	香飄飄	20.1934
79	600597.SH	光明乳業	17.4482
80	002646.SZ	天佑德酒	12.0393
81	603156.SH	養元飲品	3.0369
82	002650.SZ	加加食品	-1.2777
83	000869.SZ	張裕 A	-4.4374
84	600189.SH	泉陽泉	-16.5070
85	601579.SH	會稽山	-16.6603
86	600429.SH	三元股份	-22.2196
87	600616.SH	金楓酒業	-22.2834
88	002732.SZ	燕塘乳業	-25.0209
89	600073.SH	上海梅林	-25.5761
90	300106.SZ	西部牧業	-30.7456
91	600573.SH	惠泉啤酒	-33.8675
92	600300.SH	ST 維維	-35.3725
93	600186.SH	蓮花健康	-36.5187
94	600530.SH	交大昂立	-39.9069
95	002695.SZ	煌上煌	-41.0657

（續上表）

96	002702.SZ	海欣食品	-44.7096
97	600419.SH	天潤乳業	-45.0632
98	600381.SH	青海春天	-45.3307
99	002582.SZ	好想你	-45.5992
100	002330.SZ	得利斯	-46.3411
101	603696.SH	安記食品	-46.6344
102	002515.SZ	金字火腿	-48.3818
103	000929.SZ	蘭州黃河	-48.9101
104	600543.SH	莫高股份	-53.0378
105	002495.SZ	佳隆股份	-55.9212
106	000716.SZ	黑芝麻	-56.5159
107	603777.SH	來伊份	-58.8960
108	002570.SZ	貝因美	-60.9756
109	002770.SZ	*ST 科迪	-61.2830
110	600365.SH	ST 通葡	-63.7578
111	002820.SZ	桂發祥	-64.3730
112	600084.SH	*ST 中葡	-66.4148
113	002719.SZ	麥趣爾	-66.5436
114	000752.SZ	*ST 西發	-68.4549
115	002329.SZ	皇氏集團	-68.5348
116	603779.SH	威龍股份	-72.2568

數據來源：Choice 數據

✚結論

　　透過以上分析，我們看到擇時的難度很大，成功機率很小，且因為頻繁交易而增加很多成本。不過，雖然準確擇時很難，但在具體操作上左側交易的風險更大，右側交易相對來說更適合散戶。

　　與擇時的講求精確相比，擇勢更著重根據訊號判斷市場的大趨勢，難度相對來說比較低，對投資報酬率的影響也比擇時重要得多。

　　我們發現，即使做了擇時和擇勢的努力，由於產業賽道不同，報酬率也可能像景氣循環一樣天差地遠。在同一個產業中選對合適的股票，即擇股，是獲得投資報酬的第一步，也是最重要的一步。

3-6
關注主力資金一週流向，跟著操作產業類股和個股

資金進出會影響股價，我們常在分析報告、交易軟體及財經平台上，看到關於「主力資金淨流入、淨流出」的數據和分析，這些資訊究竟有多大的參考價值？對股價的影響很大嗎？大眾投資者在做投資決策時，有必要參考這些數據嗎？

上述問題可能是很多散戶的困惑，本節將從實證分析的角度，討論主力資金淨流入、淨流出對股價的影響，希望提供大眾投資者實際操作的參考和指引。

✚什麼是主力資金？

許多投資者關注主力資金，但細心的人會發現，各交易軟體的實時統計數據差異很大，這主要是因為對主力資金的定義不一樣。

本文以 Choice 對主力資金的定義為例，看看與您想像中的定義是否相同。

◆ 超大單：大於等於 50 萬股或 100 萬元的成交單。

◆ 大單：大於等於 10 萬股或 20 萬元，且小於 50 萬股或 100 萬元的成交單。

◆ 中單：大於等於 2 萬股或 4 萬元，且小於 10 萬股或 20 萬元的成交單。

◆ 小單：小於 2 萬股或 4 萬元的成交單。

◆ 流入：主動買進（外盤）的成交資金，買家以賣家的賣出價而買進成交，當所在時刻的成交價大於等於上一時刻的買賣中間價。

◆ 流出：主動賣出（內盤）的成交資金，賣家以買家的買進價而賣出成交，當所在時刻的成交價小於上一時刻的買賣中間價。

◆ 主力流入：超大單加上大單的買進成交額總和。

◆ 主力流出：超大單加上大單的賣出成交額總和。

◆ 主力淨流入：主力流入減去主力流出。

◆ 淨額：流入減去流出。

◆ 淨占比：（流入流出）／總成交額。

　　根據上述定義，主力資金是單筆成交 10 萬股或 20 萬元以上的資金。有些交易軟體和財經平台，將 50 萬元以上的資金當作主力資金，還有些只考慮成交金額，不考慮成交量。

　　由於這些定義不同，最終的統計數據就會明顯不同，但無論如何基本道理是一致的：推動股價上漲的單筆大額成交資金，被稱為主力資金淨流入；推動股價下跌的單筆大額成交資金，被稱為主力資金淨流出。

✚主力資金對大盤指數的影響

　　投資股票需要全局視野，在決定交易一檔股票時，有必要先看大盤指數的環境，在討論主力資金時，也應該先了解主力資金對大盤指數的影響。具體參考表 3-4。

　　由於各指數的成分股數量和市值差異甚大，不能直接比較不同指數的資金流動情況，但是從表 3-4 仍可以看出，大盤指數漲跌幅與主力資金淨流入之間的關係。

　　（1）截至 2022 年 3 月 4 日週五收盤，在最近 60 個交易日、最近 20 個交易日、最近 5 個交易日，市場全部主要指數對應的成分股都表現為主力資金淨流出，說明主力資金對市場前景仍不樂觀。

　　（2）隨著主力資金持續淨流出，幾乎所有指數都持續下跌。由此可

表3-4 ▶ 滬深市場基礎指數的主力資金淨流入與漲跌幅關係

指數名稱	5 日淨流入額單位（萬元）	5 日 漲幅（％）	20 日淨流入額單位（萬元）	20 日漲幅（％）	60 日淨流入額單位（萬元）	60 日漲幅（％）
深證 B 指	-27,075,872	-0.9200	-91,785,936	-1.6400	-224,257,065	-4.2400
小盤價值	-565,521,595	1.7400	-13,975,668,154	5.4400	-59,415,224,124	1.5000
科創 50	-1,018,719,534	-3.0500	-3,356,903,265	-2.1300	-17,569,330,562	-15.8400
中盤價值	-1,512,875,769	1.2400	-9,931,040,275	5.9900	-59,412,001,343	1.0800
小盤成長	-4,884,952,003	-0.9000	-19,514,394,832	1.6800	-85,709,686,811	-9.8700
中盤成長	-5,193,172,790	-2.1300	-12,677,688,125	0.0500	-64,401,623,328	-12.0100
大盤價值	-7,535,609,457	0.1900	-28,085,813,061	0.7600	-39,744,195,988	3.7100
創業大盤	-8,755,330,895	-4.1000	-19,220,852,528	-5.8700	-75,690,534,385	-23.5000
上證 50	-8,888,146,496	-0.4300	-20,650,886,454	0.2700	-81,391,118,298	-4.0300
創業板指	-11,696,017,604	-3.7500	-30,715,928,414	-5.5100	-114,979,951,421	-20.7200
中證 500	-13,929,840,192	-0.2300	-63,443,630,960	3.3900	-290,006,897,608	-5.8900
巨潮中盤	-15,808,904,063	-1.3100	-39,296,241,465	2.1900	-218,299,014,832	-8.1300
中小 100	-17,185,335,070	-3.5200	-26,753,871,140	-1.9900	-110,813,515,289	-8.1200
巨潮小盤	-17,822,412,423	-0.6300	-62,864,427,568	3.5100	-268,964,976,319	-6.9500
大盤成長	-18,043,539,085	-3.0800	-39,013,452,829	-4.5900	-145,473,191,476	-14.2800
上證 180	-19,865,669,499	-0.5500	-48,016,517,683	0.9300	-208,159,718,503	-4.4300
深證 100R	-27,830,509,402	-3.6000	-56,437,928,127	-4.8800	-190,022,506,541	-13.1800
中證 100	-27,998,585,938	-1.8200	-66,679,262,016	-2.5300	-185,417,185,766	-6.5200
中小 300	-28,369,065,297	-3.1500	-49,730,871,537	-0.8200	-207,772,574,525	-8.9100
申萬 50	-29,481,968,097	-3.2800	-48,812,774,368	-3.2800	-171,931,466,356	-10.5800
申萬創業	-36,754,701,316	-2.5100	-114,561,116,741	-1.6400	-448,205,601,685	-15.9400
創業板綜	-36,851,693,412	-2.6700	-114,867,704,771	-1.9700	-451,688,402,338	-16.1500
A 股指數	-39,658,247,544	-0.1000	-112,781,055,918	2.5800	-507,338,173,176	-3.5300
新綜指	-39,674,902,444	-0.1100	-112,836,658,515	2.5700	-507,394,387,830	-3.5300
上證指數	-39,683,595,350	-0.1100	-112,855,848,574	2.5600	-507,450,007,611	-3.5300
深證 300R	-41,375,742,459	-3.1400	-92,345,541,541	-3.0500	-360,628,400,014	-12.4100
巨潮大盤	-43,316,716,046	-1.8200	-88,863,336,508	-1.6100	-317,208,120,572	-7.5300
申萬中小	-46,102,737,445	-2.6000	-105,546,756,253	0.6300	-404,050,120,518	-7.6000
中小綜指	-46,928,696,119	-2.4400	-107,233,245,655	0.3100	-409,400,892,777	-6.9800

（續上表）

滬深 300	-48,253,365,843	-1.6800	-108,288,983,428	-1.4800	-402,347,607,870	-7.4100
深證成指	-50,666,359,933	-2.9300	-122,400,471,127	-2.3100	-476,689,364,710	-11.8200
中信證券 500	-54,520,708,729	-1.6000	-133,288,051,868	-0.7700	-527,286,174,180	-7.6500
申萬 300	-61,902,438,886	-2.3100	-113,622,272,090	-0.8400	-473,127,540,024	-9.3600
新指數	-104,808,953,517	-2.2200	-283,006,644,772	-0.2200	-1,084,806,073,118	-9.4700
深證 A 指	-105,837,105,896	-1.9700	-287,130,688,550	0.1000	-1,103,378,693,042	-9.7300
深證綜指	-105,864,181,768	-1.9700	-287,226,688,297	0.1000	-1,103,743,190,451	-9.7200
中信證券 A 指	-140,030,076,806	-1.3500	-374,973,820,112	1.0200	-1,511,143,197,909	-7.4600
申萬 A 指	-145,302,435,571	-1.3500	-400,696,041,071	1.1800	-1,602,542,247,578	-7.1900
中信證券 A 綜	-147,307,211,238	-1.2900	-402,842,502,456	1.1500	-1,617,347,910,081	-7.2500
東方財富 全 A	-147,693,118,962	-0.9100	-406,069,153,298	1.5700	-1,627,266,679,797	-5.8600

數據來源：Choice 數據

見，主力資金持續流出對大盤指數來說代表利空，會帶來回檔壓力。

✚主力資金對產業指數的影響

表 3-4 顯示主力資金持續流出，大盤指數持續回檔。我們知道市場常有分化，通常在回檔到一個階段後，產業之間的資金流動和指數漲跌會出現差異。

以下來看各產業的主力資金淨流入金額，是否會明顯影響產業指數的漲跌，具體見表 3-5。

截至 2022 年 3 月 4 日，按照主力資金淨流入金額由大到小排序，在最近 5 個交易日中，只有煤炭開採、醫藥商業、航運港口、工業金屬、城商行、飼料、旅遊及景區、食品加工、航空機場、養殖業、非白酒、酒店餐飲、化學纖維這 13 個產業為主力資金淨流入。它們的產業指數在最近 5 個交易日皆為上漲，漲跌幅由高至低的排序也大致符合淨流入金額的排

表3-5 ▶ 申萬一二級產業的主力資金淨流入與漲跌幅關係

代碼	申萬產業名稱	5 日淨流入額單位（萬元）	5 日 漲幅（%）	20 日淨流入額單位（萬元）	20 日漲幅（%）
801951	煤炭開採	2,198,472,375	11.1900	1,740,398,249	26.8500
801154	醫藥商業 II	1,150,359,483	5.3900	174,774,516	6.9700
801992	航運港口	1,149,810,155	8.1500	-135,335,733	12.6400
801055	工業金屬	996,101,220	3.4600	1,416,580,370	16.4100
801784	城商行 II	239,119,697	2.2200	-2,134,606,912	2.0100
801014	飼料 II	232,617,960	3.6700	-636,558,112	-1.7400
801993	旅遊及景區	219,187,971	4.9200	-1,563,173,844	6.9300
801124	食品加工	163,050,966	2.6200	-925,421,585	-1.0000
801991	航空機場	150,564,725	3.0700	94,913,963	2.4600
801017	養殖業	136,561,450	4.1900	-2,154,010,307	4.6700
801126	非白酒	61,870,475	0.3900	-430,738,810	2.6700
801219	酒店餐飲	40,793,274	6.1900	-714,125,833	5.6500
801032	化學纖維	3,450,502	0.3200	-919,886,098	6.1700
801769	出版	-7,213,211	1.5800	-955,706,259	4.7700
801016	種植業	-14,680,003	4.6200	-1,341,817,876	11.5600
801145	文娛用品	-15,760,351	-1.2100	-331,281,145	0.7700
801767	數字媒體	-36,691,404	0.0500	-1,135,550,166	-3.0900
801782	國有大型銀行 II	-38,943,672	1.7700	-251,106,088	2.1900
801115	照明設備 II	-43,425,954	-0.8600	-129,923,140	0.1900
801218	專業服務	-71,702,151	-0.5900	-1,534,452,135	-4.9600
801766	影視院線	-80,311,181	1.4800	-2,237,849,926	-5.2000
801183	房地產服務	-88,615,228	-2.0800	-319,571,508	-1.9500
801112	黑色家電	-97,116,904	-0.3500	-608,658,346	-2.8800
801981	個護用品	-98,071,424	-0.1000	-470,487,580	1.3200
801881	摩托車及其他	-99,040,602	-4.2400	-259,573,824	-4.8600
801018	動物保健 II	-101,428,668	2.2200	-165,716,830	5.5700
801037	橡膠	-124,287,200	-1.6400	-368,249,959	4.3100
801116	家電零部件 II	-135,813,723	-1.1300	-183,327,589	3.0600
801039	非金屬材料 II	-145,194,201	-2.5400	380,233,232	22.7400

（續上表）

801043	冶鋼原料	-145,346,245	1.7600	-388,857,575	9.8900
801735	**光伏設備**	**-157,515,904**	**2.3600**	**2,406,071,400**	**9.4100**
801015	漁業	-165,269,626	2.1200	-697,342,662	2.2500
801785	農商行II	-173,301,423	1.6900	-915,465,307	2.3900
801994	教育	-176,059,702	0.9600	-1,451,858,815	10.4100
801092	汽車服務II	-178,166,329	-0.4700	-666,187,012	1.5800
801114	廚衛電器	-184,172,074	-5.5700	-495,448,835	-5.4700
801206	互聯網電商	-186,601,798	-1.7500	-1,137,358,704	-3.9400
801128	休閒食品	-194,895,809	-1.5100	-879,457,049	-1.4300
801142	家居用品	-202,341,713	-0.5300	-861,150,233	-1.6400
801982	化妝品	-203,718,369	-1.4500	-801,212,167	0.8600
801044	普鋼	-215,186,183	2.0400	-2,717,973,594	9.9300
801076	軌交設備II	-241,241,507	-0.4000	-1,324,000,141	1.9600
801972	環保設備II	-242,814,989	-2.4300	-639,649,946	1.9500
801132	服裝家紡	-268,304,279	1.0000	-882,364,721	3.5000
801995	電視廣播II	-281,437,243	-0.7300	-2,238,228,515	5.2500
801113	小家電	-302,997,399	-5.9500	-604,736,164	-5.8100
801086	電子化學品II	-306,120,243	-1.3800	-1,068,123,435	4.4900
801202	貿易II	-350,743,091	0.0300	-597,144,781	6.8600
801156	醫療服務II	-360,726,205	-1.8300	-2,661,510,516	2.3000
801722	裝修裝飾II	-390,981,279	-2.7800	-1,047,531,808	1.8400
801204	專業連鎖II	-399,105,657	-2.5800	-867,616,697	5.0100
801231	綜合II	-410,891,043	2.5200	-1,366,100,737	9.6900
801952	焦炭II	-418,261,909	5.5000	-1,573,082,449	13.7200
801129	調味發酵品II	-420,655,638	-0.2900	-615,760,690	2.3100
801012	農產品加工	-423,417,773	1.1100	-1,100,602,657	4.5700
801741	航天裝備II	-436,855,890	-3.1100	-687,892,712	2.8700
801141	包裝印刷II	-444,483,727	-1.7800	-2,358,691,794	-1.4700
801713	裝修建材	-445,563,211	-2.9600	-2,337,890,997	-9.0300
801127	飲料乳品	-494,546,094	-0.2700	-1,222,000,511	3.1000
801736	風電設備	-528,012,854	1.3100	-3,634,254,229	0.2000
801743	地面兵裝II	-553,261,807	-2.9100	-266,125,225	9.2400
801711	水泥	-555,715,549	0.5100	-1,030,240,864	5.8600

（續上表）

801096	商用車	-572,527,883	-2.6300	-1,760,177,670	-4.0000
801131	紡織製造	-576,977,705	0.4700	-1,275,409,536	4.1800
801133	飾品	-617,163,782	-1.5900	-1,282,573,281	7.2500
801163	燃氣 II	-650,853,274	-0.1500	-1,034,573,859	9.0500
801143	造紙 II	-682,983,550	3.9100	-1,820,140,328	9.7200
801744	航海裝備 II	-699,585,780	-1.3300	-1,623,698,841	2.4500
801971	環境治理	-722,216,919	0.6800	-4,547,471,129	7.6800
801726	工程咨詢服務 II	-749,633,420	-3.9800	-2,230,483,903	6.0900
801764	遊戲 II	-779,814,536	0.7300	-6,733,853,947	-3.1000
801178	物流 II	-820,297,370	1.6500	-3,639,177,480	2.4700
801033	化學原料	-891,547,563	1.2900	-5,535,329,225	11.1200
801712	玻璃玻纖	-899,569,920	-2.9600	-2,288,949,396	-0.0600
801733	其他電源設備 II	-901,149,232	-1.7600	-2,425,590,783	0.7300
801181	房地產開發 II	-910,919,831	1.3400	-6,524,418,547	1.2500
801179	鐵路公路	-950,659,827	1.8200	-2,035,562,455	6.3900
801053	貴金屬	-996,773,450	-1.5500	-1,246,951,417	11.5800
801223	通信服務	-1,003,898,654	-0.4700	-1,943,653,008	5.1900
801191	多元金融 II	-1,006,428,769	-0.7200	-2,773,422,627	2.4700
801082	其他電子 II	-1,047,973,172	-6.3800	-1,412,031,121	3.7100
801724	專業工程	-1,066,645,315	-1.0000	-2,869,298,945	6.1700
801151	化學制藥	-1,125,299,272	2.6200	-7,202,901,810	5.6400
801078	自動化設備	-1,149,973,901	-3.0300	-2,136,384,646	0.7300
801203	一般零售	-1,210,004,401	0.3800	-5,085,773,036	1.6500
801721	房屋建設 II	-1,217,127,918	3.1100	-5,132,255,403	9.9900
801045	特鋼 II	-1,271,686,944	-5.7200	-1,681,037,247	1.3100
801962	油服工程	-1,352,476,122	4.6600	-1,974,575,620	21.3600
801731	電機 II	-1,420,264,766	-3.7900	-643,280,629	9.9800
801723	基礎建設	-1,428,843,072	1.0400	-14,273,449,501	2.5300
801083	元件 II	-1,451,320,485	-5.0500	-3,840,730,186	-5.3000
801152	生物製品 II	-1,453,341,136	-0.6500	-2,879,768,507	4.5400
801036	塑料 II	-1,510,972,596	-2.8900	-3,144,388,645	-0.6400
801051	金屬新材料	-1,665,355,561	-4.6900	-2,450,058,331	5.5000
801765	廣告營銷	-1,680,311,198	-3.0100	-6,259,657,489	-0.9100

（續上表）

801745	軍工電子 II	-1,756,943,143	-2.0600	-2,973,616,636	-0.1900
801111	白色家電	-1,859,101,282	-3.6800	-6,414,057,940	-9.0300
801742	航空裝備 II	-1,882,544,744	-2.7200	-1,502,895,535	2.7400
801077	工程機械	-1,948,747,377	-4.3000	-4,814,191,190	-5.9400
801194	保險 II	-2,100,166,407	-2.0500	-2,881,492,985	0.6700
801155	中藥 II	-2,163,282,157	-0.3300	-5,806,643,211	3.5300
801161	電力	-2,178,284,565	2.0600	-5,571,573,818	8.6500
801081	半導體	-2,377,563,897	-2.1700	-3,681,144,582	2.0200
801153	醫療器械 II	-2,650,659,930	-1.0300	-8,845,884,593	2.3900
801783	股份制銀行 II	-2,716,015,268	-1.6300	-5,005,981,977	0.2900
801101	計算機設備 II	-2,726,757,870	-3.0200	-11,348,045,051	0.6900
801072	通用設備	-2,796,997,680	-1.8200	-6,390,878,526	2.0400
801074	專用設備	-2,840,816,848	-0.7400	-6,351,531,018	5.7200
801102	通信設備	-2,928,972,167	-1.9400	-10,374,628,376	3.4600
801963	煉化及貿易	-2,935,193,883	-3.5600	-3,401,753,989	3.5000
801738	電網設備	-3,009,912,182	-3.4800	-7,907,718,358	-1.7600
801095	乘用車	-3,444,436,157	-4.7500	-4,855,141,166	-0.9500
801125	白酒 II	-3,948,644,890	-2.8900	-8,403,340,285	-4.6700
801104	軟件開發	-4,046,648,459	-2.1800	-15,488,780,599	-3.3400
801084	光學光電子	-4,408,023,006	-3.6000	-12,216,518,366	-3.0100
801193	證券 II	-4,629,853,573	-1.2300	-25,367,591,348	-6.7600
801054	小金屬	-4,685,651,489	-2.4900	-1,583,674,471	17.6100
801038	農化製品	-4,703,912,116	-3.0500	-7,191,949,788	11.3300
801034	化學製品	-4,753,399,844	-3.0400	-7,444,957,825	3.2400
801085	消費電子	-4,856,153,291	-7.4100	-10,629,893,291	-9.8200
801093	汽車零部件 II	-4,975,477,017	-4.8000	-10,551,377,192	-5.5200
801056	能源金屬	-5,030,867,077	-5.3600	**162,724,300**	**9.8000**
801103	IT 服務 II	-5,523,742,377	-3.6100	-22,055,904,128	1.9900
801737	電池	-10,664,284,710	-7.9500	-13,468,721,601	-10.7300

數據來源：Choice 數據

序。最近 5 個交易日主力資金淨流入排名前 10 的產業，其指數在最近 5 個交易日平均上漲 4.89％。

按照相同方式排序，在最近 20 個交易日中，只有光伏設備、煤炭開採、工業金屬、非金屬材料、醫藥商業、航空機場、能源金屬等 7 個產業為主力資金淨流入，其產業指數在最近 20 個交易日皆明顯上漲。最近 20 個交易日主力資金淨流入排名前 10 的產業，其指數在最近 20 個交易日平均上漲 11.3％。

有些產業雖然主力資金淨流出，產業指數仍然上漲，不過整體來說，主力資金淨流出明顯的產業，產業指數大多呈現下跌走勢。最近 5 個交易日主力資金淨流出排名前 10 的產業，指數平均下跌 4.25％，最近 20 個交易日主力資金淨流出排名前 10 的產業，指數平均下跌 3.05％。

從以上數據可以得出，產業主力資金淨流入與產業指數走勢之間的關係：

（1）在一段時間內主力資金淨流入排名靠前的產業，產業指數有很大的機率會領先大盤，表現為上漲。

（2）在一段時間內主力資金持續淨流出的產業，指數回檔的機率比較大，要格外慎重觀察。

✚四、主力資金對個股股價的影響

大盤指數和產業賽道對應的主力資金淨流入數據，能幫助我們大致辨別當前的市場機會和風險，但在具體投資上，選股也很重要。以下透過表 3-6（見第 234 頁）檢視個股主力資金淨流入與漲跌幅之間的關係，以及主力資金對個股股價的影響，這個指標會是更直接的參考依據。

先來看股價表現，截至 2022 年 3 月 4 日，最近一週的滬深 300 指數下跌 1.78％，最近兩週下跌 3.33％。

接著看主力資金數據，截至 2022 年 3 月 4 日的最近一週，在滬深 300 指數的成分股之中，主力資金淨流入排名前 20 位的公司平均上漲 5.02％，明顯好過滬深 300 指數下跌 1.78％的表現，而且其中有 16 家的

表3-6 ▶ 滬深300指數成分股的主力資金淨流入與漲跌幅關係

排名	證券名稱	主力資金淨流入 [起始交易日期] 2022-02-26 [截止交易日期] 2022-03-04 [單位]元	區間漲跌幅 [起始交易日期] 2022-02-26 [截止交易日期] 2022-03-04 [復權方式]前復權 [單位]%	主力資金淨流入 [起始交易日期] 截止日2周前 [截止交易日期] 2022-03-04 [單位]元	區間漲跌幅 [起始交易日期] 截止日2周前 [截止交易日期] 2022-03-04 [復權方式]前復權 [單位]%
1	中遠海控	1,184,526,000	12.2462	712,634,010	9.2870
2	隆基股份	1,086,852,752	4.3455	2,115,308,720	11.9424
3	紫金礦業	1,010,937,184	5.7534	459,639,584	2.7507
4	中國鋁業	583,416,411	12.3223	860,274,910	15.2350
5	中國核電	508,585,968	7.3204	676,630,071	9.5910
6	復星醫藥	341,873,408	6.2470	112,475,710	6.7542
7	中國神華	341,805,993	10.7855	94,053,556	7.5464
8	寧波銀行	268,248,105	2.3028	-323,463,799	-3.5679
9	上汽集團	204,366,529	1.5242	128,270,172	-1.1659
10	天合光能	197,198,830	3.9989	299,513,119	21.2955
11	山西汾酒	196,697,187	-2.3464	163,010,025	-4.7683
12	智飛生物	196,053,437	1.7762	187,327,807	5.4816
13	凱萊英	169,562,304	-0.5843	776,368,237	11.2094
14	萬科A	156,552,836	-4.1987	-394,151,753	-5.5051
15	陽光電源	141,944,844	3.8153	755,532,235	13.0390
16	宋城演藝	139,921,755	3.5622	72,945,882	1.4594
17	愛爾眼科	138,435,091	-1.1306	5,676,657	-0.0571
18	中國建築	137,566,800	7.4951	-484,953,793	1.6791
19	中煤能源	136,417,673	15.6156	87,489,318	15.2695
20	金地集團	127,886,704	9.6215	124,200,807	11.1111
21	江西銅業	122,279,185	4.8365	45,186,296	2.9398
22	福萊特	120,982,712	6.9623	205,939,293	12.2779
23	建設銀行	110,898,165	2.1631	-234,722,197	-1.7600
24	江蘇銀行	108,791,346	4.3609	-46,344,392	2.6627
25	晶澳科技	108,247,899	5.7898	26,086,324	12.0238
26	上海機場	107,518,521	4.6621	-41,888,117	0.4529
27	正泰電器	105,289,500	-0.8951	196,810,415	7.8369
28	牧原股份	98,067,984	2.6923	-713,734,040	-1.4430

（續上表）

29	寶鋼股份	92,351,057	3.9052	-137,164,463	0.8119
30	通威股份	90,154,397	1.4968	772,323,311	7.7427
31	同仁堂	87,420,958	1.9402	105,385,428	5.5658
32	溫氏股份	78,365,915	6.3109	-91,975,103	1.5686
33	雙匯發展	73,510,787	3.8961	-153,600,930	-2.2780
34	交通銀行	72,065,397	2.0833	-383,271,867	-0.6085
35	東方雨虹	71,424,064	-3.7053	-166,791,679	-12.1807
36	國電電力	64,940,988	3.2374	81,176,210	5.9041
37	長江電力	59,448,880	5.2747	-51,286,359	3.0551
38	青島啤酒	59,096,482	4.7334	34,989,450	1.6910
39	福斯特	57,628,452	-0.9200	151,746,130	7.4907
40	國投電力	55,257,958	2.6627	61,121,431	3.2738
41	華魯恆升	55,173,013	2.2753	111,705,190	4.2319
42	歐派家居	53,474,906	2.7441	120,218,690	1.0196
43	藥明康德	47,495,854	-1.4410	302,999,100	3.5671
44	南京銀行	45,926,063	5.3971	-129,979,898	1.8701
45	北新建材	45,785,033	-0.5270	-201,048,786	-12.6157
46	寶豐能源	44,436,084	3.2948	-12,766,259	5.8022
47	招商蛇口	43,563,064	6.8915	50,586,940	8.1602
48	光大銀行	40,407,839	1.4970	-209,046,930	-1.4535
49	中國國航	35,995,822	2.7944	53,420,466	1.4778
50	世紀華通	35,653,465	2.9366	-291,562,417	-4.5845
51	傳音控股	34,742,490	-7.4286	66,053,734	-0.9174
52	中公教育	32,495,584	1.6997	109,655,576	10.1227
53	中國銀行	29,529,796	1.2862	-210,981,841	-0.9434
54	保利發展	28,922,524	7.6534	293,872,097	9.8773
55	新希望	28,547,284	7.8014	-215,431,447	2.0757
56	中海油服	28,246,809	1.8193	21,565,727	6.4680
57	康龍化成	25,906,709	-6.1552	50,520,948	-3.3755
58	兆易創新	24,755,344	0.0452	206,501,535	3.6568
59	杭州銀行	23,840,976	3.7037	76,898,552	0.6784
60	南方航空	22,442,827	4.4669	12,239,603	0.5548
61	華僑城 A	19,547,843	1.5942	101,568,389	-0.8487

（續上表）

62	北京銀行	19,205,850	0.4425	-143,398,716	-1.7316
63	華能水電	18,568,047	3.4483	-41,751,155	2.7732
64	紫光股份	18,100,899	1.5457	-58,901,746	6.5356
65	春秋航空	17,907,921	2.1121	10,067,156	-2.9318
66	匯頂科技	17,152,684	-1.6071	6,880,906	-2.7237
67	天壇生物	12,112,642	3.9897	-43,758,632	2.5127
68	滬硅產業 -U	11,914,822	0.2536	-61,823,339	4.0351
69	上海臨港	6,538,791	2.1142	-15,107,442	0.4158
70	甘李藥業	3,517,094	0.5861	-19,477,605	1.2142
71	蘇泊爾	2,357,096	-2.9143	7,311,492	-1.2646
72	上海醫藥	1,756,163	2.7912	-27,301,570	1.3764
73	海大集團	808,682	1.3699	16,109,967	-2.2026
74	穩健醫療	432,161	2.9082	2,327,361	4.0766
245	合盛硅業	-260,998,383	-7.866	130,252,032	14.1156
246	中國巨石	-263,929,365	-4.860	421,095,249	-5.5459
247	中國石化	-265,787,200	1.8605	-551,106,460	0.6897
248	恆瑞醫藥	-273,053,813	-0.8227	-629,577,107	-2.0438
249	國電南瑞	-279,951,793	-4.2120	-369,183,548	-2.3086
250	中國電信	-280,641,514	-0.4831	-749,362,282	-2.3697
251	海螺水泥	-282,172,620	-0.8931	-544,200,674	-6.2867
252	分眾傳媒	-286,499,935	-7.5835	-581,965,188	-10.4608
253	美的集團	-310,206,281	-3.6994	-1,539,615,864	-9.2293
254	沃森生物	-315,050,482	-3.7381	-1,404,391,486	-9.5814
255	卓勝微	-329,803,084	-7.0915	217,944	-1.9685
256	用友網絡	-343,121,677	-4.5223	-655,298,059	-7.8106
257	萬華化學	-355,262,459	-3.2063	-750,210,923	-6.4628
258	長安汽車	-361,448,398	-3.8168	-391,446,850	-3.3001
259	藍思科技	-362,471,121	-5.0374	-565,702,562	-5.2310
260	華泰證券	-369,135,851	-1.4465	-1,236,364,189	-7.0030
261	韋爾股份	-370,420,473	-4.4366	-199,913,176	-3.6064
262	浪潮信息	-386,804,334	-5.6593	-878,701,886	1.1757
263	TCL 科技	-388,975,875	-4.4326	-528,202,004	-5.2724

（續上表）

264	中國石油	-390,517,081	1.3962	-749,065,468	1.9298
265	新和成	-413,015,415	2.0670	-142,218,421	9.5283
266	興業銀行	-434,975,396	-1.8091	-563,328,516	-2.6457
267	海康威視	-454,845,672	-5.1399	-352,559,807	-0.6943
268	濰柴動力	-457,316,577	-2.0793	-737,241,165	-2.9620
269	東方證券	-469,788,385	-5.1136	-683,481,091	-5.8776
270	中國電建	-484,816,735	0.0000	-2,708,903,368	-13.0726
271	中環股份	-501,508,379	-1.2424	-409,106,186	8.0396
272	貴州茅台	-513,645,664	-1.0316	-2,409,377,376	-5.6434
273	東方盛虹	-540,377,416	-8.9640	-479,821,520	-7.8762
274	長城汽車	-556,419,020	-10.1622	-615,341,386	-14.5062
275	長春高新	-569,876,585	-5.3208	-169,565,882	5.2410
276	恆力石化	-571,174,225	-11.2564	-521,790,188	-11.7114
277	華友鈷業	-625,433,801	-7.0300	-240,687,696	-0.6490
278	恩捷股份	-631,174,516	-13.8664	-701,022,845	-9.3258
279	福耀玻璃	-636,733,642	-8.8963	-1,002,636,088	-12.9527
280	中國中免	-685,617,011	-4.1262	-1,318,922,430	-8.6519
281	平安銀行	-713,042,762	-3.5849	-1,490,521,014	-6.6382
282	順豐控股	-781,746,720	-1.9366	-1,430,516,639	-4.7202
283	東方財富	-786,379,408	-1.5897	-2,737,093,776	-5.5576
284	中信證券	-816,468,045	-2.5300	-1,907,582,841	-6.4994
285	包鋼股份	-842,468,240	-3.0075	-521,529,292	-1.1494
286	片仔	-971,391,779	-11.4323	-1,102,690,066	-11.2782
287	歌爾股份	-1,086,664,507	-12.1314	-825,945,481	-11.6180
288	京東方 A	-1,088,916,732	-2.9228	-3,106,379,995	-5.2953
289	格力電器	-1,300,196,719	-3.6051	-3,014,547,198	-7.2723
290	三一重工	-1,401,544,465	-6.1477	-2,323,939,120	-8.7711
291	招商銀行	-1,427,202,255	-2.2285	-2,484,911,806	-5.3634
292	立訊精密	-1,548,914,543	-11.5554	-1,658,116,656	-13.5922
293	寧德時代	-1,592,750,592	-6.9989	-2,953,272,176	-8.0766
294	中國平安	-1,698,998,476	-2.5292	-3,761,005,426	-6.6170
295	贛鋒鋰業	-1,800,720,784	-5.5300	-1,129,728,768	-5.1626
296	北方稀土	-1,856,312,944	-6.0935	-1,826,882,176	-6.4255

（續上表）

297	天齊鋰業	-1,857,528,800	-5.7448	-2,270,729,024	-3.3570
298	比亞迪	-2,106,065,616	-5.6649	-1,995,852,944	-4.7309
299	億緯鋰能	-2,293,330,544	-12.5350	-1,933,958,879	-12.0230
300	五糧液	-2,930,832,832	-7.4076	-4,964,807,824	-10.6716

數據來源：Choice 數據

股價上漲，占 80%。至於主力資金淨流出排名前 20 位的公司，最近一週的股價全部下跌，平均跌幅為 -5.76%，明顯落後滬深 300 指數。

截至 2022 年 3 月 4 日的最近兩週，在滬深 300 指數的成分股之中，主力資金淨流入排名前 20 位的公司，平均漲幅為 8.24%，其中有 18 家的股價上漲，占 90%。至於主力資金淨流出排名前 20 位的公司，最近兩週的股價全部下跌，平均跌幅為 7.66%。

✛結論

透過以上分析，我們看到主力資金的淨流入／淨流出是判斷股市短期走勢以及買賣決策的重要依據，是很有價值的參考指標。

如果大盤的主力資金持續流出，說明市場仍在回檔下跌的通道，進場需謹慎。如果選擇進場，應盡量聚焦在最近一週主力資金淨流入排名靠前的產業，對主力資金持續流出的產業要保持觀望。

在具體選股上，應選擇最近一週維持主力資金淨流入、漲幅尚且不大的個股，暫時觀望主力資金流出的個股。至於重倉的投資者，可以考慮適當減輕倉位，注意停損停利以控制風險，等連續一週主力資金淨流入時，再考慮也不遲。

3-7
從估值、量價關係等角度，判斷是否見頂或見底

　　股市是高風險市場，投資者在進場追求潛在高報酬的同時，必須意識到自己無時無刻都在承擔偏高的風險。

　　股市的風險表現為股價或指數的波動，這種波動既頻繁又幅度大。對大眾投資者來說，進入股市就像在波濤洶湧的海上衝浪，必須預判海浪，尤其是巨浪的波峰和波谷。

　　本文將從量價關係、換手率和歷史估值百分位等角度進行分析，希望帶給投資者參考與啟發。

✚判斷大盤指數

　　「破巢之下安有完卵」、「在牛市裡，雞犬升天」，這些耳熟能詳的俗話表達出判斷整體市場（俗稱「大盤」）的重要性。

　　股市通常用大盤指數來代表整體市場的溫度，其中大眾投資者最熟悉的是上證指數和深證成指，有些更專業的散戶會關注滬深 300 指數和創業板指數。

　　判斷大盤指數見頂或見底的方法相似，以下用上證指數為例，來看股市見頂或見底的關鍵訊號。

圖3-19 ▶ 上證指數最近10年的典型頭部區域

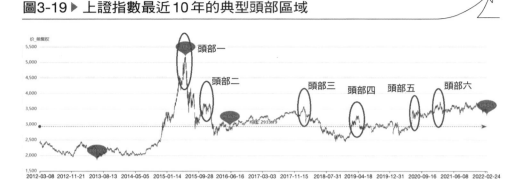

數據來源：Wind、烏龜量化

用本益比百分位判斷見頂

「頭部」並不是具體的某一天，而是一個區域的概念。截至 2022 年 3 月 8 日的最近 10 年，上證指數的代表性頭部區域如圖 3-19 所示。

在 2012 年 3 月 8 日至 2022 年 3 月 8 日，歷史頭部發生在 2015 年 6 月份，即圖 3-19 標註頭部一的位置。其他 5 個階段頭部分別發生在 2015 年 10 月份（頭部二）、2018 年 1 月份（頭部三）、2019 年 4 月份（頭部四）、2020 年 9 月份（頭部五）、2021 年 2 月份（頭部六）。

這些位置之所以成為歷史頭部或階段頭部，主要是外在環境的影響，但是從指數走勢來看，也有內在的邏輯可循。截至 2022 年 3 月 8 日的最近 10 年，上證指數的加權本益比如圖 3-20 所示。 可以看出，最近 10 年上證指數的本益比在 2015 年 6 月達到歷史頭部，最高為 21.69 倍，處於最近 10 年的 100％百分位，也就是最高位置。

第二個本益比頭部發生在 2015 年 11 月至 12 月，徘徊在 15.95 倍上下，處於最近 10 年的 90.86％百分位。第三個本益比頭部發生在 2018 年 1 月中旬，達到 16.4 倍，處於最近 10 年的 94.46％百分位。第四個本益比頭部發生在 2020 年 9 月，達到 16.04 倍，處於最近 10 年的 95.44％百分位；第五個本益比頭部發生在 2021 年 2 月，達到 16.8 倍，處於最近 10 年的

圖3-20 ▶ 2018/1/2 ～ 2021/12/31 上證指數走勢

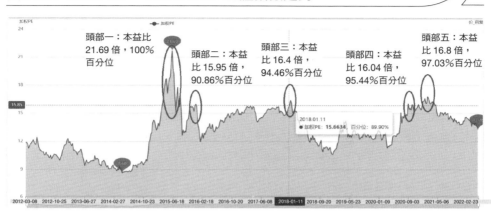

數據來源：Choice 數據

97.03％百分位。

　　一般來說，無論個股或大盤指數，當本益比處於最近 10 年的 90％以上百分位，基本上可以判斷市場估值到達天花板，此時發生任何利空消息，都可能導致估值坍塌。

　　上證指數最近 10 年 90％估值百分位的分水嶺，對應的加權本益比是 15.66 倍，今後隨著時間推移，90％估值百分位對應的本益比將會動態變化，投資者不能刻舟求劍。

　　上證指數估值超過 90％百分位的區域大體如圖 3-20 所示，一共有 5 個，這些「估值天花板區域」正好對應上證指數的一次歷史頭部和 4 次階段頭部。雖然 2019 年 4 月的階段頭部並不在估值天花板區域內，但在上證指數最近 10 年的 6 次觸頂中，有 5 次處於估值天花板，足見這個指標在具體操作上確實有參考意義。

　　以上內容告訴我們，一旦上證指數的本益比進入最近 10 年的 90％估值天花板區域，就應該小心風險，開始動態停利，減倉離場。這時候常常是階段性牛市的末尾，指數會大漲大跌、風雲突變，散戶最好不要「吃最後一節甘蔗」，要有策略地交出籌碼，以求全身而退，靜觀其變。

圖3-21 ▶ 上證指數最近10年的典型底部區域

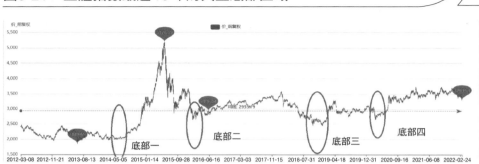

數據來源：Wind、烏龜量化

用股價淨值比百分位判斷見底

和頭部的概念一樣，大盤「底部」也不是具體的某一天，而是一個區域的概念。同樣以截至 2022 年 3 月 8 日最近 10 年的上證指數走勢為例，來看這段期間典型的底部區域，如圖 3-21 所示。

在 2012 年 3 月 8 日至 2022 年 3 月 8 日的最近 10 年間，上證指數有 4 個底部區域，分別發生在 2014 年 6 月（底部一）、2016 年 2 月（底部二）、2018 年 11～12 月（底部三）、2020 年 3 月（底部四）。

在判斷大盤見頂時，我們使用大盤指數的「本益比百分位」指標，但在判斷大盤見底時，更傾向使用「股價淨值比百分位」指標。以下來看截至 2022 年 3 月 8 日的最近 10 年，上證指數的加權股價淨值比走勢，如圖 3-22 所示。

3 個股價淨值比底部分別發生在 2014 年 5～6 月、2018 年 12 月和 2020 年 3～5 月，股價淨值比都在 1.16 倍到 1.22 倍之間，百分位都在 3% 以下，而且每次都對應上證指數的階段底部。這顯然不是偶然，說明該指標具有判斷大盤階段性見底的參考意義。

為什麼用最近 10 年「股價淨值比百分位在 3% 以下」來判斷大盤見底呢？股價淨值比指的是股價對應的每股淨資產，如果大盤指數的股價淨

圖3-22 ▶ 上證指數最近10年加權股價淨值比

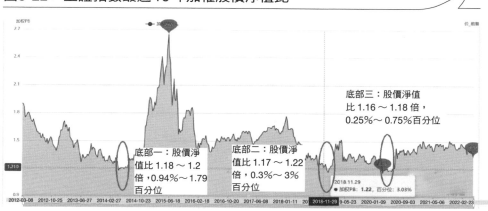

數據來源：Choice 數據

值比為 1.16～1.22，代表股價已經非常接近公司的每股淨資產。

在資產交易的市場中，「股價不低於淨資產」是定價的重要依據。如果只有單一或少數產業的股價低於淨資產，尚且可以接受，但是當代表全部上市公司的大盤指數估值極其接近淨資產，就說明已有大量公司的股價跌破淨資產，整體市場的估值已經觸及紅線。

這時候通常會推出「托市」（註：利用政策支持或投入一筆資金大量買進，使股市回升）的積極政策，有經驗的機構投資者無論從估值角度，或從配合政策的角度，都會傾向於做多，市場將出現轉機。

✛判斷個股轉折

個股的波動一般比大盤指數更頻繁、幅度更大，影響個股波動和見頂見底的因素也更複雜多樣，甚至有些偶然因素也會帶來意想不到的巨大影響。整體來說，判斷個股股價見頂見底的難度更大，但關注一些重要指標會有幫助。

圖3-23 ▶ 上證指數和貴州茅台股價走勢

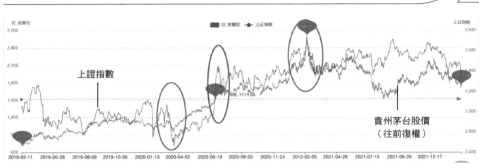

數據來源：Wind、烏龜量化

參考大盤指數的走勢

「破巢之下安有完卵」，這句話具象指出大盤指數和個股的關係。當大盤見頂或見底，開啟新的牛熊轉折點，大多數個股都難以倖免，尤其權重股會明顯跟隨大盤。

來看截至 2022 年 3 月 8 日最近 3 年的上證指數走勢，以及代表大型藍籌的權重股——貴州茅台的股價走勢。我們要觀察上證指數階段性見頂和見底時，貴州茅台的股價位置，如圖 3-23 所示。

上證指數在 2021 年 2 月中旬見頂，也是最近 3 年的頭部，貴州茅台作為上證指數和滬深 300 指數的權重股之一，也在這個時期到達最近 3 年的頭部。2020 年 7～9 月上證指數抵達階段頭部，本益比處於最近 10 年的 95.4％百分位，貴州茅台也在此一時期進入階段頭部，然後橫盤整理半年。2020 年 3 月上證指數到達最近 3 年的底部，股價淨值比處於最近 10 年 1％以下的百分位，貴州茅台也差不多在同一位置，進入最近 3 年的股價底部。

以上現象絕非偶然，如果把滬深 300 指數和其中的權重股——貴州茅台、招商銀行、五糧液、隆基股份、長江電力、興業銀行、海康威視等個股的股價走勢圖放在一起，它們的走勢和階段頭部、底部區域，大部分都

圖3-24 ▶ 創業板指數和寧德時代股價走勢

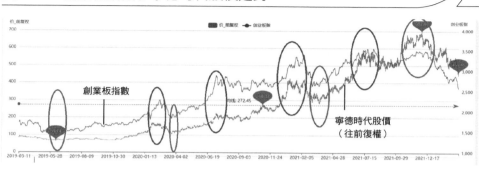

數據來源：Wind、烏龜量化

是重合的。這告訴我們，指數的階段性見頂和見底訊號，對指數權重股的操作來說具有參考意義。

　　我們再選一檔代表創業板的權重股——寧德時代。截至 2022 年 3 月 8 日最近 3 年的創業板指數走勢和寧德時代股價走勢，如圖 3-24 所示。

　　可以看出兩者走勢的相關性非常強。最近 3 年創業板指數的頭部，也是寧德時代股價的頭部，創業板指數階段性見頂的區域，也是寧德時代股價階段性見頂的區域。創業板指數最近 3 年的底部，也是寧德時代股價最近 3 年的底部，創業板指數階段性見底的區域，也是寧德時代股價階段性見底的區域。

　　以上現象絕非偶然，如果把創業板指數的其他權重股，如東方財富、邁瑞醫療、陽光電源、億緯鋰能、匯川技術、智飛生物等個股最近 3 年的股價走勢，和創業板指數放在一起，也會幾乎重合，尤其是在見頂、見底這些重大的趨勢轉折區域，一致性很高。

量價關係的多空轉換訊號

　　除了參考大盤指數之外，有些特殊的多空轉換節奏和量價關係，也是判斷股價見頂的重要訊號。

圖3-25 ▶ 貴州茅台股價見頂轉折走勢

數據來源：Wind、烏龜量化

　　仍以貴州茅台為例，截取 2020 年 9 月 3 日至 2022 年 3 月 9 日之間一年半的股價走勢日線圖，如圖 3-25 所示。

　　期間內，貴州茅台的股價有 4 次階段性見頂。這 4 次都呈現類似的多空轉換，即「快速放量拉升連續大陽線＋突然放量下跌大陰線」，而且都伴隨成交量放大。

　　仔細比較會發現牛熊轉換的過程有些不同，例如 2021 年 2 月是「連續放量大陽線＋突然放量大陰線」的快速見頂後直接轉向，開啟一波大幅回檔。2021 年 6 月則是「連續放量大陽線＋一根長上影線＋橫盤無突破＋突然放量大陰線」，再進入回檔。2021 年 10 月和 12 月都是「連續放量大陽線＋一根上影線＋放量大陰線」，宣告漲勢結束。

　　再看另外兩檔高科技股票──寧德時代和智飛生物的股價走勢，它們也有類似股價見頂的訊號，如圖 3-26、圖 3-27 所示。

　　一般來說，股價見頂前快速拉升的時候，換手率並不是特別高，但是放量下跌大陰線的當天，換手率要明顯比平時高，這是值得拉警報的訊號。尤其是當放量大跌的前一天出現長上影線，或尾盤無量拉升接近漲停等訊號，都預示機構準備派發籌碼，獲利了結。

圖3-26 ▶ 寧德時代股價見頂轉折走勢

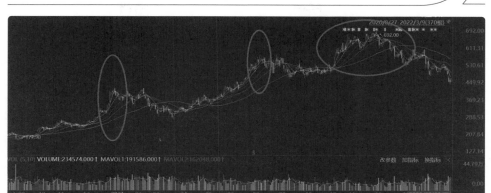

數據來源：Choice 數據

圖3-27 ▶ 智飛生物股價見頂轉折走勢

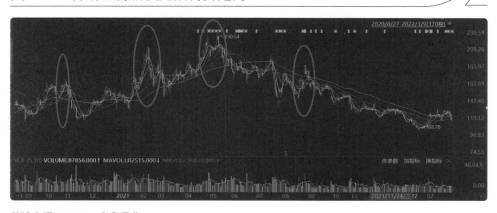

數據來源：Wind、烏龜量化

✚結論

　　大盤指數和個股的見頂見底有不同判斷依據，對大盤指數來說，歷史估值百分位的極值區域是比較有效的指標，對個股來說則稍微複雜一點。

　　對於判斷大盤指數見頂，一般使用「本益比百分位」指標，當本益比達到最近10年的90%以上百分位，就是大盤指數即將階段性見頂的訊號，投資者要減倉甚至動態停利，清倉離場，萬不可貪婪加倉或追高買進。

　　對於判斷大盤指數見底，一般使用「股價淨值比百分位」指標，尤其在判斷市場「大底」的時候非常有用。當股價淨值比達到最近10年的3%以下百分位，就是市場指數否極泰來的階段性見底訊號，雖然不排除在底部徘徊一、兩個月，但這時候是建倉、重倉的重要時機。

　　指數的權重股比較容易被指數的見頂見底影響，其股價走勢大多和大盤指數的走勢密切相關。那種投資股票不看大盤的非正統方法，對權重股來說是不可取的，要記得「破巢之下安有完卵」、「在牛市裡，雞犬升天」是股市的基本特徵。

　　普通個股的股價見頂有一個量價模式，即「快速放量拉升連續大陽線＋突然放量大跌大陰線」，而且放量大跌的時候換手率明顯比平常高。雖然這未必能100%包含股票見頂的各種情況，但仍是可靠性較高的指標。

　　另外，對於個股來說，如果公司的TTM本益比在100倍以上，基本上要停利離場。並不是說這樣的公司股價完全不會漲，而是外在的風吹草動很容易導致突然大幅回檔，消化當前的高估值也需要較長時間。

3-8
善用4個方法停損停利，比買進好公司股票更重要！

　　許多投資者每天看著數千檔股票漲跌起伏，總覺得至少有一半機率能賺到錢，於是不假思索買進一支「看起來不錯」的股票，而且一旦買進就越看越滿意，越覺得自己的股票好，即使股價明顯回檔也不認賠賣出，總是對後市心存僥倖。最後，因為跌得太多索性麻木，徹底放棄對這檔股票的希望，甘心當股東，自我安慰：「信奉價值投資，堅持長期持有。」

　　還有不少投資者做了不少功課，或只是運氣好，股票剛剛入手就大幅上漲，但是對漲勢完全沒有心理準備和應對方法，反而開始焦慮不安，生怕隨時遇到回檔吞噬利潤，於是上漲大約 5％ 就趕緊賣出，落袋為安。萬萬沒想到，後市股價氣勢如虹，在一個週期內漲了 60％ 甚至更多，但是他們賣出後就再也不敢買進了。這些投資者選到「好公司」股票，可惜淺嘗輒止，沒有賺到錢，想想總是後悔。

　　還有一部分投資者，買進的股票大幅上漲，眼看漲幅超過 40％，總覺得很有可能翻倍，沒想到股價開始回檔，從賺 40％，降到賺 30％、20％、10％，此時他們更不肯賣出，因為連 40％ 的收益都不滿足，怎麼可能只賺 10％ 呢？於是，股價跌回原點，接著開始虧損 10％、20％，結果坐了一趟雲霄飛車，不但沒賺到錢，還在空想和焦慮的支配下，心情越來越糟糕。

　　這些投資者最大的問題是不知道該何時賣出，如果學不會這個技能，在股市就很難賺到錢。解決上述問題的關鍵，是建立適合自己的「停利停損」投資紀律。

買進股票後，要把交易決策權交給理性的投資紀律，而不是自己的情緒。這一節是本書的結尾，在我看來也是最重要的內容，因為我們將揭示大部分散戶在股市虧錢的原因。本節提供的方法將幫助廣大的散戶，養成能在股市長期生存和獲利的良好習慣。

✚ 為什麼必須停利停損？

價值投資者堅信「以便宜價格，買進好公司，靜待花開」，不過價值投資者也要遵守停利停損的紀律，不能不假思索地長期持有。

價值投資的重要邏輯都是建立在假設基礎上，比如什麼是「便宜價格」？怎麼能確定買進的一定是「好公司」股票？還有，所有的投資都有期限，企業也有生命週期，「靜待花開」的期限到底是多久？

停利停損的投資紀律提供具體方法，有助於投資者辨識「便宜價格」、「好公司」，並成功將「靜待花開」的結果落袋為安。

「好公司」一年的股價波動

在多年的投資者教育經驗中，我發現很多人有根深蒂固的迷思，認為做價值投資時，只要選擇好公司並長期持有就可以，沒必要做停利停損這種「短線交易」。

表 3-7 是截至 2022 年 3 月 9 日的最近一年內，在滬深市場 3,979 家公司中，最大漲幅超過 200％的名單，並展示持有一年不操作的投資報酬率，以及從股價最高點到 2022 年 3 月 9 日為止的回檔幅度。

截至 2022 年 3 月 9 日的最近一年內，上證指數漲幅 - 3.68％，深證成指漲幅 -10.96％，滬深 300 指數漲幅 -15.46％，創業板指數漲幅 -3.44％。雖然大盤行情不好，但仍有 275 家公司在這一年內最大漲幅超過 200％，其中 95 家最大漲幅超過 300％，43 家超過 400％，22 家超過 500％。這些公司表現得最亮眼，有潛力帶給投資者可觀回報，如果能在此期間買進這些股票，就會成為市場的大贏家。

表3-7 ▶ 滬深 300 指數成分股的主力資金淨流入與漲跌幅關係

序號	證券代碼	證券名稱	區間最大漲跌幅 [起始交易日期] 2021-03-09 [截止交易日期] 2022-03-09 [復權方式] 前復權 [單位]%	區間漲跌幅 [起始交易日期] 2021-03-09 [截止交易日期] 2022-03-09 [復權方式] 前復權 [單位]%	區間自最高價以來 最大跌幅 [起始交易日期] 2021-03-09 [截止交易日期] 2022-03-09 [復權方式] 前復權 [單位]%
1	002432.SZ	九安醫療	1,313.1399	543.1802	-49.5050
2	300343.SZ	聯創股份	969.0909	356.3107	**-57.6923**
3	000422.SZ	湖北宜化	839.7222	398.5836	**-53.3143**
4	002326.SZ	永太科技	790.9618	206.3666	**-67.6075**
5	002487.SZ	大金重工	636.8008	294.3477	-42.0495
6	603396.SH	金辰股份	611.9890	165.9906	**-66.4680**
7	300619.SZ	金銀河	590.4839	319.4041	**-55.2124**
8	300671.SZ	富滿微	580.6267	202.4877	**-65.3173**
9	300437.SZ	清水源	571.4286	177.9463	**-60.6676**
10	300827.SZ	上能電氣	566.0184	210.8116	**-64.8054**
11	300077.SZ	國民技術	563.4069	187.5186	**-56.1051**
12	603399.SH	吉翔股份	548.1297	336.0738	-10.7349
13	000537.SZ	廣宇發展	547.5973	243.4244	-39.3482
14	688699.SH	明微電子	546.2972	135.9755	**-69.1671**
15	000762.SZ	西藏礦業	535.8098	196.7399	**-55.2705**
16	600860.SH	京城股份	531.0748	306.1927	**-52.6042**
17	688068.SH	熱景生物	524.5941	287.8213	**-50.0000**
18	300432.SZ	富臨精工	524.2775	134.4900	**-63.4441**
19	002006.SZ	精功科技	521.9081	234.4828	-48.5227
20	002667.SZ	鞍重股份	520.6070	244.0549	**-69.7507**
21	300769.SZ	德方納米	510.9527	356.6938	-33.7758
22	300261.SZ	雅本化學	501.7033	251.1868	-36.5667
23	300339.SZ	潤和軟件	493.9099	131.1288	**-64.7619**
24	002176.SZ	江特電機	489.9614	304.8872	**-51.8428**
25	603260.SH	合盛硅業	486.9806	202.4597	**-60.9546**
26	603026.SH	石大勝華	483.6631	122.0857	**-61.9640**
27	300745.SZ	欣銳科技	478.3267	147.7876	**-54.9494**

（續上表）

28	300052.SZ	中青寶	475.2907	178.9731	-50.5982
29	300672.SZ	國科微	473.0782	102.3804	-63.9993
30	300584.SZ	海辰藥業	458.4053	259.4101	-28.5935
31	688599.SH	天合光能	451.5175	289.6575	-37.3540
32	002529.SZ	海源復材	443.4439	207.3487	-45.4139
33	603518.SH	錦泓集團	442.0202	81.6288	-67.3646
34	002374.SZ	中銳股份	430.5310	98.3673	-63.4749
35	600338.SH	西藏珠峰	426.2658	206.6876	-48.3592
36	600096.SH	雲天化	421.0604	192.0354	-55.9732
37	002192.SZ	融捷股份	417.6406	169.7041	-54.9665
38	300390.SZ	天華超淨	407.6607	153.9208	-54.4549
39	002455.SZ	百川股份	407.6242	95.7587	-59.5142
40	688556.SH	高測股份	405.7758	253.6053	-42.1988
41	000683.SZ	遠興能源	404.2636	248.2890	-52.6588
42	002895.SZ	川恆股份	404.0816	89.4046	-60.4171
43	002738.SZ	中礦資源	401.9471	290.7096	-18.3767
44	002265.SZ	西儀股份	395.7586	129.5107	-53.6129
45	000829.SZ	天音控股	390.6296	119.8909	-56.3375
46	002349.SZ	精華制藥	386.8542	198.1948	-49.6659
47	300199.SZ	翰宇藥業	380.6452	213.0282	-51.0407
48	300712.SZ	永福股份	378.8111	68.8398	-67.7540
49	600071.SH	鳳凰光學	378.6169	167.8827	-42.1728
50	000408.SZ	藏格礦業	375.6381	289.6396	-31.7213
51	300772.SZ	運達股份	375.2125	128.7409	-53.1939
52	601969.SH	海南礦業	373.7828	73.4622	-63.1847
53	002256.SZ	兆新股份	371.5328	147.9452	-51.4970
54	600610.SH	中毅達	361.2836	176.0331	-46.4655
55	603123.SH	翠微股份	359.2834	155.5441	-46.5574
56	002865.SZ	鈞達股份	353.9503	301.9905	-15.6734
57	600702.SH	捨得酒業	351.3090	196.6993	-38.6441
58	601127.SH	小康股份	348.0672	91.7014	-55.1235
59	688356.SH	鍵凱科技	347.4686	147.4399	-51.8496
60	300809.SZ	華辰裝備	345.9790	163.5506	-50.8568

（續上表）

61	600773.SH	西藏城投	345.6974	152.7440	-48.2228
62	601126.SH	四方股份	344.3358	141.1354	-49.5742
63	300393.SZ	中來股份	342.7596	290.8287	-13.4994
64	300264.SZ	佳創視訊	342.3948	133.6111	**-53.1378**
65	688559.SH	海目星	341.5512	**83.2589**	**-53.9535**
66	603876.SH	鼎勝新材	340.9372	177.7595	-36.4048
67	002900.SZ	哈三聯	340.0510	**89.1590**	**-60.0244**
68	300681.SZ	英搏爾	335.1820	184.5026	-38.1288
69	603098.SH	森特股份	332.6422	288.7529	-34.0797
70	603938.SH	三孚股份	332.3597	157.9584	**-63.0766**
71	603665.SH	康隆達	330.7899	138.7317	-11.0065
72	688516.SH	奧特維	327.4995	183.6984	-38.4541
73	002759.SZ	天際股份	327.4007	**30.9446**	**-58.2847**
74	600141.SH	興發集團	324.0985	160.3363	-49.1607
75	002762.SZ	金髮拉比	322.7642	147.8182	**-61.9212**
76	688518.SH	聯贏激光	321.7102	103.2575	**-50.6454**
77	600238.SH	海南椰島	317.0157	**64.2677**	**-62.4161**
78	002411.SZ	延安必康	316.0671	**98.6667**	**-57.3096**
79	300655.SZ	晶瑞電材	315.9675	121.0574	**-50.8469**
80	603688.SH	石英股份	314.5445	221.2620	-32.1998
81	002011.SZ	盾安環境	314.5119	167.7665	-38.8480
82	300458.SZ	全志科技	312.5896	**69.8456**	**-58.9915**
83	000812.SZ	陝西金葉	311.2211	**66.6667**	**-53.1300**
84	300260.SZ	新萊應材	310.4991	269.9526	-9.1711
85	002453.SZ	華軟科技	310.2119	194.0741	-36.9155
86	002459.SZ	晶澳科技	308.2101	211.8200	-31.5922
87	002943.SZ	宇晶股份	306.7568	**98.2670**	-56.0952
88	002466.SZ	天齊鋰業	306.4737	109.3558	-46.7556
89	600172.SH	黃河旋風	306.2914	167.7116	-43.1388
90	002141.SZ	賢豐控股	305.2174	115.0000	**-51.9131**
91	300438.SZ	鵬輝能源	304.0252	142.9439	-45.8676
92	300763.SZ	錦浪科技	303.9625	192.8818	-45.7249
93	603897.SH	長城科技	303.6870	107.8029	**-51.0526**

（續上表）

94	002472.SZ	雙環傳動	302.1469	127.2594	-39.6147
95	300093.SZ	金剛玻璃	300.3656	217.3561	-39.0348
96	300350.SZ	華鵬飛	299.7512	**41.5449**	**-60.9074**
97	600596.SH	新安股份	298.2523	100.4819	**-55.1579**
98	003022.SZ	聯泓新科	297.8819	**25.4485**	**-68.5152**
99	002709.SZ	天賜材料	297.6112	**70.9078**	**-51.3166**
100	603906.SH	龍蟠科技	297.2753	**35.8876**	**-65.8221**
101	002240.SZ	盛新鋰能	297.1104	142.3116	-44.2957
102	300631.SZ	久吾高科	297.0566	**98.2845**	**-51.9248**
103	300568.SZ	星源材質	296.9117	113.5171	**-51.4542**
104	300035.SZ	中科電氣	295.9076	204.8282	-38.5000
105	300471.SZ	厚普股份	291.3652	123.6674	-46.6977
106	688357.SH	建龍微納	291.1394	133.4336	-44.6429
107	603063.SH	禾望電氣	288.4638	124.4836	-18.9420
108	600367.SH	紅星發展	287.6436	168.1750	-30.4073
109	002201.SZ	正威新材	287.5365	**93.4162**	**-50.2832**
110	300061.SZ	旗天科技	286.9822	120.0483	-42.4911
111	300604.SZ	長川科技	285.9429	125.1823	-41.1579
112	000665.SZ	湖北廣電	284.6875	**64.1026**	**-54.1538**
113	600328.SH	中鹽化工	284.0290	**73.1701**	**-54.5806**
114	002922.SZ	伊戈爾	283.5074	125.7329	**-50.8213**
115	300382.SZ	斯萊克	280.3204	**68.3628**	**-57.2923**
116	002756.SZ	永興材料	278.6309	201.4771	-28.5022
117	000838.SZ	財信發展	277.6316	231.6548	-38.8462
118	300364.SZ	中文在線	277.2727	**37.5000**	**-56.1368**
119	300490.SZ	華自科技	277.0448	**62.3631**	**-58.8740**
120	300751.SZ	邁為股份	276.8890	122.1883	-45.1471
121	002268.SZ	衛士通	275.7257	137.7111	-42.7133
122	300508.SZ	維宏股份	274.7388	**57.1003**	**-59.0044**
123	000819.SZ	岳陽興長	274.1611	**78.7424**	**-55.4831**
124	300505.SZ	川金諾	273.8568	**73.5650**	**-53.4139**
125	600110.SH	諾德股份	271.3018	**60.4478**	**-53.1067**
126	688037.SH	芯源微	270.1132	**91.3370**	**-60.1488**

（續上表）

127	300811.SZ	鉑科新材	269.6120	**93.1258**	-45.4421
128	300354.SZ	東華測試	268.4858	115.9903	-40.6842
129	002518.SZ	科士達	267.4051	**86.1613**	**-51.5181**
130	300204.SZ	舒泰神	265.7997	146.2185	-47.9397
131	688078.SH	龍軟科技	265.7636	**85.0121**	**-51.1148**
132	688301.SH	奕瑞科技	264.5366	111.5198	-36.6970
133	300223.SZ	北京君正	263.8107	**58.0207**	**-51.3727**
134	603055.SH	台華新材	263.0352	100.5319	-43.5277
135	000519.SZ	中兵紅箭	261.4319	100.1100	-46.0543
136	000503.SZ	國新健康	261.1765	**53.4153**	**-50.8349**
137	000155.SZ	川能動力	259.7115	**85.8714**	-49.7962
138	603985.SH	恆潤股份	259.3791	**88.0031**	-36.2675
139	601101.SH	昊華能源	259.2708	151.9215	-48.6851
140	688116.SH	天奈科技	259.2291	125.1099	-31.5217
141	300850.SZ	新強聯	257.1031	**74.1354**	**-51.1508**
142	002269.SZ	美邦服飾	256.3910	**68.3453**	**-58.5799**
143	002245.SZ	蔚藍鋰芯	255.4710	84.4623	-48.3680
144	300153.SZ	科泰電源	255.4192	**56.1497**	**-54.0000**
145	605369.SH	拱東醫療	254.8479	166.9614	-22.5578
146	002280.SZ	聯絡互動	254.7619	**30.7692**	**-67.1321**
147	300472.SZ	新元科技	252.5943	**35.5234**	**-63.0435**
148	600111.SH	北方稀土	250.8439	**85.1540**	-40.3060
149	000966.SZ	長源電力	250.7692	**46.8503**	-61.1328
150	688368.SH	晶豐明源	250.4596	**6.9067**	-65.3276
151	600976.SH	健民集團	249.8597	112.0616	-38.9260
152	300693.SZ	盛弘股份	249.6129	**56.0196**	**-55.5414**
153	601567.SH	三星醫療	249.2337	**67.7767**	**-54.1050**
154	300582.SZ	英飛特	247.7549	**32.6753**	**-61.8313**
155	000831.SZ	五礦稀土	246.8082	**47.3274**	**-50.1505**
156	603297.SH	永新光學	245.9184	163.2177	-32.6232
157	603982.SH	泉峰汽車	245.3199	**57.9212**	**-53.3874**
158	600698.SH	湖南天雁	244.8276	106.3025	-49.2083
159	000056.SZ	皇庭國際	244.7876	180.6569	-26.8817

（續上表）

160	300171.SZ	東富龍	244.5794	125.1850	-45.5882
161	688390.SH	固德威	243.9329	101.2033	-49.6835
162	002407.SZ	多氟多	241.3780	**65.9101**	-47.1299
163	600771.SH	廣譽遠	240.2423	**92.9720**	**-50.6107**
164	688298.SH	東方生物	238.3950	**82.3215**	**-52.2909**
165	000983.SZ	山西焦煤	237.7905	121.1118	**-54.8175**
166	000815.SZ	美利雲	237.5527	205.7654	-22.2287
167	002371.SZ	北方華創	237.0999	**78.2426**	-47.4093
168	605337.SH	李子園	236.9922	**52.7341**	**-55.5556**
169	601699.SH	潞安環能	235.5590	178.1546	-46.4159
170	000822.SZ	山東海化	235.1741	**35.2942**	**-61.3750**
171	000982.SZ	中銀絨業	234.4538	109.6774	-41.9664
172	000009.SZ	中國寶安	234.2166	**30.9390**	**-62.2432**
173	688202.SH	美迪西	233.6893	**49.5302**	**-61.2367**
174	002824.SZ	和勝股份	232.9990	112.8518	-36.6346
175	600884.SH	杉杉股份	232.5947	**57.9266**	-43.8826
176	002750.SZ	龍津藥業	232.5513	**52.1040**	**-53.3087**
177	300479.SZ	神思電子	232.4062	**87.3815**	-47.2117
178	002232.SZ	明信息	231.9058	**33.3411**	**-55.7049**
179	603800.SH	道森股份	231.7359	209.4680	-12.5043
180	300821.SZ	東嶽硅材	231.2643	**81.9731**	**-50.7927**
181	688680.SH	海優新材	230.9648	**65.7059**	**-50.3051**
182	600348.SH	華陽股份	230.8079	144.3305	-40.6748
183	600995.SH	文山電力	230.5553	108.4458	-38.4407
184	002779.SZ	中堅科技	230.4008	186.9270	-11.3485
185	600277.SH	億利潔能	230.3539	209.7068	-8.0519
186	300249.SZ	依米康	229.8361	184.1808	-22.3902
187	300688.SZ	創業黑馬	229.7054	**62.8641**	**-52.7793**
188	603659.SH	璞泰來	229.6436	**94.8006**	-42.0173
189	688128.SH	中國電研	229.2000	**36.8118**	**-60.4857**
190	002104.SZ	恆寶股份	228.9065	**72.7393**	-44.8276
191	600499.SH	科達製造	227.6736	116.1256	-34.2046
192	002037.SZ	保利聯合	226.6552	**88.4622**	-41.4938

（續上表）

193	300320.SZ	海達股份	226.1508	184.2102	-33.0810
194	300065.SZ	海蘭信	225.4774	**83.2394**	-44.4191
195	600389.SH	江山股份	224.8037	**95.9425**	-48.3204
196	603077.SH	和邦生物	224.3243	137.0130	-39.1389
197	300477.SZ	合縱科技	223.3945	**53.2225**	**-53.9651**
198	600256.SH	廣匯能源	223.2975	159.5070	-39.0558
199	600188.SH	兗礦能源	223.0862	194.6683	-16.1706
200	601919.SH	中遠海控	222.7723	122.3333	-43.7873
201	300842.SZ	帝科股份	222.6673	**18.1468**	**-59.5762**
202	000893.SZ	亞鉀國際	222.6496	170.6511	-15.0794
203	002622.SZ	融鈺集團	222.3301	**42.4370**	**-54.3509**
204	603088.SH	寧波精達	222.2627	115.5899	-45.4100
205	600765.SH	中航重機	222.1909	147.2256	-29.6166
206	000301.SZ	東方盛虹	221.7978	**19.0337**	**-65.6659**
207	600481.SH	雙良節能	221.5106	168.5901	-34.4538
208	605399.SH	晨光新材	221.4147	186.2358	-31.5742
209	601001.SH	晉控煤業	221.4137	183.2677	-46.0759
210	300546.SZ	雄帝科技	220.8738	**96.5443**	-44.1741
211	000937.SZ	冀中能源	220.5179	124.2831	**-52.7358**
212	300075.SZ	數字政通	220.3785	135.6795	-43.0909
213	300082.SZ	奧克股份	219.0400	**1.0955**	**-63.4465**
214	300648.SZ	星雲股份	218.7312	**56.3446**	-47.3390
215	600641.SH	萬業企業	218.0997	**70.2021**	-43.1847
216	603606.SH	東方電纜	217.9894	154.8044	-19.0647
217	603348.SH	文燦股份	217.8525	**56.3913**	**-50.4648**
218	603169.SH	蘭石重裝	217.8117	105.9633	-45.3640
219	300346.SZ	南大光電	217.5262	**40.1234**	**-52.2613**
220	002629.SZ	仁智股份	217.3184	**90.2655**	-45.8333
221	300412.SZ	迦南科技	216.5816	**96.2345**	**-51.2868**
222	002248.SZ	華東數控	215.2809	**73.0689**	-47.6123
223	300820.SZ	英傑電氣	214.9860	**97.8205**	-42.3007
224	002335.SZ	科華數據	214.8755	**65.4995**	-43.1884
225	300079.SZ	數碼視訊	214.4357	**56.9007**	-49.7946

（續上表）

226	600753.SH	東方銀星	214.2037	-25.8485	-72.0215
227	002386.SZ	天原股份	213.8937	60.7813	-48.9669
228	300919.SZ	中偉股份	213.6875	55.2500	-52.2466
229	600696.SH	岩石股份	213.6612	75.6203	-50.2129
230	603596.SH	伯特利	213.5027	122.2539	-29.9230
231	002694.SZ	顧地科技	212.6126	98.7179	-43.2653
232	300443.SZ	金雷股份	212.3149	19.8628	-51.9618
233	002850.SZ	科達利	211.9887	92.4019	-37.7667
234	603197.SH	保隆科技	211.9687	71.3176	-46.7831
235	688595.SH	芯海科技	211.3199	46.4847	-45.8874
236	002009.SZ	天奇股份	211.1692	132.0431	-38.7510
237	002724.SZ	海洋王	210.8982	109.8401	-37.7727
238	002761.SZ	浙江建投	210.7812	175.7874	-14.6751
239	002897.SZ	意華股份	210.1918	67.9137	-45.2653
240	300480.SZ	光力科技	210.1292	86.6044	-40.2304
241	688022.SH	瀚川智能	209.7298	64.4480	-48.5320
242	300118.SZ	東方日升	209.7021	110.9705	-46.6430
243	603667.SH	五洲新春	208.9788	80.2979	-44.4597
244	603738.SH	泰晶科技	208.9714	91.6216	-41.2533
245	003031.SZ	中瓷電子	208.4534	122.3469	-19.8201
246	002655.SZ	共達電聲	208.3591	81.6176	-41.7969
247	002531.SZ	天順風能	208.0122	144.9334	-32.1926
248	002885.SZ	京泉華	207.3974	52.2144	-53.5307
249	300402.SZ	寶色股份	207.3936	51.5573	-47.9728
250	000615.SZ	奧園美谷	207.1806	-26.7913	-76.8280
251	000993.SZ	閩東電力	206.6351	71.3860	-47.3237
252	300488.SZ	恆鋒工具	206.5944	60.4308	-46.3399
253	300534.SZ	隴神戎發	206.5764	143.2781	-28.6857
254	603505.SH	金石資源	206.2414	52.6395	-50.4707
255	603693.SH	江蘇新能	205.9669	89.6967	-40.8696
256	603398.SH	沐邦高科	205.0772	168.6100	-39.5639
257	600295.SH	鄂爾多斯	204.8434	16.1517	-53.1709
258	300663.SZ	科藍軟件	204.7502	52.3993	-52.5091

（續上表）

259	002585.SZ	雙星新材	204.3743	**83.3062**	-39.7761
260	002881.SZ	美格智能	203.9671	140.0433	-34.5828
261	002599.SZ	盛通股份	203.3426	**58.2902**	**-53.1028**
262	603917.SH	合力科技	203.1285	**66.8190**	-46.4426
263	688005.SH	容百科技	202.8600	109.5304	-38.3143
264	002136.SZ	安納達	202.7495	**70.8729**	**-50.5718**
265	002639.SZ	雪人股份	202.6270	**88.3446**	-49.4851
266	000731.SZ	四川美豐	202.4070	**89.4515**	-47.0708
267	600821.SH	金開新能	202.3095	**86.6071**	-42.4060
268	603595.SH	東尼電子	201.6613	**54.5086**	-45.2823
269	600331.SH	宏達股份	201.5957	**57.0732**	-53.0579
270	688233.SH	神工股份	201.2062	124.1204	-40.3467
271	600691.SH	陽煤化工	201.1494	**52.6882**	**-52.7812**
272	688668.SH	鼎通科技	200.6972	**69.0093**	-45.4815
273	000825.SZ	太鋼不鏽	200.6536	**84.5529**	-48.4308
274	603290.SH	斯達半導	200.2426	**96.4052**	-43.5259
275	300332.SZ	天壕環境	200.0695	**83.5830**	-34.6405

　　如果在一年內，從持有股票開始不做任何停利操作，則其中 128 家公司（見表 3-7「區間漲跌幅」欄位加粗的部分）的報酬率不到 100%，甚至有一些會虧損，例如：奧園美谷區間最大漲幅 207%，但如果不做任何停利操作，將虧損 26%；東方銀星區間最大漲幅 214%，但如果不做任何停利操作，也會虧損 25%。

　　再進一步觀察，會有更驚心動魄的發現。即使您在過去一年有幸買進 A 股表現最亮眼的公司股票，但如果是在最高點追高買進，而且不做任何停損操作，持有一年後，竟然有 127 家公司（見表 3-7「區間自最高價以來最大跌幅」欄位加粗的部分）虧損超過 50%，38 家虧損超過 60%，甚至有兩家公司虧損超過 70%。

　　以上數據告訴我們，即使投資者買進整個市場潛在報酬率最高的好公司股票，若不遵守停損停利的投資紀律，也未必能獲得好報酬，甚至還會

大幅虧損。透過這些實證數據我們認識到，對股票投資者來說，比買進「好公司」股票更重要的，是養成「停損停利」的好習慣。

「10年10倍股」也需要停損停利

美國著名基金經理彼得・林區在管理基金時，很重視挖掘10年漲10倍的股票，因為只要組合裡有一檔這樣的股票，就能顯著提高整個投資組合的報酬率。後來，「10年10倍股」成為投資界定義「牛股」的重要特徵之一，也是投資者追求的目標。

中泰證券研究所的研究員王曉東曾做過統計，發現中國A股的10年10倍股其實不少，但大多數投資者很難騎上這些千里馬。一方面，10年10倍股的波動太大，在股價漲得最快的時期，多數騎在馬背上的人懼高暈眩，急於下馬，在股價漲得慢的時候，又覺得自己騎的千里馬竟然變成瘸馬。

另一方面，在10年之中的大多數時間裡，這些股票的好表現盡都消失，投資者是否會數年如一日地持守表現平凡的股票？或者說，這種長期蹲守是理性的投資策略嗎？

圖3-28展示2005～2020年間，A股市場10年10倍股的數量、扣除漲幅最大的兩年後其餘8年的年均漲幅，以及10年後繼續持有5年的年均投資報酬率。

2006年初，全市場約有1,300檔股票，到2015年末，股價漲幅超過10倍的有410多檔，占32%（期間經過2007年、2015年兩輪大牛市）。但是，扣除漲幅最大的兩年後，其餘8年的平均漲幅只有7%，且其後的5年間（2016年初至2020年9月），年均跌幅高達11%。

再看另一個10年。1998年初至2007年末，共有50多檔10年10倍股，占8%。扣除漲幅最大的兩年後，其餘8年的平均漲幅只有5%，且其後的5年間（2008年初至2012年末），年均跌幅達到14%。

1996年初至2020年9月的25年中，10年10倍股大約占5%（有的多次漲10倍），但這些股票的年均漲幅中位數只有8.6%（相當於10年

圖3-28 ▶ 2005 ～ 2020 年「10 年 10 倍股」的特徵

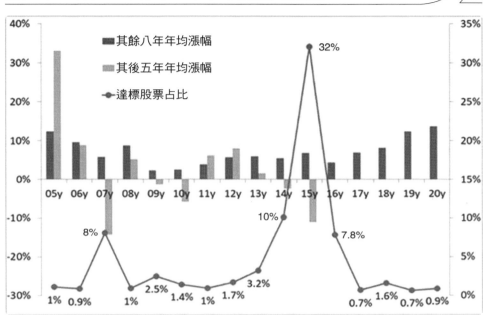

數據來源：Wind 中泰證券

130％的漲幅），其中只有 10％的年均漲幅超越 19.5％（相當於 10 年 5 倍的漲幅）。

　　在很多投資者的想像中，10 年 10 倍股應該是十年如一日，氣勢如虹地一路上漲。但透過以上數據能發現，投資者需要持有的是其中兩年，其他 8 年基本上沒有回報，也不需要持有。另外，在 10 年內實現 10 倍上漲的股票，如果在之後的 5 年持有，有不少會出現連續大幅的虧損。

　　因此，投資者即使抓住 10 年 10 倍股，也需要做好停損停利，否則很有可能變成坐雲霄飛車，甚至虧損。也可以說，忍受 8 年績效平平的煎熬，對大多數投資者來說都太長了。

如何做好停利停損？

+ 所有投資都是風險與報酬的平衡，我們在買股之前做足功課，都是為了增加「以便宜價格，買進好公司股票」的機率，但既然是機率，就會有差錯和疏漏。

另外，市場瞬息萬變，尤其是2020年以來黑天鵝事件接二連三，不但個股在突發風暴中毫無徵兆地改變走勢，大盤指數也經常風雨飄搖。在短短一年內，即使是漲勢最好的公司，股價波動之大也令人咋舌

停損停利操作的目的就是在面對市場的瞬息萬變時，及時糾正誤判，降低持有股票的虧損風險，同時盡可能保證區間獲利能夠落袋為安。

股價下跌停損＆持有時間停損

股票投資有兩個成本：資金和時間。因此，停損操作也要考量兩點：股價下跌停損和持有時間停損。

1. 股價下跌停損

買進一檔股票後，不論任何原因，當股價下跌達到一個比例，例如10％，就應該停損清倉，這是基本的停損框架。10％是假設的數據，背後邏輯既考慮一個人承受損失的合理底線，也暗示當一檔股票跌幅超過10％，就很可能發生階段性趨勢轉向。

投資者要根據自己的風險承受能力，設定具體停損點。舉例來說，新進股市的投資者可以把停損點設低一點，如5％左右，但不宜太低，因為單日股價波動幾個百分點是普遍現象，並不代表趨勢扭轉，如果停損點太低，會頻繁觸及停損點，導致被動頻繁交易。然而，也不能把停損點設得太高，如20％甚至更高，這樣既沒有控制虧損的功能，也容易在判斷錯誤的股票上浪費太多機會成本。

有些經驗老道的投資者會結合停損和補倉。例如，投資者做足功課後，篩選出投資標的，計畫買進某股票100萬元。先試倉買進10～20萬元，如果股價照預期方向發展，維持連續2～3天的上漲趨勢，或是出現放量上漲，則再加倉買進20～30萬元。如果上漲趨勢持續，觀察一週左右後，

再加倉買進剩餘的 50% 資金。這是比較順利的情況，不涉及停損問題。

　　然而，如果股價沒有照預期方向發展呢？假設投資者設定的停損點是 5%，而且試倉買進後，股價跌幅達到 5%。這時候，如果決定買進的邏輯和大盤趨勢都沒有變化，可以選擇補倉 20 ～ 30 萬元，以此攤平持倉成本，使手中持股的收益保持在 5% 停損點以上。但是，如果股價持續下跌，比最初的買進價又下跌 5%，則不建議再行補倉，應選擇停損清倉。

　　設定合理的停損點並堅決停損，既考慮到風險承受力，也是投資決策的糾錯機制，更能防範股市潛在的不確定風險。散戶在面對市場的動和突發事件時，常常會放大貪婪與恐懼，導致交易過於情緒化。制定停損的投資紀律，實際上是幫助我們的交易更理性、更冷靜，也更加有章法。

2. 持有時間停損

　　停損除了考慮股價，還要考慮持有的時間成本。投資者計畫買進一檔股票時，要充分考慮股價在未來一段時間的催化條件，也就是買進之後需要多長時間，股價才會有所表現，然後據此設定機會成本的停損時間，例如一個半月。假如到時候股價仍紋絲不動，說明此前的判斷有問題，應考慮改換賽道或標的。

　　在分析和篩選投資標的時，除了要考慮未來一年甚至兩年的公司成長性，還要判斷在最近一個月至一個季度，股價是否有上漲的機會。如果沒有機會，就放在口袋名單繼續觀望，不要急於買進，因為股市的變化太快，雖然投資者看中未來一、兩年的長週期表現，行情卻有可能在一個月內，出現雲霄飛車般的變化。

　　最後要說明，停損賣出的股票不等於不是好股票，也不等於不再需要追蹤關注。如果這些股票具有長期成長的潛力，當股價經過調整重新止穩，或出現放量上漲的跡象時，只要再次評估公司的基本面、估值、未來股價催化條件、主力資金等因素，仍可以繼續買進，長期追蹤。

目標價停利 & 動態停利

停利的目的是在持有的股票上漲時，最終能夠落袋為安，不至於淺嘗輒止，也不會坐雲霄飛車。停利操作主要有兩種：目標價停利和動態停利。

目標價停利的操作相對簡單。在買進股票時，根據對公司基本面的分析，以及券商等專業分析師的一致判斷，設定獲利的目標價位，例如25％。當股價漲幅達到25％，就落袋為安，其基本思路是：只要賺到預期的錢，股價之後的走勢就與我無關。

但是「牛市不言頂」，股價通常受市場情緒影響，這些情緒無法量化分析，也很難準確展現在「目標價位」上。確定獲利的目標價位後，一種情況是，假設停利點是25％，但股價漲了22％就停止，然後開始回檔，這時候應該繼續持有，還是落袋為安？另一種情況是股價上漲25％，但絲毫沒有回檔跡象，仍然持續上漲，這時候應該落袋為安，還是繼續持有？

為了解決以上目標價停利的糾結和遺憾，專業投資者想出更有效的動態停利方案。動態停利的目標價位會根據股價不斷整理，但停利賣出的依據是固定的。舉例來說，投資者買進的價格是10元，停利點設置為20％，也就是目標價12元。當股價上漲20％，並不急於賣出，而是把12元當作賣出的底線，停利目標隨著股價上升10％，目標價定在13.2元。

也就是說，如果股價回落到12元，就停利賣出，如果股價觸及13.2元，停利目標就繼續上升10％，目標價定在14.5元，把13.2元當作賣出的底線。如果股價回落到13.2元，就停利賣出，如果上漲到14.5元，停利目標就再上升10％，目標價定在15.9元，把14.5元當作賣出的底線，以此類推。

透過動態停利設計，如果一檔股票在短期內迅速大幅上漲，像是100％甚至更高，投資者可以依靠動態停利的操作紀律，騎在馬背上而不至於中途落馬。沒有動態停利紀律，投資者面對股價大幅迅速上漲時，很容易產生焦慮和恐懼。當情緒決定交易，基本上等同向牛股說再見。

還有一種情況，假設買進的股價是10元，停利點設置為20％，即目

標價 12 元，後來股價上漲 18％到 11.8 元就止步，然後開始回落。此時要設置一個賣出的底線，例如 10％，也就是股價回落到 11 元便停利賣出，鎖定部分的上漲收益。

如果運氣不好，股價上漲 8％就止步，距離 20％的停利點還很遠，此時要確保在盈虧平衡點以上停利賣出。也就是說，對於上漲產生收益的股票，底線是盈虧平衡賣出，不可以虧損清倉。

無論停損還是停利賣出的股票，都不等於不再關注，或不再買進。長期追蹤一些好公司的股票，有利於了解它們的股性，只要符合自己的買股標準，仍可以在條件充分時毫不猶豫再次買進。

NOTE / / /

國家圖書館出版品預行編目 (CIP) 資料

用150張圖表像巴菲特一樣看懂股市邏輯：只有最強的思維，
才能不斷找到賺錢的機會／許玉道著
--初版. --新北市：大樂文化有限公司，2024.09
272面；17×23公分 . --（Money；057）

ISBN：978-626-7422-45-8（平裝）
1.股票投資　2.投資技術　3.投資分析
563.53　　　　　　　　　　　　　　　　113011073

Money 057

用150張圖表像巴菲特一樣看懂股市邏輯
只有最強的思維，才能不斷找到賺錢的機會

作　　　者／許玉道
封面設計／蕭壽佳
內頁排版／蔡育涵
責任編輯／林雅庭
主　　　編／皮海屏
發行專員／張紜蓁
財務經理／陳碧蘭
發行經理／高世權
總編輯、總經理／蔡連壽
出 版 者／大樂文化有限公司（優渥誌）
　　　　　　　地址：220 新北市板橋區文化路一段 268 號 18 樓 之 1
　　　　　　　電話：（02）2258-3656
　　　　　　　傳真：（02）2258-3660
　　　　　　　詢問購書相關資訊請洽：（02）2258-3656
　　　　　　　郵政劃撥帳號／50211045　戶名／大樂文化有限公司

香港發行／豐達出版發行有限公司
地址：香港柴灣永泰道 70 號柴灣工業城 2 期 1805 室
電話：852-2172 6513　傳真：852-2172 4355

法律顧問／第一國際法律事務所余淑杏律師
印　　　刷／韋懋實業有限公司

出版日期／2024年09月06日
定　　　價／380 元（缺頁或損毀的書，請寄回更換）
Ｉ Ｓ Ｂ Ｎ／978-626-7422-45-8